Achim Bönninghaus   Sachenrecht I

JURIQ Erfolgstraining
Herausgegeben von JURIQ® Juristisches Repetitorium, Köln

Sachenrecht I

Schutz von Besitz und Eigentum

von
Achim Bönninghaus

3., neu bearbeitete Auflage

Begründet von
Dr. Markus Ritter †

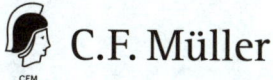

C.F. Müller

Bibliografische Information der Deutschen Nationalbibliothek
Die Deutsche Nationalbibliothek verzeichnet diese Publikation in der
Deutschen Nationalbibliografie; detaillierte bibliografische Daten sind
im Internet über <http://dnb.d-nb.de> abrufbar.

ISBN 978-3-8114-4744-8

E-Mail: kundenservice@cfmueller.de
Telefon: +49 89/2183-7923
Telefax: +49 89/2183-7620

www.cfmueller.de
www.cfmueller-campus.de

© 2018 C.F. Müller GmbH, Waldhofer Straße 100, 69123 Heidelberg

Satz: TypoScript, München
Illustrationen: Mattfeldt & Sänger, München
Druck: Westermann Druck, Zwickau

Liebe Leserinnen und Leser,

die Reihe „JURIQ Erfolgstraining" zur Klausur- und Prüfungsvorbereitung verbindet sowohl für Studienanfänger als auch für höhere Semester die Vorzüge des klassischen Lehrbuchs mit meiner Unterrichtserfahrung zu einem umfassenden Lernkonzept aus Skript und Online-Training.

In einem ersten Schritt geht es um das **Erlernen** der nach Prüfungsrelevanz ausgewählten und gewichteten Inhalte und Themenstellungen. Einleitende Prüfungsschemata sorgen für eine klare Struktur und weisen auf die typischen Problemkreise hin, die Sie in einer Klausur kennen und beherrschen müssen. Neu ist die **visuelle Lernunterstützung** durch
- ein nach didaktischen Gesichtspunkten ausgewähltes Farblayout
- optische Verstärkung durch einprägsame Graphiken und
- wiederkehrende Symbole am Rand

   ↻ = Definition zum Auswendiglernen und Wiederholen

   (P) = Problempunkt

   @ = Online-Wissens-Check

Illustrationen als „Lernanker" für schwierige Beispiele und Fallkonstellationen steigern die Merk- und Erinnerungsleistung Ihres Langzeitgedächtnisses.

Auf die Phase des Lernens folgt das **Wiederholen und Überprüfen** des Erlernten im **Online-Wissens-Check**: Wenn Sie im Internet unter **www.juracademy.de/skripte/login** das speziell auf das Skript abgestimmte Wissens-, Definitions- und Aufbautraining absolvieren, erhalten Sie ein direktes Feedback zum eigenen Wissensstand und kontrollieren Ihren individuellen Lernfortschritt. Durch dieses aktive Lernen vertiefen Sie zudem nachhaltig und damit erfolgreich Ihre sachenrechtlichen Kenntnisse!

Frage 1 (Punkte: 1)			
Der Anspruch aus § 1004 Abs. 1 S. 1 BGB			
Antwort			
Aussagen	Antwort		Aussagerichtigkeit und Kommentar
a) setzt einen Schaden voraus.	☐	✓	Falsch. Dies verlangt § 1004 Abs. 1 BGB tatbestandlich nicht. Es handelt sich gerade nicht um einen Schadensersatzanspruch.
b) greift ein, wenn das Eigentum durch Entziehung oder Vorenthaltung des Besitzes beeinträchtigt wird.	☐	✓	Falsch. Hier gilt § 985 BGB, wie sich aus der abgrenzenden Formulierung in § 1004 Abs. 1 S. 1 BGB ergibt.
c) steht nur dem Besitzer zu.	☐	✓	Falsch. § 1004 BGB setzt das Eigentum des Anspruchstellers voraus.
d) setzt einen Zustand voraus, der dem Inhalt des Eigentums und der sich daraus ergebenden tatsächlichen und rechtlichen Herrschaftsmacht des Eigentümers (§ 903 BGB) widerspricht.	☑	✓	Richtig. Dann liegt eine „Beeinträchtigung" des Eigentums vor.
→ **Richtig** Punkte für diese Antwort: 1/1.			

Schließlich geht es um das **Anwenden und Einüben** des Lernstoffes anhand von Übungs-fällen verschiedener Schwierigkeitsstufen, die im Gutachtenstil gelöst werden. Die JURIQ **Klausurtipps** zu gängigen Fallkonstellationen und häufigen Fehlerquellen weisen Ihnen dabei den Weg durch den Problemdschungel in der Prüfungssituation.

Das **Lerncoaching** jenseits der rein juristischen Inhalte ist als zusätzlicher Service zum Infor-mieren und Sammeln gedacht: Ein erfahrener Psychologe stellt u.a. Themen wie Motivation, Leistungsfähigkeit und Zeitmanagement anschaulich dar, zeigt Wege zur Analyse und Ver-besserung des eigenen Lernstils auf und gibt Tipps für eine optimale Nutzung der Lernzeit und zur Überwindung evtl. Lernblockaden.

In diesem Skript werden wir uns ausführlich mit den Anspruchsgrundlagen zum Schutz von Besitz und Eigentum befassen. Der Schwerpunkt liegt im Finden und Aufbau dieser Anspruchsgrundlagen. Hinsichtlich der einzelnen Tatbestandsvoraussetzungen kommt es zunächst einmal darauf an, das Basiswissen und das Grundverständnis hierfür zu schaffen. Außerdem will ich Ihnen die einschlägigen Klausurschemata vermitteln, die Ihnen eine Orientierung bei der Anspruchsprüfung geben sollen. Dieses Skript findet seine notwen-dige Ergänzung im zweiten Band mit dem Untertitel „Erwerb von Besitz und Eigentum". Dort werden wir uns ausführlich mit den Veränderungen in der Besitz- und Eigentumslage befassen, die im Rahmen der hier behandelten Anspruchsgrundlagen meist ausführlich zu erörtern sind.

Auf geht's – ich wünsche Ihnen viel Freude und Erfolg beim Erarbeiten des Stoffs!

Und noch etwas: Das Examen kann jeder schaffen, der sein juristisches Handwerkszeug beherrscht und kontinuierlich anwendet. Jura ist kein „Hexenwerk". Setzen Sie nie aus-schließlich auf auswendig gelerntes Wissen, sondern auf Ihr Systemverständnis und ein solides methodisches Handwerk. Wenn Sie Hilfe brauchen, Anregungen haben oder sonst etwas loswerden möchten, sind wir für Sie da. Wenden Sie sich gerne an C.F. Müller GmbH, Waldhofer Straße 100, 69123 Heidelberg, E-Mail: kundenservice@cfmueller.de. Dort werden auch Hinweise auf Druckfehler sehr dankbar entgegen genommen, die sich leider nie ganz ausschließen lassen.

Köln, im Juli 2018   *Achim Bönninghaus*

JURIQ Erfolgstraining – die Skriptenreihe von C.F. Müller mit Online-Wissens-Check

Mit dem Kauf dieses Skripts aus der Reihe „**JURIQ Erfolgstraining"** haben Sie gleichzeitig eine Zugangsberechtigung für den Online-Wissens-Check erworben – ohne weiteres Entgelt. Die Nutzung ist freiwillig und unverbindlich.

Was bieten wir Ihnen im Online-Wissens-Check an?

- Sie erhalten einen individuellen Zugriff auf **Testfragen zur Wiederholung und Überprüfung des vermittelten Stoffs**, passend zu jedem Kapitel Ihres Skripts.
- Eine individuelle **Lernfortschrittskontrolle** zeigt Ihren eigenen Wissensstand durch Auswertung Ihrer persönlichen Testergebnisse.

Wie nutzen Sie diese Möglichkeit?

Online-Wissens-Check

Registrieren Sie sich einfach für Ihren kostenfreien Zugang auf **www.juracademy.de/skripte/login** und schalten sich dann mit Hilfe des Codes für Ihren persönlichen Online-Wissens-Check frei.

Ihr persönlicher User-Code: 524013547

Der Online-Wissens-Check und die Lernfortschrittskontrolle stehen Ihnen für die **Dauer von 24 Monaten** zur Verfügung. Die Frist beginnt erst, wenn Sie sich mit Hilfe des Zugangscodes in den Online-Wissens-Check zu diesem Skript eingeloggt haben. Den Starttermin haben Sie also selbst in der Hand.

Für den technischen Betrieb des Online-Wissens-Checks ist die JURIQ GmbH, Unter den Ulmen 31, 50968 Köln zuständig. Bei Fragen oder Problemen können Sie sich jederzeit an das JURIQ-Team wenden, und zwar per E-Mail an: info@juriq.de.

Inhaltsverzeichnis

Literaturverzeichnis

Bamberger/Roth   Bürgerliches Gesetzbuch, Band 2, 3. Aufl. 2012
                            (zitiert: Bamberger/Roth-*Bearbeiter*)

Baur/Stürner   Sachenrecht, 18. Aufl. 2009

Bönninghaus   Schuldrecht Allgemeiner Teil I, 3. Aufl. 2014

Bönninghaus   Schuldrecht Besonderer Teil I, 3. Aufl. 2015

Habersack   Examens-Repetitorium Sachenrecht 8. Aufl. 2016
                            (zitiert: *Habersack* Sachenrecht)

Medicus/Petersen   Bürgerliches Recht, 26. Aufl. 2017

Münchener Kommentar zum   Band 8 (Sachenrecht), 7. Aufl. 2017
Bürgerlichen Gesetzbuch   (zitiert: MüKo-*Bearbeiter*)

Palandt   Bürgerliches Gesetzbuch, 77. Aufl. 2018
                            (zitiert: Palandt-*Bearbeiter*)

Prütting   Sachenrecht 36. Aufl. 2017

Westerhoff   Schuldrecht Besonderer Teil III, 2. Aufl. 2015

Tipps vom Lerncoach

Warum Lerntipps in einem Jura-Skript?

Es gibt in Deutschland ca. 1,6 Millionen Studierende, deren tägliche Beschäftigung das Lernen ist. Lernende, die stets ohne Anstrengung erfolgreich sind, die nie kleinere oder größere Lernprobleme hatten, sind eher selten. Besonders juristische Lerninhalte sind komplex und anspruchsvoll. Unsere Skripte sind deshalb fachlich und didaktisch sinnvoll aufgebaut, um das Lernen zu erleichtern.

Über fundierte Lerntipps wollen wir darüber hinaus all diejenigen ansprechen, die ihr Lern- und Arbeitsverhalten verbessern und unangenehme Lernphasen schneller überwinden wollen.

Diese Tipps stammen von *Frank Wenderoth*, der als Diplom-Psychologe seit vielen Jahren in der Personal- und Organisationsentwicklung als Berater und Personal Coach tätig ist und außerdem Jurastudierende in der Prüfungsvorbereitung und bei beruflichen Weichenstellungen berät.

Wie lernen Menschen?

Die Wunschvorstellung ist häufig, ohne Anstrengung oder ohne eigene Aktivität „à la Nürnberger Trichter" lernen zu können. Die modernen Neurowissenschaften und auch die Psychologie zeigen jedoch, dass Lernen ein aktiver Aufnahme- und Verarbeitungsprozess ist, der auch nur durch aktive Methoden verbessert werden kann. Sie müssen sich also für sich selbst einsetzen, um Ihre Lernprozesse zu fördern. Sie verbuchen die Erfolge dann auch stets für sich.

Gibt es wichtigere und weniger wichtige Lerntipps?

Auch das bestimmen Sie selbst. Die Lerntipps sind als Anregungen zu verstehen, die Sie aktiv einsetzen, erproben und ganz individuell auf Ihre Lernsituation anpassen können. Die Tipps sind pro Rechtsgebiet thematisch aufeinander abgestimmt und ergänzen sich von Skript zu Skript, können aber auch unabhängig voneinander genutzt werden.

Verstehen Sie die Lerntipps „à la carte"! Sie wählen das aus, was Ihnen nützlich erscheint, um Ihre Lernprozesse noch effektiver und ökonomischer gestalten zu können!

Lernthema 9
Allgemeine Hinweise zur Prüfungsvorbereitung

Wenn noch Zeit bis zur Prüfung ist, haben Sie ausreichend Raum für eine Langzeitplanung. Termine für mündliche Prüfungen, Klausuren und Examensarbeiten sind stets langfristig bekannt. Da durch die Prüfung per se Stress erzeugt wird, sollten Sie die Vorbereitung und Zeitplanung optimal gestaltet sein. Sie schaffen sich damit Lernvoraussetzungen, die Ihnen ein Gefühl von Überblick und Beeinflussbarkeit vermitteln („Herr der Lage sein"). In einem solchen Lernklima können Sie in Ruhe, aber zügig und konzentriert arbeiten. Die folgenden Lerntipps geben Hinweise, was Sie bei Ihren Planungen für die Monate vor der Prüfung bis zum Tag X berücksichtigen können.

Lerntipps

Verschaffen Sie sich einen Überblick über Ihre Arbeitsmittel und Lernvoraussetzungen! Nachdem Sie sich vergewissert haben, ob Sie die erforderlichen formalen Prüfungsvoraussetzungen erfüllt haben (Praktika, Seminarscheine, Bewertungspunkte, Termine für Anmeldefristen), verschaffen Sie sich als Erstes einen Überblick darüber, welche Arbeitsmittel benötigt werden.

- Welche Bücher, Artikel, Skripte müssen gelesen sein? Stellen Sie sich für jedes Fach eine Literaturliste auf.
- Beschaffen Sie sich die relevanten Arbeitsmittel so früh wie möglich.
- Tauschen Sie sich mit früheren Examensabsolventen aus.
- Bringen Sie in Erfahrung, welche Lern- und Arbeitszeiten (Tage, Wochen) für die einzelnen Fächer voraussichtlich benötigt werden.
- Organisieren Sie sich eine Arbeitsgruppe.
- Überlegen Sie gut, wo Ihr Arbeitsplatz sein soll, der eine Trennung zwischen Arbeit und Freizeit und dabei kurze Wege gut ermöglicht.
- Wählen Sie ein für Sie geeignetes Repetitorium aus.

Machen Sie sich für jedes Fach eine langfristige Zeitplanung, gegebenenfalls zeitlich versetzt oder bei Bedarf überlappend.

Verteiltes Lernen mit Wiederholungen hat eine sehr hohe Lerneffektivität!
Die Effekte von verteiltem Lernen werden in **Lernthema 4** (Lernen, Behalten, Erinnern) ausführlich beschrieben. Teilen Sie die zur Verfügung stehende Zeit pro Fach so ein, dass Sie den Stoff mindestens dreimal bearbeiten können. Sie sollten mehrere Vorbereitungsphasen einplanen.

1. Aneignungsphase   Lernen
2. Vertiefungsphase   Wiederholen und Ergänzen
3. Überprüfungsphase   Schlusswiederholung
4. Evt. Sicherheitsüberprüfung   Sicherheitsabfrage zur Beruhigung
5. Freier Tag vor der Prüfung   Entspannung

Zwischen den Phasen brauchen Sie einen Zeitpuffer für Unvorhergesehenes (s.a. „Jokertage") und freie Zeit. Generell verkürzen sich die aufeinanderfolgenden Phasen. Wieviel Zeit Sie konkret für welche Phase brauchen, hängt von Ihren bisherigen Kenntnissen, Ihren Ansprüchen, den Lernzielen und anderen Variablen ab. Sie benötigen von der Gesamt-Netto-Lernzeit circa: Aneignungsphase 40%, Vertiefung 25%, Überprüfung 10–15%, Sicherheit unter 5%, Zeitpuffer/"Jokertage" 20%. Halten Sie sich in Ihrer Planung halbe und ganze Tage, z.B. am Wochenende frei. Planen Sie auch Urlaub mit ein. Vor der Prüfung sollte es noch einen freien Tag zur Erholung geben. Jede Woche und jeder Tag mündet in den einzelnen Phasen in einen Wochen- bzw. Tagesplan. Hier sind Pausen, Entspannungs- und „Belohnungszeiten" ebenfalls eingeplant.

Für die Aneignungsphase brauchen Sie die meiste Zeit!
In einem Plan legen Sie für diese Phase fest, wie viele Tage und Wochen für die einzelnen Fächer erforderlich sein werden. Es werden alle Inhalte und Fächer einmal gründlich durchgearbeitet. Aktenordner werden gefüllt und Karteikarten angelegt. Halten Sie schriftlich fest, welche Themen, Inhalte oder Artikel Ihnen schwierig erscheinen. Holen Sie Zusatzinformationen zu den schwierigen Themen ein. Fragen Sie Mitlernende oder im Repetitorium. In der Aneignungsphase haben Sie den Großteil der Lerninhalte bearbeitet und weitgehend verstanden.

In der Vertiefungsphase wiederholen Sie!
Da Sie nun alle Inhalte durchgearbeitet haben, fällt es Ihnen leichter Zusammenhänge zu sehen, Querverbindungen herzustellen und kritische Stellungnahmen vorzunehmen. Diese Phase dient der Wiederholung und Vertiefung. Die erarbeiteten Lerninhalte werden zunehmend stabiler im Gedächtnis integriert.

Anfangs kann diese Phase auch eine Frustphase sein, es wird meist deutlich, welche Lücken noch bestehen. Das ist ganz normal, da das Wissen reaktiviert werden muss und nach jedem Lernen ein Vergessensprozess einsetzt. Bewahren Sie Ruhe, bleiben Sie am Ball und achten Sie nun besonders auf Ihre Vermeidungsstrategien. Arbeiten Sie Ihre früher angelegte Schwierigkeiten-Liste ab und erstellen Sie, falls erforderlich, eine neue komprimierte Frage-Liste für die nächste Phase.

In der Überprüfungsphase polieren Sie Ihr Wissen noch einmal auf!
Planen Sie auch für diesen Zeitraum (wenige Tage vor der Prüfung) die zeitliche Reihenfolge und Lerndauer in Ihre Wochen- und Tagesplanung inkl. Pausen und Entspannungszeiten ein. In diesem Arbeitsblock werden Tage vor der Prüfung die einzelnen Inhalte nochmals wiederholt und vertieft oder nur noch – zur Beruhigung – überprüft.

Planen Sie feste Jokertage ein!
Da Ihr gesamtes Lernsystem Ihnen möglichst viel Sicherheit – in der Unsicherheit – bieten soll, planen Sie Freiräume für Unvorhergesehenes ein. Diese nicht absehbaren Ereignisse können z.B sein: Erkrankung, verzögerte Buchlieferung, Veränderungen in der Arbeitsgruppe, Lernprobleme, Auto gibt den Geist auf.

Planen Sie deshalb feste Jokertage in den Terminkalender ein. Diese Tage sind für Sie frei verfügbar, aber fest terminiert. Falls es einmal zu Verzögerungen kommen sollte, dann können Sie auf diese Zeitreserve zurückgreifen, die Planung bleibt bestehen, es entsteht kein Stress. Jokertage geben Sicherheit und Zuversicht. Die nicht aufgebrauchten Jokertage können Sie mit gutem Gewissen als Belohnungsbonus für die Freizeit verwenden.

Wochen und Tage durchplanen!

Um mehrwöchige Lernphasen sinnvoll im Detail zu überwachen und zu steuern, sollten Sie aus dem Gesamtphasenplan jeweils für die anstehende Woche einen Wochenplan erstellen. Der Wochenplan besteht wie ein Stundenplan in der Schule aus Schulzeiten inkl. Wochenende.

Im **Wochenplan** sollten enthalten sein:

Arbeitseinheiten
- vorgegebene feste Termine, Seminare, Vorlesungen, Repetitorium
- Verteilung der einzelnen Lernfächer
- Zeiten in der Lerngruppe

Freizeitblöcke
- feststehende Freizeittermine: Sport, Klavier, Tanzen.
- Sonstige Verpflichtungen und Vereinbarungen: Eltern, Freunde, Hausarbeit in der WG

Wichtig: Haben Sie genügend freie Zeit geplant? Haben die Freizeitwünsche im Gegenteil ein Übergewicht, dass das Lernen beeinträchtigt? Sind Jokertage berücksichtigt?

Dieser Wochenplan gibt Ihnen Orientierung für mehrere Tage. Sie sollten jedoch auch jeden Tag zeitlich und inhaltlich in einem **Tagesplan** strukturieren:

- Arbeitsbeginn festlegen
- Festtermine beachten
- sinnvolle Reihenfolge der Tätigkeiten festlegen
- (Kurz-)Pausen planen
- Freizeit einplanen

Das mag sich ein wenig zwanghaft anhören, ist jedoch bei umfangreichem Lernpensum unerlässlich.

Nutzen Sie den freien Tag vor der Prüfung nur für Ihre Lust und Laune!

Viele Lernende machen den Fehler, bis zur letzten Minute zu lernen. Meist ist das ein angstbeflügeltes Vermeiden von Anspannung. Machen Sie sich deutlich, dass Sie prüfungsbezogen jetzt nichts mehr angehen können. Einen Lernzuwachs kann es nicht mehr geben, es kommt eher zu stressbedingten Lernblockaden. Das ist auch das Schwierigste an diesem Tag. Sie warten passiv auf ein wichtiges Ereignis und sind diesem quasi „ausgeliefert". Da ist es normal, dass man sich auch von Panikattacken anderer Lernender beeindrucken lässt.

Aber Sie vergeuden Energie, die Sie besser in der Prüfung einsetzen können. Werden Sie in eine andere Richtung aktiv. Tun Sie etwas für Ihre Lust und Laune und lenken Sie Ihre Aufmerksamkeit mit Ihren Aktivitäten weg von der Prüfung und Prüfungsinhalten: Kinobesuch, Sport, Sauna, Wandern – je nach Ihrem Wunsch.

Am Tag danach ist es häufig noch nicht ganz vorbei!

Sie haben sich jetzt sehr lange auf einen Punkt hin vorbereitet und sollten auch darüber informiert sein, was danach passieren kann, besonders nach Abschlussexamina. Wenn man sehr lange angespannt auf ein Ziel hinarbeitet kann es vorkommen, dass man danach nicht mehr so richtig froh ist. Das schockiert einen, da man ja alles glücklich überstanden hat. Das ist aber ganz normal. Das Verhalten ist als Entlastungsdepression bekannt. Kurze Zeit später ist alles wieder im Lot. Und dann genießen Sie die freie Zeit nach der Prüfung.

1. Teil
Der Eigentums- und Besitzschutz im Überblick

Wenn man sich in ein neues Rechtsgebiet einarbeitet, ist es hilfreich, wenn man sich gleich **1** zu Beginn einen groben Überblick verschafft. Die nachfolgende Übersicht soll Ihnen einen ersten Einstieg in das Sachenrecht ermöglichen.

Die Regelungsgegenstände des Sachenrechts, §§ 854 - 1296		
Besitz §§ 854 - 872	Eigentum §§ 903 - 1011	Beschränkte dingl. Rechte §§ 1018 - 1296

Erwerb und Verlust durch: Rechtsgeschäft – Gesetz oder Hoheitsakt

Schutz der sachenrechtlichen Rechtspositionen vor:			
Entziehung Vorenthaltung	Beschädigung Zerstörung	unbefugter Nutzung	Störung

A. Allgemeines zur Einführung

Nach § 903 S. 1 kann der Eigentümer mit seiner Sache „nach Belieben verfahren und andere **2** von jeder Einwirkung ausschließen". Das Eigentum ist nach der in § 903 S. 1 gegebenen Beschreibung das **umfassendste Herrschaftsrecht an einer Sache**. Diese Herrschaft umfasst die **Herrschaft über die tatsächlichen und rechtlichen Verhältnisse einer Sache**.

Sachen sind nach § 90 zunächst körperliche Gegenstände.[1] Tiere sind nach der Gesetzesdefinition keine Sachen, werden aber in rechtlicher Hinsicht wie Sachen behandelt (§ 90a).

Von der Verfassung wird das Eigentumsrecht nach Art. 14 GG gewährleistet und geschützt. Das BGB gestaltet den Inhalt und Schutz in den §§ 903 ff. näher aus. Dabei muss der Gesetzgeber auch die Belange der Allgemeinheit beachten sowie die Interessen der Personen berücksichtigen, die mit fremden Eigentumsrechten in Berührung kommen. Dieser Interessenausgleich ist bereits in § 903 S. 1 angelegt, wenn es dort heißt,

„ … *soweit nicht das Gesetz oder Rechte Dritter entgegenstehen*, … ".

Das Eigentum wird also nicht vorbehaltlos gewährt, sondern unterliegt Beschränkungen.

---

1 Im Gegensatz zu unkörperlichen Gegenständen wie Forderungen oder Immaterialgüterrechten (Persönlichkeitsrecht, Urheberrecht, Markenrecht, Patentrecht, etc.).

3 Das Eigentum ist ein Recht, aber noch kein Anspruch gegen eine bestimmte Person. Erst aus der Verletzung des Eigentumsrechts entstehen Ansprüche gegen den (oder die) Verletzer des Eigentums. Die Aufgabe der Ansprüche aus §§ 894,[2] 985, 1004 sowie der in § 924 aufgezählten Vorschriften besteht darin, das Eigentumsrecht und die damit gem. § 903 verbundene Sachherrschaft gegen verschiedene Eingriffe zu verteidigen. Man kann auch sagen: Das Eigentumsrecht wird mit Hilfe dieser Ansprüche im Einzelfall **„verwirklicht"**.[3] Man spricht deshalb auch von **„dinglichen Ansprüchen"**, weil sie ein mit einer Sache verbundenes Recht („dingliches Recht"), nämlich das Eigentum, im konkreten Fall zur Geltung bringen.[4] Ergänzt wird dieser Schutz durch sekundäre[5] Nutzungs- und Schadensersatzansprüche (z.B. §§ 987 ff. und § 823 Abs. 1).

Aus dem Eigentumsrecht erwachsen also im Einzelfall Ansprüche, die durch verschiedene Normen im Gesetz besonders begründet werden. Es handelt sich dabei folglich um **gesetzliche Schuldverhältnisse**. Jedes Rechtssubjekt (Mensch, juristische Person, rechtsfähige Personengesellschaft) kann Schuldner dieser Ansprüche werden, sobald es fremdes Eigentum verletzt. Deshalb bezeichnet man das Eigentum auch als **„absolutes" Recht**: Es ist **von jedermann zu beachten** und löst bei Missachtung Abwehr- und ggf. Ersatzansprüche aus.[6]

I. Eigentum und Besitz

4 Das Eigentum begründet nach § 903 das Recht, mit einer Sache nach Belieben zu verfahren und andere von jeder Einwirkung auszuschließen. Es zählt nach Art. 14 GG zu den Grundrechten und wird zivilrechtlich umfassend gegen unbefugte Eingriffe geschützt.

5 Bei dem **Besitz**, der im allgemeinen Sprachgebrauch mitunter mit dem Eigentum verwechselt wird, handelt es sich lediglich um die **tatsächliche** Sachherrschaft. Demgemäß wird der unmittelbare Besitz nach § 854 Abs. 1 allein durch die Erlangung der tatsächlichen Gewalt (Ausnahme der fiktive Erbenbesitz nach § 817 und der fingierte Besitz nach § 855) erworben. Auch der Besitz räumt dem Inhaber Abwehrrechte gegen unbefugten Eingriff Dritter ein.

II. Vorgehensweise in der sachenrechtlichen Klausur

6 In Ihren Prüfungsklausuren geht es regelmäßig um die Prüfung von Ansprüchen. Ausgehend von der konkreten Fallfrage ist daher die grundlegende Überlegung:

Wer will – von wem – was – warum – woraus?

Die saubere Prüfung der Frage nach dem „Warum?" (in sachenrechtlichen Klausuren also was ist passiert, welche Art von Eingriff in Eigentum und/oder Besitz liegt vor?) führt Sie zu den in Betracht kommenden Anspruchsgrundlagen (Woraus?) und damit zum sicheren Einstieg in

---

2 Achtung: § 894 gilt nicht nur bei unrichtig eingetragenem Grundstückseigentum, sondern auch bei anderen unrichtig eingetragenen „beschränkten" Grundstücksrechten.

3 *Habersack* Sachenrecht Rn. 64 ff.

4 Palandt-*Herrler* Einl. v. § 854 Rn. 2; *Habersack* Sachenrecht Rn. 64 ff.; *Medicus/Petersen* Bürgerliches Recht Rn. 436.

5 Die Ansprüche aus §§ 894, 985, 1004 lassen sich durchaus als eigentumsrechtliche Primäransprüche begreifen, die bei Leistungsstörung (z.B. Verzögerung) Sekundäransprüche auslösen, vgl. *Medicus/Petersen* Bürgerliches Recht Rn. 436.

6 Palandt-*Herrler* Einl. v. § 854 Rn. 2.

die Lösung der Klausur. Ausgehend von dieser Grundüberlegung ist die nachfolgende Darstellung des Themas eng an den jeweiligen Eingriffstatbeständen und damit an dem zu untersuchenden Anspruchsziel orientiert.

Um Ihnen den Einstieg in die sachenrechtlichen Klausuren zu erleichtern, werden wir uns im 1. Teil zunächst einen allgemeinen Überblick über das System des Eigentums- und Besitzschutzes erarbeiten. Im 2. Teil werden wir die verschiedenen Eingriffe und die Schutzmöglichkeiten anhand der klausurtypischen Anspruchsgrundlagen im Einzelnen behandeln.

B. Überblick zum Eigentumsschutz

Dieser folgende Überblick soll Ihnen nur einen ersten Überblick über die sachenrechtlichen **7** Ansprüche im Verhältnis zu den vertraglichen, quasivertraglichen und deliktischen Ansprüchen geben, da in diesem Skript enorm viele Anspruchsgrundlagen dargestellt werden. In den folgenden Teilen werden alle im Rahmen des Überblicks erwähnten Ansprüche im Einzelnen genau dargestellt und ausführlich erläutert.

I. Schutz vor Eigentumsstörungen

Gegen eingetretene Eigentumsstörungen kann sich der Eigentümer mit dem Beseitigungs- **8** anspruch aus § 1004 Abs. 1 S. 1 zur Wehr setzen. Sind zukünftige Störungen zu erwarten, kann der Eigentümer nach § 1004 Abs. 1 S. 2 auf Unterlassung klagen und damit den Eingriff in sein Eigentum bereits im Vorfeld verhindern.

Beispiel Gartenliebhaber E hat von V ein Grundstück erworben und für viel Geld bepflanzt. A betreibt auf dem Nachbargrundstück einen Reitstall. E stellt eines Tages fest, dass ein Pferd durch seine Bepflanzung geritten ist und dadurch ein Teil der Pflanzen zerstört wurde. Verkäufer V teilt ihm mit, dass A bereits in der Vergangenheit ständig über das Grundstück geritten ist, obwohl V ihm dies untersagt hatte. Nunmehr erfährt E, dass A beabsichtigt, am kommenden Wochenende mit einer ganzen Reitgesellschaft den „neuen Reitweg" (über das Grundstück des E) einzuweihen. Gegen diesen drohenden Eingriff in sein Eigentum kann E den A gem. § 1004 Abs. 1 S. 2 auf Unterlassung verklagen und dabei im Wege einer einstweiligen Verfügung (§§ 935 ff. ZPO) bei Gericht auch vorläufigen Rechtsschutz beantragen. ■

II. Schutz vor Besitzentziehung

§ 985 schützt den Eigentümer davor, dass ihm der Besitz durch einen Dritten unrechtmäßig **9** entzogen oder vorenthalten wird. Demgemäß kann der Eigentümer von dem nichtberechtigten Besitzer die Herausgabe der Sache verlangen. Die Vorschrift richtet sich nicht nur gegen den unrechtmäßigen Besitzer einer beweglichen Sache, sondern auch gegen den unrechtmäßigen Besitzer eines Grundstücks.

III. Ersatz bei unbefugter Nutzung

10 Nutzt jemand eine fremde Sache aufgrund eines wirksamen Vertrages mit dem Eigentümer (z.B. aufgrund eines Miet- oder Pachtvertrages), also als berechtigter Besitzer, so richtet sich die dafür zu zahlende Vergütung allein nach der getroffenen Vereinbarung.

> **Beispiel** V hat dem M eine Wohnung für 500 € monatlich vermietet. Nunmehr stellt V fest, dass vergleichbare Wohnungen in dieser Gegend üblicherweise für 800 € vermietet werden. Er verlangt daher von M Zahlung von 800 € monatlich, da diese Miete üblich und er schließlich kein „Wohltätigkeitsinstitut" sei. Hier kann V von M natürlich nur die vereinbarte Miete von 500 € verlangen (pacta sunt servanda).[7] ▪

11 Wird die Sache dagegen ohne einen wirksamen Vertrag, also unberechtigt, genutzt, so stellt sich die Frage, nach welcher Anspruchsgrundlage dem Eigentümer die Nutzung der Sache zu vergüten ist. Da die Nutzung in diesem Falle regelmäßig durch einen unrechtmäßigen Besitzer erfolgt, ist die Frage für den Normalfall in den §§ 987, 988, 990, 991 Abs. 1 geregelt (Eigentümer-Besitzer-Verhältnis = EBV).

> **Beispiel** Der Mietvertrag ist im vorigen *Beispiel* nichtig, was dem M bekannt war. In diesem Falle kann V von M nach §§ 990 Abs. 1, 987 Abs. 1 die übliche Miete von 800 € als „Nutzung" (vgl. § 100) verlangen. ▪

12 Schließlich ist auch die unbefugte Nutzung durch einen Nichtbesitzer denkbar.

> **Beispiel** K, der ein Kino betreibt, benutzt ohne Rücksprache mit dem Eigentümer E die weiße Wand des Nachbarhauses als Werbeprojektionsfläche für seine Filme. Üblicherweise wird eine solche Nutzung nur gegen Zahlung eines Entgelts gestattet. Bei unbefugter Benutzung durch einen Nichtbesitzer sind Ansprüche aus ungerechtfertigter Bereicherung zu prüfen. Danach steht dem Eigentümer ein Anspruch auf Zahlung des üblichen Nutzungsentgelts zu (§§ 812 Abs. 1 S. 1 Alt. 2, 818 Abs. 1, 2). Die §§ 987 ff. sind in diesem Fall mangels Besitz des Anspruchsgegners nicht anwendbar. ▪

IV. Ersatz bei Beschädigung und Unmöglichkeit der Herausgabe

13 Auch hier ist im Ausgangspunkt danach zu unterscheiden, ob die negative Einwirkung auf die Sache von einem berechtigten oder unberechtigten Besitzer oder von einem Nichtbesitzer verursacht wurde.

14 Hat ein **berechtigter Besitzer** den Schaden verursacht, richtet sich die Frage nach Vertragsrecht (insbesondere § 280) und nach Deliktsrecht (§§ 823 ff.).

> **Beispiel** Mieter M verursacht in der von Eigentümer V gemieteten Wohnung einen Zimmerbrand. Hierdurch und durch die Löscharbeiten wird die Wohnung erheblich beschädigt. M schuldet dem V Schadensersatz wegen Verletzung seiner Sorgfaltspflichten aus dem Mietvertrag (§§ 280 Abs. 1, 241 Abs. 2 und aus § 823 Abs. 1 wegen Eigentumsverletzung. Die Vorschriften des EBV sind nach ganz h.M. nicht anwendbar.[8] ▪

---

7 Das Gesetz sieht eine Mieterhöhung nur unter den Voraussetzungen der §§ 557 ff. vor.
8 Offen gelassen von *BGH* Urt. v. 22.9.2001 (AZ: V ZR 228/00) = NJW 2002, 60; Ablehnend u.a. MüKo-*Raff* vor §§ 987 ff. Rn. 12 m.w.N.

Der **Nichtbesitzer** haftet nach Deliktsrecht (§§ 823 ff.). Die Vorschriften des EBV sind auch hier **15** nicht anwendbar.

Beispiel A, der seinem Nachbarn N den neuen Mercedes missgönnt, zerkratzt den Lack des Fahrzeugs. Eine Haftung des A aus § 280 Abs. 1 kommt hier wegen Fehlens einer schuldrechtlichen Sonderverbindung zwischen A und N nicht in Betracht. A schuldet dem N aber wegen der Eigentumsverletzung Schadensersatz nach § 823 Abs. 1. Daneben hat sich A auch noch nach § 303 StGB strafbar gemacht (vorsätzliche Sachbeschädigung) und muss dem N auch nach § 823 Abs. 2 i.V.m. § 303 StGB (Schutzgesetzverletzung) Schadensersatz leisten. ◼

War der Schädiger **unberechtigter Besitzer**, sind wiederum die Regeln des EBV, hier die **16** §§ 989, 990, 991 Abs. 2, 992 einschlägig.

Beispiel B hat das Fahrrad des E gestohlen und beschädigt es bei einem Verkehrsunfall. Er haftet insoweit auf Schadensersatz nach den §§ 989 ff. ◼

V. Schutz bei unberechtigter Verfügung

Eine unberechtigte Verfügung liegt vor, wenn jemand ohne Berechtigung eine fremde Sache **17** an einen anderen übereignet, diese mit einem Recht belastet (z.B. verpfändet), oder ein bestehendes Recht durch Rechtsgeschäft aufhebt oder inhaltlich verändert.

Beispiel Der Nichtberechtigte N veräußert eine dem E gehörende Sache (Wert 1000 €) an den gutgläubigen G für 1100 €. Ist N, z.B. als Mieter berechtigter Besitzer gewesen, richtet sich die Ersatzpflicht für den Sachwert nach Vertrags- und Deliktsrecht. Für die Erlösherausgabe sind die Vorschriften über die GoA (§§ 677 ff.) und die §§ 812 ff. einschlägig. ◼

War N nichtberechtigter Besitzer, so ist dem E der Sachwert nach §§ 989 ff. (ggf. auch nach **18** § 687 Abs. 2, 678[9]) zu ersetzen. Die Erlösherausgabeansprüche, die in den §§ 987 ff. nicht geregelt sind, richten sich nach den §§ 687 Abs. 2, 681 S. 2, 667 und nach § 816 Abs. 1 S. 1.

Beispiel Eigentümer E hat seinem Bekannten B sein Fahrrad geliehen, der es unbefugt an N vermietet. Dieser veräußert es ohne Zustimmung des E an den gutgläubigen G. ◼

VI. Schutz vor Unrichtigkeit des Grundbuchs

Gibt das Grundbuch die sachenrechtliche Rechtslage unzutreffend wieder, so besteht die **19** Gefahr, dass ein Dritter nach § 892 zu Lasten des Eigentümers von der zu unrecht eingetragenen Person das Eigentum oder ein sonstiges dingliches Recht an dem Grundstück erwerben kann.

Beispiel E ist Eigentümer eines Grundstücks. N ist aber zu Unrecht als Eigentümer im Grundbuch eingetragen. ◼

Der Eigentümer kann sich hiergegen mit dem Grundbuchberichtigungsanspruch nach § 894 wehren. Für den einstweiligen Rechtsschutz steht ihm die Möglichkeit der Eintragung eines Widerspruchs gegen die Richtigkeit des Grundbuchs nach § 899 zu.

---

9 Näheres dazu bei der Darstellung des EBV im 2. Teil Rn. 233.

C. Überblick zum Besitzschutz

20 Auch der Besitz als die **rein tatsächliche Herrschaft** über eine Sache wird gegen unberechtigte Eingriffe geschützt.

I. Schutz vor Entziehung des Besitzes

21 Hier sind die possessorischen und die petitorischen Besitzschutzansprüche zu unterscheiden:

1. Possessorischer Besitzschutz (§§ 861, 869)

22 Der possessorische Besitzschutz (von lat. „possessio" = der Besitz) ist, soweit es um den Schutz vor verbotener Eigenmacht (§ 858 Abs. 1) geht, in den §§ 861, 862, 863, 869 geregelt. Diese possessorischen Ansprüche schützen den Besitz als solchen, u.U. sogar den unrechtmäßigen Besitz, gegen verbotene Eigenmacht.

> **Beispiel**   Vermieter V hat dem Mieter M wirksam zum 31.3. gekündigt. Am 1.5. ist M immer noch nicht ausgezogen, weshalb V ihn gemeinsam mit 6 Freunden aus dem Boxsportklub mitsamt den Möbeln auf die Straße setzt. Dem M steht nach § 861 ein Anspruch gegen V auf Wiedereinräumung des (nach erfolgter Kündigung rechtswidrigen) Besitzes an der Wohnung zu. Das Gewaltmonopol steht dem Staat zu, weshalb der V nicht befugt war, sich eigenmächtig wieder den Besitz an der Wohnung zu verschaffen. V muss den M vielmehr auf Räumung verklagen und seinen Anspruch auf Räumung im Wege der Zwangsvollstreckung durchsetzen. ■

2. Petitorischer Besitzschutz

23 Die petitorischen Besitzschutzansprüche sind in § 1007 geregelt. Diese Ansprüche schützen den „besser berechtigten" Besitzer vor dem „schlechter berechtigten" Besitzer.

> **Beispiel**   M hat von der Autovermietung V einen VW-Transporter gemietet. Die V hatte den Wagen zur Absicherung eines Darlehens an die B-Bank sicherungsübereignet. M verleiht das Auto an seinen Freund F, der den Wagen für einen Umzug benötigt und dem bekannt ist, dass M den Wagen nicht weitergeben darf. Hier kann V das Auto von F nach § 1007 Abs. 1 herausverlangen, weil F bei Besitzerwerb in Ansehung seines fehlenden Besitzrechts gegenüber M bösgläubig war. ■

> **Hinweis**
>
> Beachten Sie aber unbedingt folgenden wichtigen Unterschied: Anders als § 861, schützen § 1007 Abs. 1 und 2 nur den Besitzer einer beweglichen Sache, während § 861 auch den Grundstücksbesitzer schützt.

Vergewissern Sie sich daher bei der Auswahl der in Betracht kommenden Anspruchsgrundlagen zunächst, welche Rechtsposition des Anspruchstellers durch den Eingriff des Anspruchsgegners betroffen sein könnte (Eigentum und/oder Besitz?). Kommen beide Rechtspositionen in Frage, so genießt der Anspruchsteller sowohl Eigentums-, als auch Besitzschutz, d.h. es kommt zu einer kumulativen Anwendung beider Rechtsinstitute. Achten Sie bei der Vorauswahl der Anspruchsgrundlagen ferner auf die Rechtsposition des Anspruchsgegners: Berechtigter Besitzer, Nichtbesitzer oder nichtberechtigter Besitzer? Die weitere Auswahl der Anspruchsgrundlagen erfolgt dann nach dem verfolgten Anspruchsziel.

II. Schutz vor Besitzstörung

Wird der Besitzer durch verbotene Eigenmacht im Besitz gestört, so kann er nach § 862 Abs. 1 S. 1 von dem Störer die Beseitigung der Beeinträchtigung verlangen. Sind weitere Störungen zu besorgen, so kann er nach § 862 Abs. 1 S. 2 auf Unterlassung klagen.

Beispiel M hat eine Wohnung in einem Mehrfamilienhaus gemietet. In der Wohnung über ihm wohnt der Musiker Toni Trommel (T), der abends, vorzugsweise ab 23 Uhr mit voller Lautstärke für seinen nächsten Auftritt mit seiner Band „The roaring Fifties" übt. Hier liegt eine Besitzstörung durch verbotene Eigenmacht vor. M kann von T nach § 862 verlangen, dass die nächtliche Ruhestörung unterbleibt. ◼

2. Teil
Die Anspruchsgrundlagen zum Eigentumsschutz

24 Wie Sie gesehen haben, schützt das Gesetz den Eigentümer umfassend gegen Eingriffe in sein Eigentum. Wir wollen uns nunmehr mit den Anspruchsgrundlagen näher befassen, mit denen das Gesetz den Schutz des Eigentums verwirklicht.

A. Schutz vor Eigentumsstörungen nach § 1004

25 Den Rechtsschutz des Eigentümers vor drohenden und bereits eingetretenen Eigentumsstörungen gewährt § 1004.

26 § 1004 ist Grundlage für zwei inhaltlich verschiedene Ansprüche, nämlich den Anspruch auf **Beseitigung** einer bereits eingetretenen Eigentumsbeeinträchtigung (§ 1004 Abs. 1 S. 1) und den Anspruch auf **Unterlassung** weiterer Beeinträchtigungen (§ 1004 Abs. 1 S. 2). Die Anspruchsvoraussetzungen ergeben sich aus dem Tatbestand des § 1004. Auf ein **Verschulden** kommt es bei beiden Ansprüchen **nicht** an.

Hinweis

Hieraus ergibt sich auf der Rechtsfolgenseite ein zentrales Klausurproblem, nämlich die Abgrenzung des Anspruchs aus § 1004 Abs. 1 S. 1 zu den Schadensersatzansprüchen wegen Eigentumsverletzung, die, anders als § 1004 Verschulden voraussetzen.

Das Problem bei § 1004 Abs. 1 S. 1 besteht u.a. darin, die Rechtsfolgen des Anspruchs so einzugrenzen, dass die Vorschrift nicht zu einem verschuldensunabhängigen Schadensersatzanspruch umfunktioniert wird.

Wir beginnen mit dem Beseitigungsanspruch aus § 1004 Abs. 1 S. 1. Die zu prüfenden Punkte können Sie dem nachfolgenden Schema entnehmen.

JURIQ-Klausurtipp

Für dieses Prüfungsschema gilt dasselbe wie für alle noch folgenden: Es wurden alle denkbar relevanten Prüfungspunkte und Probleme dargestellt, damit Sie einen Gesamtüberblick über die Probleme erhalten. In der Klausur dürfen Sie aber natürlich nicht „sklavisch" alle Punkte erwähnen und abhandeln, sondern müssen gerade den Schwerpunkt auf die Prüfungspunkte setzen, die im jeweiligen Fall von Relevanz sind. Dies gilt natürlich auch für alle anderen noch folgenden Prüfungsschemata in diesem Skript!

I.   Beseitigungsanspruch aus § 1004 Abs. 1 S. 1

PRÜFUNGSSCHEMA

1.   Anspruchsentstehung

a)   Eigentum des Anspruchstellers

Zentrale Voraussetzung des Beseitigungsanspruchs nach § 1004 Abs. 1 S. 1 ist das Eigentum   **28**
des Anspruchstellers, aus dem sich der Anspruch ableitet. Zunächst müssen Sie in der Klau-

sur also feststellen, ob der Anspruchsteller Eigentümer der Sache ist, in Bezug auf welche er eine Beeinträchtigung geltend macht, die er beseitigt haben möchte.[1]

> ### JURIQ-Klausurtipp
>
> Sie müssen (nur) die Eigentümerstellung des Anspruchstellers prüfen. Wer früher einmal vor diesem die Eigentumsposition innehatte, ist nur dann interessant, wenn Sie einen rechtsgeschäftlichen Eigentumserwerb des Anspruchstellers (z.B. nach § 929) untersuchen müssen und dabei auf die Verfügungsbefugnis des Veräußerers eingehen. Diese erfordert ja grundsätzlich dessen Eigentum. Sie gehen an dieser Stelle also in der Chronologie „eine Station zurück". Eine chronologische Darstellung der Eigentumslage, die mit einer anderen Person als dem Anspruchsteller startet, sollten Sie daher nur dann vornehmen, wenn der Sachverhalt über eine längere Kette von Erwerbsvorgängen berichtet und Sie eine verschachtelte Inzidentprüfung (bei der Verfügungsbefugnis des jeweiligen Veräußerers) vermeiden wollen.

Ergeben sich im Sachverhalt keine Anhaltspunkte für den Eigentumserwerb des Anspruchstellers, ist auf die Eigentumsvermutung des § 891 (bei Grundstücken) und des § 1006 (bei beweglichen Sachen) zurückzugreifen. Sodann ist – je nach Angaben im Sachverhalt – die Möglichkeit eines Eigentumsverlustes des Anspruchstellers zu untersuchen.

29 Weil die Ansprüche aus § 1004 der Verteidigung des Eigentumsrechts im Einzelfall dienen, können sie nach allgemeiner Ansicht nicht isoliert abgetreten werden.[2] Sie stehen immer nur dem jeweiligen Eigentümer zu. Ansonsten bestünde die Gefahr, dass dieser sein Eigentum nicht verteidigen, sein Eigentumsrecht also nicht „verwirklichen" könnte. Sein Eigentum wäre wertlos. Die Ansprüche nach § 1004 werden daher auch als **„dingliche** Ansprüche" bezeichnet, da sie untrennbar mit dem dinglichen Recht, hier dem Eigentum, verbunden sind. Der jeweilige Eigentümer kann aber eine andere Person nach § 185 Abs. 1 ermächtigen, den Anspruch aus § 1004 im eigenen Namen geltend zu machen.[3]

> ### Hinweis
>
> Dieselben Grundsätze gelten auch für die Ansprüche aus § 985 und § 894, die ebenfalls „untrennbar" mit der Position des Eigentums verbunden sind.

30 Im Falle von Miteigentum ist nach § 1011 jeder Miteigentümer zur Geltendmachung des Anspruchs berechtigt.

b) (Aktuelle) Beeinträchtigung des Eigentums

aa) Abgrenzung zu den anderen dinglichen Abwehransprüchen

» Lesen Sie bitte die Vorschrift des § 1004 Abs. 1 parallel im Gesetz mit! «

31 § 1004 Abs. 1 S. 1 grenzt den Anwendungsbereich des Beseitigungsanspruchs vom Herausgabeanspruch aus § 985 durch seinen Wortlaut ab: § 1004 greift danach ein, wenn das Eigentum „in **anderer** Weise als durch Entziehung oder Vorenthaltung des Besitzes" beeinträchtigt wird. Für die Abwehr einer vollständigen Besitzentziehung oder -vorenthaltung ist dagegen der Anspruch aus § 985 einschlägig.

---

1 Zum Erwerb und Verlust von Eigentum ausführlich im Skript „Sachenrecht II".
2 Palandt-*Herrler* § 1004 Rn. 14.
3 Palandt-*Herrler* § 1004 Rn. 2.

> **Hinweis**
>
> Eine Konkurrenz besteht allerdings in den Fällen, in denen sich die Beeinträchtigung nicht in der Besitzentziehung bzw -vorenthaltung erschöpft. Wird etwa der Besitz nur teilweise entzogen, greift § 985 hinsichtlich der Teilentziehung und § 1004 in Bezug auf die damit verbundene Störung des verbliebenen Besitzes.[4] Gleiches gilt in den Fällen, wenn der unberechtigte Besitzer das Eigentum zusätzlich beeinträchtigt, in dem er zum Beispiel die Sache auch benutzt: Dann ist in Bezug auf die Herausgabe des unberechtigten Besitzes § 985 anzuwenden und in Bezug auf die Untersagung der Nutzung § 1004.[5]

Besteht die Beeinträchtigung von Grundstückeigentum darin, dass das Eigentum oder eine Belastung des Eigentums (z.B. mit einer Grundschuld) im Grundbuch falsch ausgewiesen ist, geht der Grundbuchberichtigungsanspruch aus § 894 dem Anspruch aus § 1004 vor.[6] **32**

Neben der Abgrenzung zu den dinglichen Ansprüchen aus §§ 894, 985 ist noch eine Besonderheit bei der Durchsetzung des Eigentums im Rahmen einer Zwangsvollstreckung zu beachten. Besteht die Beeinträchtigung des Eigentums darin, dass nicht die Gläubiger des Eigentümers, sondern die Gläubiger einer anderen Person in die Sache vollstrecken, kann der Eigentümer den Übergriff nicht mit § 1004 abwehren. Vielmehr muss sich der Eigentümer gegen eine laufende Vollstreckung durch fremde Gläubiger mit der Gestaltungsklage nach § 771 ZPO zur Wehr setzen, sog. „Drittwiderspruchsklage".[7] Die Ansprüche aus § 985, 1004 sind insoweit ausgeschlossen.[8] Grund hierfür ist, dass der Gerichtsvollzieher nach § 808 Abs. 1 ZPO Sachen pfänden darf, wenn diese sich im Gewahrsam des Schuldners befinden. Hierdurch entsteht – unabhängig von der Eigentumslage – die öffentlich-rechtliche Beschlagnahme (§§ 136, 135) der Sache (sog. Verstrickung). Das Gericht muss auf Drittwiderspruchsklage des Eigentümers (die an sich zulässige) Zwangsvollstreckung für unzulässig erklären. Dies ist der vom Gesetz vorgesehene spezielle Rechtsbehelf gegen diese Form der Eigentumsstörung. **33**

bb) Beeinträchtigung des Eigentums

Das Eigentum wird „beeinträchtigt", wenn ein Zustand besteht, der dem Inhalt des Eigentums gem. § 903 und der sich daraus ergebenden tatsächlichen und rechtlichen Herrschaftsmacht des Eigentümers widerspricht.[9] Etwas bildhafter gesagt: Eine Eigentumsbeeinträchtigung liegt vor, wenn in dem durch §§ 903, 905 S. 1 markierten Herrschaftsbereich ein bestimmter Zustand ohne Zustimmung des Eigentümers der betreffenden Sache besteht. Erfasst sind dabei grundsätzlich auch die Fälle, in denen der Eigentümer in der Nutzungsmöglichkeit seines Eigentums beeinträchtigt wird, da auch die umfassende Nutzungsmöglichkeit in den Grenzen des § 903 Ausfluss des Eigentumsrechts ist. **34**

---

4 *OLG Köln* NJW 1995, 3319 f. unter Ziff. B; Palandt-*Herrler* § 1004 Rn. 5.

5 Palandt-*Herrler* § 1004 Rn. 5; MüKo-*Raff* § 1004 Rn. 25.

6 Palandt-*Herrler* § 1004 Rn. 3; MüKo-*Raff* § 1004 Rn. 10a.

7 MüKo-*Raff* § 1004 Rn. 12; das Eigentum stellt ein die Veräußerung hinderndes Recht i.S.d. § 771 ZPO dar.

8 *BGH* NJW 1989, 2542.

9 St. Rspr. des *BGH*, z.B. Urteil vom 4.2.2005 (AZ: V ZR 142/04) unter Ziff. II 1b m.w.N. = NJW 2005, 1366; Palandt-*Herrler* § 1004 Rn. 6.

> **JURIQ-Klausurtipp**
>
> Lassen Sie an dieser Stelle etwaige Duldungspflichten des Eigentümers noch außen vor. Diese sollten aus Gründen der besseren Verständlichkeit und dogmatischen Stringenz erst im Anschluss erörtert werden.

35 Dabei kommt es nicht darauf an, ob die Beeinträchtigung zu einem Schaden führt.[10] Der Tatbestand des § 1004 Abs. 1 setzt auch kein Verschulden voraus.

> **Hinweis**
>
> Dadurch unterscheidet sich § 1004 Abs. 1 S. 1 vom Schadensersatzanspruch aus § 823 Abs. 1, der Verschulden voraussetzt und auf die Beseitigung eines Schadens nach §§ 249 ff. gerichtet ist.

36 Geht die Störung von einer anderen Sache aus, ist es nach h.M. unerheblich, ob die störende Sache in das Eigentum des gestörten Eigentümers übergegangen ist. Denn für die Frage der Störung spielt der (parallele) Eigentumserwerb keine Rolle, sondern nur die Willensrichtung des Eigentümers bei Eintritt der Störung.[11]

> **Beispiel**   Wird auf einem fremden Grundstück ohne Zustimmung des Eigentümers Altöl abgelassen, kann die Beeinträchtigung des Grundstückseigentums nicht deshalb verneint werden, weil das Öl sich nun wegen Verbindung mit dem Grundstück nach § 946 im Eigentum des Grundstückseigentümers befindet und dieser Zustand nun dem (neuen) Inhalt des Eigentums entspricht. Entscheidend ist vielmehr, dass die Zuführung des Öls nicht dem Willen des Eigentümers des zunächst unbelasteten Grundstücks entsprach. ■

37 Teilweise wird demgegenüber vertreten, die Beeinträchtigung ende mit dem Verlust des Eigentums an der störenden Sache, weil deren Eigentümer von diesem Zeitpunkt an keine dem Eigentümer zugewiesenen Befugnisse mehr in Anspruch nehme und eine Abwehr nach § 1004 nur in diesen Fällen gerechtfertigt sei (sog. Usurpationstheorie").[12] Dies hätte jedoch zur Folge, dass der Zustandsstörer sich dem Anspruch auf Beseitigung (und den damit verbundenen Kosten) durch einfache Weise entziehen könnte, z.B. indem er sein Eigentum an der störenden und häufig wertlosen Sache gem. § 959 aufgibt. Außerdem ist nicht einzusehen, warum der verletzte Eigentümer bei fehlendem oder verlorenem Eigentum des Störers auf die verschuldens**abhängigen** Schadensersatzansprüche beschränkt sein soll. Gerade in den Fällen der Bodenkontamination wird deutlich, dass es sich hier um meist schwerwiegende und mit hohen Kosten verbundene Beeinträchtigungen handelt. Eine solche Schutzlücke ist aber nicht gerechtfertigt und aus den gesetzlichen Regelungen nicht ersichtlich.

38 Im Falle einer Zerstörung geht das Eigentum des Geschädigten verloren, so dass mangels Aktivlegitimation nur noch Schadensersatzansprüche aus §§ 989, 990 oder §§ 823 ff. denkbar sind. Gegen eine **drohende** Zerstörung kann sich der Eigentümer aber analog § 1004 zur Wehr setzen (siehe unten unter Rn. 85).

---

10 Palandt-*Herrler* § 1004 Rn. 6.

11 Urteile des *BGH* vom 4.2.2005 (AZ: V ZR 142/04) unter Ziff. II 1b = NJW 2005, 1366 und vom 30.3.2007 (AZ: V ZR 179/06) unter Ziff. II 2a = NJW 2007, 2182; Palandt-*Herrler* § 1004 Rn. 28.

12 Z.B. *Picker* Festschrift F. Bydlinski, 2002, S. 269, 291 ff.; *Lobinger* JuS 1997, 981, 983; hier kommen nur verschuldensabhängige Schadensersatzansprüche aus §§ 989 ff. bzw. 823 ff. in Betracht.

Das Eigentumsrecht gewährt dem Eigentümer nach § 903 eine umfassende Herrschafts-   **39** macht in zwei Richtungen, nämlich einmal die exklusive Befugnis zur (alleinigen) tatsächlichen Nutzung der Sache und zum anderen die ausschließliche rechtliche Verfügungsbefugnis. Der Eigentümer kann sich mit Hilfe des § 1004 gegen eine Beeinträchtigung jeder dieser beiden Befugnisse zur Wehr setzen. Schauen wir uns zunächst die Fälle näher an, in denen die tatsächliche Herrschaftsmacht des Eigentümers betroffen ist.

(1) Ausgangspunkt

Bei Beeinträchtigungen des Eigentums soll hier zwischen Beeinträchtigungen der **tatsächli-**   **40** **chen** Herrschaftsmacht und Beeinträchtigungen der **rechtlichen** Herrschaftsmacht unterschieden werden.

Allgemein liegt eine Beeinträchtigung der tatsächlichen Herrschaftsmacht vor, wenn die Sache ohne Willen des Eigentümers benutzt, verändert, verbraucht, beschädigt oder zerstört wird.[13]

Beispiele[14] – Natürlich immer fehlende Zustimmung des betroffenen Eigentümers vorausgesetzt:

Betreten eines Grundstücks; Parken oder Ablagerung von Sachen auf dem Grundstück; Bebauung eines Grundstücks; Einwurf von (Werbe-)Sendungen in den Briefkasten; Verunreinigung von Erdreich durch Flüssigkeiten; Befüllen von Flaschen oder Behältern; Anbringen von Werbezetteln oder Aufklebern auf Sache; Fahren mit einem fremden PKW.

Keine Eigentumsbeeinträchtigung dagegen: die Anfertigung von Fotografien als solche, da die Bestimmung über das reine Abbild einer Sache nicht mehr vom Herrschaftsbereich des § 903 erfasst wird.[15] ◼

Eine tatsächliche Beeinträchtigung liegt auch vor, wenn dem Eigentümer der Zugang zur   **41** Sache durch ein Hindernis tatsächlich verwehrt wird.[16] Der Anspruch aus § 1004 Abs. 1 S. 1 ist dann auf die Beseitigung dieses Hindernisses gerichtet.

Beispiel 1   Fahrer F stellt seinen PKW auf der – öffentlichen – Straße ab. Allerdings steht das Auto nun so, dass Grundstückseigentümer G in seine Garage weder aus- noch einfahren kann. Der Grundstückseigentümer G kann von F aus § 1004 Abs. 1 S. 1 nun Entfernung des Fahrzeuges verlangen. ◼

Beispiel 2   Fahrer F stellt seinen PKW direkt in eine fremde Garage. ◼

Beispiel 3   F schließt eine fremde Garage ab und behält den Schlüssel. ◼

Für die Anwendung des § 1004 Abs. 1 in diesen Fällen kommt es nicht darauf an, ob bereits   **42** die Lage des Hindernisses fremdes Eigentum verletzt.

---

13 Palandt-*Herrler* § 903 Rn. 5, 6.

14 Weitere Beispiele finden Sie bei Palandt-*Herrler* § 1004 Rn. 6 ff.

15 *BGH* NJW 1989, 2251, 2252 – „Friesenhaus"; hier ist aber an einen urheber-, geschmacksmuster- oder markenrechtlichen Schutz der äußeren Gestaltung der fotografierten Sache zu denken. Zudem sind deliktsrechtliche Ansprüche wegen Verletzung des Rechts am eigenen Bild als Ausprägung des allgemeinen Persönlichkeitsrechts nach Art. 1 Abs. 1, Art. 2 Abs. 1 GG aus §§ 823 ff. BGB denkbar; siehe dazu ausführlich das Skript „Schuldrecht BT IV" (Deliktsrecht).

16 *OLG Karlsruhe* NJW 1978, 274; MüKo-*Raff* § 1004 Rn. 46.

Im *Beispiel 1* spielt es also keine Rolle, ob sich das „zuparkende" Fahrzeug bereits auf dem Grundstück des Eigentümers oder etwa auf der dem öffentlichen Gemeingebrauch gewidmeten Straße befindet. Andernfalls entstünde im *Beispiel 1* eine Schutzlücke, da weder der Halter noch der Fahrer des Fahrzeuges Besitz an der versperrten Garage erlangen und § 985 – gerichtet auf Herausgabe durch Räumung – deshalb keinen Schutz bietet. An der Qualität der Störung – die Garage kann nicht bestimmungsgemäß genutzt werden – ändert die Besitzlage aber nichts, so dass § 1004 im *Beispiel 1* zur Anwendung kommen muss.

Im *Beispiel 2* konkurrieren § 985 im Hinblick auf die dem Besitz des Eigentümers entzogene Garagenfläche (unter dem Auto) und § 1004 im Hinblick auf die beeinträchtigte restliche Garage.[17]

Im *Beispiel 3* kommt allein § 985 zur Anwendung, da ein Fall vollständiger Besitzentziehung an der Garage vorliegt.

(2) Beeinträchtigung der rechtlichen Herrschaftsmacht

43 Dem Eigentümer ist nach § 903 S. 1 grundsätzlich auch die Entscheidung vorbehalten, wie sich die rechtlichen Verhältnisse an seiner Sache gestalten. Er alleine ist daher grundsätzlich zur rechtlichen Verfügung über die Sache berechtigt, indem er das Eigentum überträgt, belastet oder aufgibt.[18]

Die wirksame Verfügung durch einen Nichtberechtigten (z.B. nach §§ 929, 932, §§ 873, 892, 925 oder §§ 1204, 1205, 1207, 932) stellt allerdings keine aktuelle Eigentumsbeeinträchtigung i.S.d. § 1004 mehr dar, sondern einen bereits abgeschlossenen Schaden. Damit scheidet aber auch ein Beseitigungsanspruch nach § 1004 Abs. 1 S. 1 in Bezug auf wirksame Verfügungen durch Nichtberechtigte aus.[19]

> **JURIQ-Klausurtipp**
>
> Dennoch ist diese Variante der Eigentumsbeeinträchtigung nicht bedeutungslos: § 1004 Abs. 1 S. 2 gibt dem Eigentümer immerhin die Möglichkeit, eine drohende Verfügung durch einen Unterlassungsanspruch zu verhindern.[20] Dies geschieht zweckmäßigerweise durch eine einstweilige Verfügung i.S.d. §§ 935, 938 Abs. 1 ZPO, mit der ein Veräußerungsverbot i.S.d. §§ 135, 136 angeordnet wird.

44 Ob die Berühmung einer Eigentumsposition durch einen Dritten eine Eigentumsbeeinträchtigung darstellt, ist zweifelhaft.

Beispiel[21] Der Enkel E des Malers Oskar Schlemmer (1888 – 1943) hatte in einem an einen Kunstverlag gerichteten Schreiben behauptet, das im Jahr 1931 gemalte Bild „Rote Mitte" stehe im Eigentum der Miterben des Malers, deren Interessen er vertrete. Gegen diese Behauptung wendet sich der Sammler S, der das Bild von einem Galeristen erworben hat und in Folge des Erwerbs tatsächlich Eigentümer geworden ist. Er verlangt von E Widerruf und Unterlassung dieser Behauptung. Mit Recht? ■

---

17 Siehe dazu oben unter Rn. 31.
18 Siehe dazu die §§ 928, 959.
19 *BGH* NJW 2001, 1069 unter Ziff. 2a; Palandt-*Herrler* § 1004 Rn. 7; MüKo-*Raff* § 1004 Rn. 10a.
20 Palandt-*Herrler* § 1004 Rn. 7; darauf kommen wir unter Rn. 85 zurück.
21 *Beispiel* nach dem Urteil des *BGH* vom 24.10.2005 (AZ: II ZR 329/03) = NJW 2006, 689.

Die bloße Eigentumsbehauptung tangiert die tatsächliche oder rechtliche Sachherrschaft des Eigentümers im Grundsatz nicht. Er kann weiterhin nach seinem Belieben mit der Sache verfahren, ohne dass seine Befugnisse durch diese Behauptung verkürzt worden sind.

Ein Unterlassungsanspruch kommt nur dann in Betracht, wenn durch die Behauptung dem Eigentümer der Umgang mit der Sache tatsächlich erschwert wird, etwa weil wegen der unsicheren Rechtslage keiner mehr oder nur unter erschwerten Bedingungen mit ihm Geschäfte über die Sache abschließen will.[22]

Die Berühmung muss daher regelmäßig gegenüber Dritten erfolgt sein,[23] eine Berühmung gegenüber dem wahren Eigentümer genügt nicht.[24]

Im *Beispiel* sprach der *BGH* einen Anspruch aus § 1004 zu, weil „gerade in Kunstkreisen eine derartige Äußerung geeignet sei, den Kläger in seinen Rechten gemäß § 903, mit dem Bild nach Belieben zu verfahren, nachhaltig zu beeinträchtigen." Die Meinungsfreiheit stehe in einem solchen Fall hinter dem Eigentum zurück.

> ### Hinweis
>
> Das Bestehen eines Beseitigungsanspruchs nach § 1004 Abs. 1 S. 1 kann in diesen Fällen immer nur nach den Umständen des Einzelfalls entschieden werden. Dabei muss die Meinungs- bzw. eventuell die Pressefreiheit des Äußernden gegenüber dem Eigentumsrecht abgewogen werden.

---

(3) Besonderheiten bei Grundstücken

Das positive Nutzungsrecht des Eigentümers, nämlich nach seinem Belieben mit der Sache **45** verfahren zu dürfen (§ 903 S. 1), kollidiert insbesondere bei Grundstücksnachbarn häufig mit der entsprechenden Befugnis des benachbarten Eigentümers. Beide sind zwangsläufig den Auswirkungen der Benutzung durch den jeweils anderen ausgesetzt. Was dem einen „beliebt", kann dem anderen missfallen.

> **Beispiel** A und B sind Eigentümer zweier benachbarter Grundstücke. Als der Wind gerade günstig in Richtung auf das Grundstück des B weht, verbrennt A auf seinem Grundstück einen Stapel alter Autoreifen. Als B ihn auffordert, das zu unterlassen, beruft sich A auf § 903, wonach er schließlich mit seinem Eigentum nach Belieben verfahren dürfe. Also dürfe er auch auf seinem Grundstück nach Belieben alte Reifen verbrennen. B weist den A darauf hin, dass in § 903 auch stehe, dass er, B, andere von jeder Einwirkung auf sein Eigentum ausschließen könne. ◼

Hier stellt sich ganz augenfällig die Frage nach einer sachgerechten Abgrenzung der jeweiligen Herrschaftsmacht. Die Rechtsprechung und wohl h.L. grenzen die Eigentümerbefugnisse der Grundstücksnachbarn **räumlich** ab, so dass der jeweilige Eigentümer in den Grenzen seines Eigentums nicht dem Bestimmungsrecht des anderen Eigentümers nach § 903 unterliegt.[25]

---

22 Staudinger-*Gursky* § 1004 Rn. 31.
23 Urteil des *BGH* vom 24.10.2005 (AZ: II ZR 329/03) unter Tz. 10 ff. = NJW 2006, 689 f.
24 Palandt-*Herrler* § 1004 Rn. 11.
25 Z.B. Urteil des *BGH* vom 11.7.2003 (AZ: V ZR 199/02) unter Ziff. II 2a m.w.N. = NJW-RR 2003, 1313; Palandt-*Herrler* § 903 Rn. 7 ff.

Dafür spricht zum einen, dass § 905 die „Erstreckung" des Eigentums nur oberhalb und unterhalb der „Oberfläche" regelt. Von einer seitlichen Erstreckung geht das Gesetz nicht aus, sondern setzt als gegeben voraus, dass das Recht des Eigentümers durch die räumlichen Grenzen der Grundstücksoberfläche – mit senkrechter Verlängerung nach oben und unten – begrenzt wird. Auf diesem Prinzip beruhen auch die Regelungen in den §§ 906 ff. Außerdem bildet die natürliche Grenze den auch für Laien am leichtesten zu bestimmenden Bezugspunkt und dient damit dem Interesse einer rechtssicheren Abgrenzung.

Daraus folgt, dass in der Prüfung einerseits zwischen **grenzüberschreitenden**, „hineinfallenden" Einwirkungen („Immissionen") und andererseits „negativen" sowie „ideellen" Beeinträchtigungen unterschieden werden muss.

 46 **(a) Grenzüberschreitende Immissionen**   Gelangen ohne den Willen des Eigentümers (also ohne sein „Belieben" i.S.d. § 903) Gegenstände oder Stoffe auf das Grundstück, in dessen Erdreich oder den darüber liegenden Luftraum, beeinträchtigen sie die dem Eigentümer durch §§ 903, 905 S. 1 garantierte umfassende Sachherrschaft, zu der es eben auch gehört, fremde Gegenstände oder Stoffe von dem eigenen Grundstück einschließlich Erdreich oder Luftraum fernzuhalten.[26]

Beispiele   Chemikalien sickern in den Boden eines fremden Grundstücks; Rußpartikel eines Grills werden auf das Nachbargrundstück geweht; Überwuchs von Pflanzen oder Eindringen von Wurzeln in Nachbargrundstück; Führung von Leitungen im Boden oder in der Luft über einem fremden Grundstück. ■

 47 **(b) „Negative" Beeinträchtigungen/Vorenthaltung von Stoffen**   Zustände auf einem fremden Grundstück, die natürliche Vorteile und Zuführungen auf dem eigenen Grundstück verhindern, sind aufgrund der räumlichen Abgrenzung der Befugnisse nicht mit § 1004 abwehrfähig.

Soweit sich diese Zustände außerhalb der Grenzen des eigenen Eigentums befinden, fallen sie nicht in den Machtbereich des eigenen Eigentums und unterliegen deshalb nicht dem eigenen Bestimmungsrecht.[27]

Beispiele   Es besteht folglich kein Abwehranspruch aus § 1004 gegen die Behinderung der Licht- oder Luftzufuhr, gegen die Abschottung von Funkwellen, gegen die Versperrung des Ausblicks. ■

 48 **(c) Ideelle Beeinträchtigungen**   Nichts anderes gilt nach h.M. bei ideellen, insbesondere ästhetischen oder sittlichen Beeinträchtigungen des Eigentümers durch Umstände auf einem fremden Grundstück.[28]

Beispiele   Kein Abwehranspruch aus § 1004 Abs. 1 S. 1 gegen den Anstrich des Nachbarhauses in „schriller" und/oder „greller" Farbe, gegen FKK des Nachbarn, gegen Betrieb eines Bordells oder Schrottplatzes auf Nachbargrundstück. ■

---

26 St. Rspr. des *BGH*, z.B. Urteil vom 4.2.2005 (AZ: V ZR 142/04) unter Ziff. II 1b = NJW 2005, 1366; Palandt-*Herrler* § 903 Rn. 8.

27 Urteil des *BGH* vom 11.7.2003 (AZ: V ZR 199/02) unter Ziff. II 2a = NJW-RR 2003, 1313; Palandt-*Herrler* § 903 Rn. 9.

28 Urteil des *BGH* vom 11.7.2003 (AZ: V ZR 199/02) unter Ziff. II 2a = NJW-RR 2003, 1313; Palandt-*Herrler* § 903 Rn. 10; differenziert MüKo-*Raff* § 1004 Rn. 51 ff.

c)　Störereigenschaft des Anspruchsgegners

Der Anspruchsgegner muss die Eigentumsbeeinträchtigung zwar **nicht verschuldet** haben, **49** sie muss ihm aber **zugerechnet** werden können. Er muss als sog. „Störer" verantwortlich sein.

Unterschieden werden dabei üblicherweise Handlungs- und Zustandsstörer.[29] Da es auf ein Verschulden nicht ankommt, spielen die §§ 276, 278, 827 f. bei der Bestimmung des Störers keine Rolle.[30]

aa)　Handlungsstörer

Allgemein zieht man zur Qualifizierung einer Person als Handlungsstörer das Kriterium der **50** „Adäquanz" heran. Alles, was nicht mehr als adäquate Folge eines Verhaltens angesehen werden kann, sich also nicht mehr als hinreichend wahrscheinliche Folge eines Verhaltens darstellt, kann keine Haftung einer Person als Handlungsstörer auslösen.[31]

> **Handlungsstörer** ist derjenige, der eine Eigentumsbeeinträchtigung durch sein Verhalten, das heißt durch aktives Tun oder pflichtwidriges Unterlassen, adäquat verursacht hat.[32]

JURIQ-Klausurtipp

Als „Eselsbrücke" kann man sich bei der Adäquanz merken, dass sie letztlich nur dazu dienen soll, solche Folgen auszuschließen, die derart unwahrscheinlich sind, dass sie sich außerhalb jeglicher Lebenserfahrung befinden.

Zur Begründung der Störereigenschaft von juristischen Personen oder Personengesellschaf- **51** ten ist nach dem Rechtsgedanken des § 31 auf das Verhalten der Organe und sonstigen Repräsentanten abzustellen.[33]

Außerdem unterscheidet man darüber hinaus zwischen dem „unmittelbarem" und dem „mittelbarem" Handlungsstörer.

---

29 Palandt-*Herrler* § 1004 Rn. 15 ff.
30 *BGH* in BGHZ 110, 313 ff. unter Ziff. II 2 = NJW 1990, 2058 f.; Palandt-*Herrler* § 1004 Rn. 13; Palandt-*Sprau* § 827 Rn. 1.
31 Palandt-*Herrler* § 1004 Rn. 13.
32 Urteil des *BGH* vom 1.12.2006 (AZ: V ZR 112/06) unter Tz. 9 = NJW 2007, 432; Palandt-*Herrler* § 1004 Rn. 16.
33 MüKo-*Raff* § 1004 Rn. 85.

(1) Unmittelbarer Handlungsstörer

52   Unmittelbarer Handlungsstörer ist derjenige, der die Beeinträchtigung des Eigentums bereits durch sein eigenes Verhalten (Handlung oder pflichtwidriges Unterlassen) unmittelbar und im Rahmen adäquater Kausalität verwirklicht hat.[34]

Beispiel 1 Betreten eines fremden Grundstücks ohne Erlaubnis des Eigentümers (unmittelbarer Handlungsstörer durch aktives Tun). ◾

Beispiel 2[35] A und B sind Eigentümer angrenzender Grundstücke. Auf dem Grundstück des B befindet sich in etwa 1 m Abstand zur Grundstücksgrenze ein von B vor 20 Jahren angepflanzter Kirschbaum. Die Ausbreitung der Wurzeln dieses Baumes im Erdreich auch des Grundstücks des A hatten zur Folge, dass die Pflastersteine eines Gehwegs auf dem Grundstück des A angehoben wurden. A verlangt von B eine Beseitigung der Wurzeln und Reparatur des Gehwegs.

Eine Haftung als Handlungsstörer aufgrund eigenen positiven Tuns scheidet aus, weil der B die Beeinträchtigung nicht durch eine eigene Handlung herbeigeführt hat. Vielmehr handelt es sich bei dem Wuchs der Wurzeln um ein Naturereignis.[36] Als Handlungsstörer kann B aber gleichwohl in Anspruch genommen werden, sofern er das Eindringen der Wurzeln in das Erdreich des A pflichtwidrig nicht verhindert hat. Aus der Ausstrahlungswirkung absoluter Rechte wie dem Eigentum folgt, dass derjenige, der eine Gefahrenquelle schafft oder beherrscht, verpflichtet ist, vorhersehbare Schäden durch geeignete und zumutbare Maßnahmen zu verhindern (Verkehrssicherungspflicht).

Angesichts des geringen Grenzabstandes war ein Hinüberwachsen der Baumwurzeln für den B auch vorhersehbar. Dass es ihm nicht zumutbar gewesen sein sollte, den Wuchs der Wurzeln zu kontrollieren, ergibt sich aus dem Sachverhalt nicht. Daraus folgt zugleich, dass B die Beeinträchtigung des Eigentums von in adäquater Weise durch pflichtwidriges Unterlassen herbeigeführt hat.

B ist dem A folglich nach § 1004 Abs. 1 S. 1 zur Entfernung der Wurzeln und zur Reparatur des Gehwegs verpflichtet. ◾

---

34 Palandt-*Herrler* § 1004 Rn. 17.

35 Vgl. Urteil des *BGH* vom 28.11.2003 (AZ: V ZR 99/03) = NJW 2004, 603.

36 In seiner früheren Rechtsprechung hat der *BGH* allerdings an das Anpflanzen oder die Pflege eines Baumes angeknüpft (z.B. BGHZ 97, 231). Dies erscheint vertretbar, da sich der Wurzelwuchs noch als adäquate Folge dieses Verhaltens darstellt.

(2) Mittelbarer Handlungsstörer

> **Mittelbarer Handlungsstörer** ist derjenige, der die Beeinträchtigung durch das Verhalten eines Dritten mittelbar und in adäquater Weise durch eigenes Verhalten oder pflichtwidriges Unterlassen veranlasst hat.[37]

53

Beispiel   V hat an M ein Grundstück vermietet, auf welchem M eine Schrotthandlung betreibt. Von M darauf angesprochen, wo er denn seinen Schrott noch abladen könne, wenn der Platz auf dem gemieteten Grundstück einmal zu knapp werden sollte, zeigt V auf das Nachbargrundstück des E und erklärt dem M, der E habe sicher nichts dagegen. M lagert daher in der Folgezeit einen Teil seines Schrotts auf dem Grundstück des E.

Hier kann E sowohl den M als unmittelbaren, als auch den V als mittelbaren Handlungsstörer auf Beseitigung des Schrotts aus § 1004 Abs. 1 S. 1 in Anspruch nehmen. ■

Gegenbeispiel[38]   E ist Eigentümer einer Eigentumswohnung, die er an M vermietet hat. In der Wohnung kommt es zu einem Brand, in dessen Folge Rußpartikel die Wand des im Eigentum von N stehenden Nachbarhauses schwärzen. Der Brand ist darauf zurückzuführen, dass M eine Halogenlampe entgegen der Gebrauchsanweisung des Herstellers zu nah an die Gardine im Wohnzimmer gestellt hatte und diese infolge der Hitzeeinwirkung entflammte. N verlangt von E (!) Beseitigung des Rußes aus § 1004 Abs. 1 S. 1.

Eine Beeinträchtigung im Sinne eines dem Inhalt des Eigentums widersprechenden Zustands liegt vor, da N es nach § 903 ohne seine Zustimmung nicht hinnehmen muss, dass sein Eigentum mit Rußpartikeln behaftet wird. Fraglich ist allein, ob E von N auch als Störer auf Beseitigung in Anspruch genommen werden kann.

Eine Haftung als unmittelbarer Handlungsstörer scheidet aus, da E durch sein Verhalten die Rußentwicklung nicht unmittelbar herbeigeführt hat.

Eine Haftung als mittelbarer Handlungsstörer setzt voraus, dass E das Verhalten des M in adäquater Weise veranlasst hat. An die Vermietung der Wohnung als solche kann nicht angeknüpft werden, da die Entfachung eines Brandes keine hinreichend wahrscheinliche Folge der Vermietung darstellt.

Eine Verantwortlichkeit lässt sich folglich nur dann begründen, wenn E dem M den Gebrauch seiner Wohnung mit der Erlaubnis zu der störenden Handlung überlassen hat oder wenn er es pflichtwidrig unterließ, den M von dem nach dem Mietvertrag unerlaubten Gebrauch abzuhalten oder den Brand einzudämmen. E hat dem M die Wohnung jedoch nicht mit der Erlaubnis zu brandgefährlichem Verhalten überlassen. Vielmehr galt mangels abweichender Vereinbarung die aus § 241 Abs. 2 folgende Schutzpflicht des M, Gefahren für das Eigentum des E zu vermeiden.

---

37 *BGH* NJW 2000, 2901 ff.
38 Vgl. Urteil des *BGH* vom 27.1.2006 (AZ: V ZR 26/05) = NJW 2006, 992.

Eine Aufklärung des M über die Brandgefahr von Halogenlampen kann von E aus dem Gesichtspunkt der Verkehrssicherungspflicht gegenüber dem Eigentum des N nur dann gefordert werden, wenn Anhaltspunkte für einen unsachgemäßen Umgang des N bestanden hätten. Ohne solche Anhaltspunkte war das Verhalten des M nicht vorhersehbar und kann deshalb keine Warnpflichten auslösen.

Schließlich ist auch nicht ersichtlich, wie E den Brand nach seinem Ausbruch hätte verhindern oder eindämmen können, so dass ihm auch insoweit kein Vorwurf pflichtwidrigen Unterlassens gemacht werden kann. E kann somit nicht aus § 1004 Abs. 1 S. 1 in Anspruch genommen werden. ▪

bb) Zustandsstörer

54   Zustandsstörer ist derjenige, der die Beeinträchtigung zwar nicht verursacht hat, durch dessen maßgebenden Willen der fremdes Eigentum beeinträchtigende Zustand einer Sache aber aufrechterhalten wird.[39]

Da auch beim Handlungsstörer die Verursachung durch pflichtwidriges Unterlassen erfolgen kann, sind die Grenzen insoweit fließend.

> **JURIQ-Klausurtipp**
>
> Als Faustregel können Sie von folgender Unterscheidung ausgehen: Der Handlungsstörer hat die Beeinträchtigung zum ersten Mal verursacht, während der Zustandsstörer den **von anderen** geschaffenen beeinträchtigenden und damit bereits vorhandenen Zustand einer Sache übernimmt und ihm trotz Möglichkeit willentlich nicht abhilft.

55   Die dem Eigentümer zustehende bzw. vom Besitzer ausgeübte Sachherrschaft und die damit einhergehende Möglichkeit, eine Beeinträchtigung zu beenden, genügt als solche noch nicht. Definitionsgemäß bedarf es eines zusätzlichen Willenselementes, um die Verantwortlichkeit als Zustandsstörer zu begründen. Der Grund liegt darin, dass es ungerechtfertigt wäre, den Eigentümer oder Besitzer einer Sache allein wegen der formalen Sachherrschaft zur Verantwortung zu ziehen.[40]

Die Haftung als **Zustandsstörer** setzt folglich zwei Umstände voraus:

(1) Sachherrschaft

56   Notwendig ist zunächst, dass der in Anspruch Genommene die Quelle der Störung tatsächlich beherrscht, also die Möglichkeit zu deren Beseitigung hat.[41]

---

39 St. Rspr., z.B. Urteil des *BGH* vom 1.12.2006 (AZ: V ZR 112/06) = NJW 2007, 432 f. unter Ziff. II 2b m.w.N.; Palandt-*Herrler* § 1004 Rn. 19.

40 St. Rspr., z.B. Urteil des *BGH* vom 1.12.2006 (AZ: V ZR 112/06) = NJW 2007, 432 f. unter Ziff. II 2b m.w.N.; Palandt-*Herrler* § 1004 Rn. 19.

41 *BGH* a.a.O.

(2) Willentliche Aufrechterhaltung

Eine willentliche Aufrechterhaltung liegt dann vor, wenn die Person die Beeinträchtigung för- **57** dert oder ihre Beseitigung trotz der gegebenen Möglichkeit pflichtwidrig unterlässt.[42]

Beispiel[43] M 2 hat von E ein Grundstück gemietet. Der Vormieter M 1 hatte auf dem Grundstück Baumaterial gelagert, das M 2 von diesem bei Inbesitznahme erworben hatte. Nach Beendigung des Mietverhältnisses veräußert M 2 das Material an den X weiter, der es auf dem Grundstück belässt. E verlangt nun von X die Beseitigung des Materials.

X ist aus § 1004 Abs. 1 S. 1 verpflichtet, die Materialien zu entfernen. Ihre Lagerung stellt sich spätestens nach Beendigung des Mietverhältnisses als ein dem Eigentum des E widersprechender Zustand dar, da E es nach § 903 nicht hinnehmen muss, ohne seine Zustimmung die Lagerung der Materialien auf seinem Grundstück zu dulden. Zwar hat X die Lagerung des Materials nicht durch eigenes Verhalten oder pflichtwidriges Unterlassen auf dem Grundstück des E veranlasst. Als Zustandsstörer kann X jedoch dann aus § 1004 Abs. 1 S. 1 in Anspruch genommen werden, wenn er die Möglichkeit der Beseitigung hat

und die Beeinträchtigung wenigstens mittelbar auch auf seine Willensentschließung zurückzuführen ist. Als Eigentümer der Materialien verfügt X über die Möglichkeit zu ihrer Beseitigung. Indem er entschied, die Materialien trotz Ablauf des zwischen E und M 2 eingegangenen Mietverhältnisses weiter auf dem Grundstück zu belassen, betätigte er seinen Willen, fremdes Eigentum weiter in Anspruch zu nehmen. X haftet somit als Zustandsstörer. ■

d) Keine Duldungspflicht (§ 1004 Abs. 2)

aa) Ausgangspunkt

Wie sich aus § 1004 Abs. 2 ergibt, ist der Anspruch ausgeschlossen, wenn der Eigentümer zur **58** Duldung der Beeinträchtigung verpflichtet ist. Die Beeinträchtigung ist dann nicht rechtswidrig, sondern aufgrund der Duldungspflicht gerechtfertigt. Entscheidend ist dabei, dass alleine der beeinträchtigende Zustand rechtswidrig sein muss und nicht auch die dazu führende Handlung.[44]

Duldungspflichten im Sinne von § 1004 Abs. 2 können sich aus Rechtsgeschäft oder Gesetz **59** ergeben. Analog § 986 Abs. 1 kommen dabei Duldungspflichten aus eigenem Recht des Störers oder abgeleitetem Recht in Betracht.[45]

---

42 *BGH* a.a.O.

43 Fall nach Urteil des *BGH* vom 30.3.2007 (AZ: V ZR 179/06) = NJW 2007, 2182.

44 Urteil des *BGH* vom 24.1.2003 (AZ: V ZR 175/02) = NJW-RR 2003, 953 ff. unter Ziff. II 4c aa (2); Palandt-*Herrler* § 1004, Rn. 12.

45 Urteil des *BGH* vom 5.5.2006 (AZ: V ZR 139/05) = NJW-RR 2006, 1160 f. m.w.N.

bb) Rechtsgeschäftlich begründete Duldungspflichten

60 Die Duldungspflichten können sich zunächst aus einem vertraglichen Schuldverhältnis ergeben, durch welches die Gestattung der an sich beeinträchtigenden Handlung geregelt ist.

Beispiel Miet-, Leih- oder Pachtvertrag, Besuchsvertrag mit Museum, Werkvertrag über die Reparatur einer Sache. ■

61 In Betracht kommt weiterhin eine einseitige Einwilligung des Eigentümers, die aber entsprechend dem Rechtsgedanken nach § 604 Abs. 3 jederzeit widerruflich ist.[46]

Beispiel Konkludente Einwilligung in die Entgegennahme von Werbewurfsendungen durch Zugänglichmachen eines Briefkastens; die Einwilligung endet hier in dem Moment, wo der Eigentümer seinen entgegenstehenden Willen deutlich macht, z.B. durch Anbringung eine Schildes/Aufklebers „Keine Werbung!".[47] ■

62 Schließlich ist auch an die Ausübung einer Grunddienstbarkeit nach §§ 1018 ff. oder eines vertraglich bestellten Pfandrechts zu denken. Hier ist das Eigentum vom Eigentümer vorab freiwillig durch Bestellung einer Dienstbarkeit bzw. des Pfandrechts eingeschränkt („belastet") worden.

Beispiel Gegenüber dem Inhaber einer Grundschuld ist der Eigentümer zur Duldung der Zwangsvollstreckung nach §§ 1192 Abs. 1, 1147 verpflichtet. ■

cc) Gesetzlich begründete Duldungspflichten (z.B. §§ 904–906, 912, 917)

» Lesen Sie die nachfolgend genannten Vorschriften einmal in Ruhe durch! **«**

63 Die Beeinträchtigung kann daneben auch durch gesetzliche Regelungen gerechtfertigt sein, die eine Duldungspflicht des Eigentümers – regelmäßig gegen Entschädigung – vorsehen.

Beispiele §§ 227, 228, 229, 904, 905 S. 2, 906, 910, 912, 917. ■

Von den gesetzlichen Duldungspflichten aus §§ 907 ff. sollen an dieser Stelle nur die klausurrelevantesten, nämlich aus § 906 und aus § 912 hervorgehoben werden.

(1) Die Duldungspflicht nach § 906

64 Nach § 906 Abs. 1 kann der Eigentümer eines Grundstücks die Zuführung sog. **„unwägbarer Stoffe"** (Gase, Dämpfe etc.) insoweit nicht verbieten, als hierdurch die Benutzung seines Grundstücks nicht oder nur unwesentlich beeinträchtigt wird.

Beispiel Gelegentliches Grillen auf dem Nachbargrundstück im Sommer. ■

Das Gleiche gilt nach § 906 Abs. 2 S. 1, für wesentliche Beeinträchtigungen, die durch eine **ortsübliche** Benutzung des anderen Grundstücks verursacht werden, wenn diese mit wirtschaftlich zumutbaren Maßnahmen nicht zu verhindern sind.

Beispiel E hat sich ein Bauernhaus in einem Dorf gekauft. Der Nachbar N betreibt auf seinem Grundstück eine Viehzucht. E fühlt sich durch die Tiergeräusche und den ländlichen Geruch gestört. E muss diese ortsübliche Beeinträchtigung hinnehmen. Sollte aber die

---

46 Palandt-*Herrler* § 1004 Rn. 37.
47 *BGH* in BGHZ 106, 229 ff.

Beeinträchtigung die ortsübliche Benutzung seines Grundstücks unzumutbar beeinträchtigen, so kann er nach **§ 906 Abs. 2 S. 2** hierfür eine **angemessene Entschädigung** von N verlangen. ◼

> **Hinweis**
>
> Aus § 906 Abs. 2 S. 2 hat man in analoger Anwendung einen Entschädigungsanspruch für nicht abwehrfähige Beeinträchtigungen anderer Art entwickelt. Darauf gehen wir in einem Exkurs unter Rn. 97 unten ein, wo wir den Ausgleichsanspruch aus § 906 Abs. 2 S. 2 näher untersuchen werden.

Nicht unter § 906 fällt dagegen die Zuführung **wägbarer** Stoffe (sog. *„Grobimmissionen"*)[48]. Hierfür besteht **keine** gesetzliche Duldungspflicht aus § 906 Abs. 1.

Beispiel   N betreibt auf seinem Grundstück einen Steinbruch. Beim Sprengen gelangen häufig Steine auf das Grundstück des E. ◼

(2) Der Überbau, § 912

Nach § 912 hat der Eigentümer einen Überbau zu dulden, wenn der Nachbar ohne Vorsatz   **65** oder grobe Fahrlässigkeit über die Grenze gebaut hat und der Eigentümer dem nicht vor oder sofort nach der Grenzüberschreitung widersprochen hat. In diesem Fall ist der Eigentümer nach § 912 Abs. 2 S. 1 durch eine Geldrente zu entschädigen.

Nicht unter § 912 fällt die vertragliche Gestattung eines Überbaus (§§ 311 Abs. 1, 241 Abs. 1).   **66** Hier richtet sich eine eventuelle Entschädigung allein nach der getroffenen Vereinbarung.

Beispiel   N überredet seinen Nachbarn, den Bauern B, der Errichtung eines Anbaus auf dessen Grundstück auf einer Fläche von 3 x 4 m zuzustimmen. Als Entschädigung wird vereinbart, dass B dafür von N ein Schwein erhält. Der Überbau ist von N nach §§ 311 Abs. 1, 241 Abs. 1 zu dulden. ◼

dd) Duldungspflicht aus § 242 (nachbarliches Gemeinschaftsverhältnis)

Im Verhältnis unter Nachbarn können bestehende Rechte nach § 242 eingeschränkt werden,   **67** wenn besondere Umstände gegeben sind, die schutzwürdigen Interessen der anderen Seite dies erfordern und schutzwürdige Belange der anderen Seite nicht entgegenstehen. Diese Rechtseinschränkung, die u.U. eine Duldungspflicht i.S.v. § 1004 Abs. 2 zur Folge haben kann, folgt aus der besonderen Interessenlage unter Nachbarn, die durch eine verstärkte Vertrauensprägung sowie dem Bedürfnis nach wechselseitiger Unterstützung und Rücksichtnahme gekennzeichnet ist.

So muss z.B. der wegerechtsberechtigte Eigentümer eines Grundstücks die Verlegung seines Wegerechts über ein anderes Grundstück hinnehmen, wenn der Eigentümer des belasteten Grundstücks hieran ein schutzwürdiges Interesse hat, auch wenn hierdurch das Eigentum des Wegerechtsberechtigten an seinem Grundstück beeinträchtigt wird.[49]

---

48 *BGH* NJW 1990, 1910.
49 *BGH* WM 1974, 429.

Beispiel Zu Gunsten des E, der für den Zugang zu seinem Grundstück ein Wegerecht am Grundstück des Nachbarn N benötigt, besteht schon seit 20 Jahren ein solches Wegerecht. E kann über diesen Weg die öffentliche Straße über einen kurzen Weg von 100 m erreichen. N möchte nunmehr auf seinem Grundstück ein Haus bauen. Dies hätte zur Folge, dass der Weg des E wegen ungünstiger topographischer Verhältnisse um 300 m verlegt werden muss, so dass sich der Gesamtweg auf 400 m verlängert. Diese Beeinträchtigung der Nutzung seines Grundstücks muss E nach §§ 1004 Abs. 2, 242 hinnehmen. ■

Auch kann unter Nachbarn § 1004 gem. § 242 dadurch eingeschränkt werden, dass geringfügige Beeinträchtigungen, hinzunehmen sind, wenn ihre Beseitigung unverhältnismäßige Kosten verursachen würde.[50]

Beispiel N hat bei der Errichtung eines Gebäudes grob fahrlässig um 10 cm über die Grundstücksgrenze des E gebaut. Der Abriss des Überbaus und die Neuerrichtung würde Kosten von 30 000 € verursachen. Hier ist es dem E, obwohl er das nach § 912 Abs. 1 nicht müsste, gem. § 242 zuzumuten, den geringfügigen Überbau zu dulden und sich analog § 912 Abs. 2 S. 1 entschädigen zu lassen. ■

e) Umfang der Beseitigungspflicht (§ 1004 Abs. 1 S. 1)

68 Gem. § 1004 Abs. 1 S. 1 kann der Eigentümer „die Beseitigung der Beeinträchtigung" verlangen.

Die Kosten trägt dabei – wie jeder Schuldner – der Störer selber. Dies bedeutet, dass der Störer auf seine Kosten einen dem Inhalt des Eigentums entsprechenden Zustand wiederherzustellen hat.[51] Geschuldet ist dabei in jedem Fall die Beseitigung der Störungsquelle.[52]

Beispiele Ein ungebetener Gast muss den Raum verlassen; ein auf fremdem Grundstück widerrechtlich parkender PKW muss entfernt werden. ■

69 Indem § 1004 Abs. 1 S. 1 die Durchführung der Störungsbeseitigung ausschließlich dem Störer aufgibt, weist sie ihm gleichzeitig das Risiko zu, eine aufgrund technischer Gegebenheiten eventuell notwendige erweiterte Leistung erbringen zu müssen, als es zu der Beseitigung der reinen Störung an sich erforderlich wäre.[53]

Beispiel Im Falle einer Bodenverunreinigung schuldet der Eigentümer auch die Beseitigung des nicht verunreinigten Erdreichs und dessen Entsorgung, wenn die Entsorgung des verunreinigten Erdreichs anders nicht möglich ist. ■

70 Nach der Rechtsprechung des *BGH* ist der Störer darüber hinaus auch zur Beseitigung solcher Eigentumsbeeinträchtigungen verpflichtet, die zwangsläufig durch die Beseitigung der primären Störung als Beseitigungsfolgen entstehen.[54] Denn das Ziel des Beseitigungsanspruchs, den dem Inhalt des Eigentums entsprechenden Zustand wiederherzustellen, würde offensichtlich verfehlt, wenn der Eigentümer die Beseitigung einer Störung nur unter Inkaufnahme anderer, möglicherweise sogar weitergehender Beeinträchtigungen verlangen könnte.[55]

---

50 *BGH* WM 1979, 644, 647.
51 Urteil des *BGH* vom 4.2.2005 (AZ: V ZR 142/04) = NJW 2005, 1366 unter Ziff. II 2a.
52 Urteil des *BGH* vom 4.2.2005 (AZ: V ZR 142/04) = NJW 2005, 1366 unter Ziff. II 2a; Palandt-*Herrler* § 1004 Rn. 28.
53 Urteil des *BGH* vom 4.2.2005 (AZ: V ZR 142/04) = NJW 2005, 1366 unter Ziff. II 2a.
54 Urteil des *BGH* vom 4.2.2005 (AZ: V ZR 142/04) = NJW 2005, 1366 unter Ziff. II 2b m.w.N.
55 *BGH* a.a.O. m.w.N.

Beispiel Erfordert die Beseitigung störender Baumwurzeln, die von dem Nachbargrundstück in eine Abwasserleitung eingedrungen sind, die Zerstörung dieser Leitung, hat der Störer eine neue Abwasserleitung zu verlegen.[56]

Muss zur Beseitigung solcher Baumwurzeln ein auf dem beeinträchtigten Grundstück befindlicher Tennisplatz-Belag oder ein Plattenweg entfernt werden, ist der Störer zur Wiederherstellung dieser Anlagen verpflichtet.[57]

Wird das Eigentum an einem Grundstück durch eine dort verbliebene Fernwärmeleitung beeinträchtigt, kann der Grundstückseigentümer nach § 1004 Abs. 1 S. 1 neben der Entfernung der Leitung auch die Wiederherstellung der durch diese Entfernungsmaßnahme beeinträchtigten Gestaltung des Grundstücks verlangen.[58] ◼

Allerdings darf der verschuldensunabhängige Beseitigungsanspruch aus § 1004 Abs. 1 S. 1 **71** auch nicht zu einer umfassenden schadensersatzgleichen Naturalrestitution gem. § 249 Abs. 1 führen.[59] Andernfalls würde das Prinzip außer Kraft gesetzt, dass mit Ausnahme der gesetzlich normierten Fälle der Gefährdungshaftung nur bei Verschulden auf umfassenden Schadensersatz gehaftet wird. Eine grenzenlose Ausweitung der Beseitigungspflicht würde diese Grenzen verwischen und könnte letztlich einen verschuldensunabhängigen Schadensersatzanspruch begründen. Dem Schadensersatzanspruch muss folglich die Reparatur solcher Nachteile vorbehalten bleiben, die unmittelbar als weitere Folge der primären Störung entstanden waren und nicht erst durch die Beseitigungsmaßnahme des Störers verursacht wurden.[60] Im Übrigen können sich die Ansprüche dagegen inhaltlich überlappen.

Beispiel Läuft ein von Unternehmer A transportierter Tankbehälter mit Heizöl unverschuldet aus und gelangt so Öl in den Garten des E, kann dieser von A gem. § 1004 Abs. 1 S. 1 die Beseitigung des ölverseuchten Erdreichs und dessen Neuverfüllung verlangen. Einen Anspruch auf Ersatz der Nachteile, die dem E infolge der Ölverschmutzung in seinem Vermögen (z.B. entgangener Gewinn) entstehen, könnte E dagegen nur bei Verschulden aus § 823 Abs. 1 verlangen. ◼

f) (Keine) Anfängliche Unmöglichkeit (§ 275 Abs. 1)

Bei Unvermögen zur Erfüllung des Anspruchs aus tatsächlichen oder rechtlichen Gründen **72** besteht kein Anspruch auf Beseitigung nach § 1004 Abs. 1 S. 1.[61]

Beispiel Grundstückseigentümer V hat sein Grundstück an K verkauft. Die Übereignung soll erst in drei Monaten erfolgen, jedoch sollen Besitz, Nutzungen und Lasten sofort auf K übergehen. Sofort nach Inbesitznahme des Grundstücks beginnt K damit, auf dem gekauften Grundstück feuergefährliche Sachen zu lagern, von denen eine erhebliche Gefahr für das Grundstück des Nachbarn E ausgeht. E verlangt von V die Entfernung dieser Stoffe, mit der Begründung, V sei neben K für die Entfernung verantwortlich, da er derzeit noch Eigentümer des Grundstücks sei.

---

56 *BGH* in BGHZ 97, 231, 236 f.
57 Urteil des *BGH* vom 28.11.2003 (AZ: V ZR 99/03) = NJW 2004, 603 f.
58 Urteil des *BGH* vom 24.1.2003 (AZ: V ZR 175/02) = NJW-RR 2003, 953 f.
59 MüKo-*Raff* § 1004 Rn. 103 ff.
60 Urteil des *BGH* vom 4.2.2005 (AZ: V ZR 142/04) = NJW 2005, 1366 unter Ziff. II 2b m.w.N.
61 Palandt-*Herrler* § 1004 Rn. 43.

E kann zwar von K, nicht aber von V die Beseitigung der Materialien verlangen, da ihm mit der kaufvertraglich vereinbarten Übertragung von Besitz, Nutzungen und Lasten auf K die rechtliche Zuständigkeit für die Nutzung des Grundstücks nicht mehr zusteht. Es ist ihm daher aus rechtlichen Gründen nicht möglich, die Beseitigung des feuergefährlichen Materials durchzuführen.[62] ■

2. Rechtsvernichtende Einwendungen

73   **JURIQ-Klausurtipp**

Auch in diesem Skript haben wir also, wie Sie sehen, die Dreiteilung der Anspruchsprüfung in Anspruchsentstehung, rechtsvernichtende Einwendungen und Durchsetzbarkeit vorgenommen, um Ihnen zu zeigen, an welcher Stelle in der Klausur die jeweiligen Punkte zu prüfen sind. Das heißt aber natürlich nicht, dass Sie in jeder Klausur etwas zu rechtsvernichtenden Einwendungen schreiben sollten. Sofern solche nach dem Sachverhalt nicht ersichtlich sind, sind Ausführungen hierzu überflüssig (Richtige Schwerpunktbildung!).

a) Wegfall der Beeinträchtigung

74   Der Beseitigungsanspruch erlischt denknotwendig mit der Beendigung des dem Eigentum widersprechenden Zustandes.

Beispiel   Das auf dem fremden Grundstück geparkte Auto wird vom Grundstück gefahren. In diesem Fall tritt auch gleichzeitig Erfüllung des Anspruchs aus § 1004 Abs. 1 S. 1 ein. Besondere Fragen zur Erfüllung stellen sich daher nur, wenn nicht nur die Beseitigung der Störungsursache verlangt werden kann, sondern darüber hinaus noch weitere Maßnahmen zur Störungsbeseitigung geschuldet sind, wie das nachstehende *Beispiel* zeigt. ■

b) Erfüllung

75   Nach § 362 Abs. 1 erlischt ein Anspruch, wenn die geschuldete Leistung an den Gläubiger bewirkt wird. Dies bedeutet, dass auch der Anspruch aus § 1004 Abs. 1 S. 1 erlischt, wenn er von dem Störer in dem geschuldeten Umfang erfüllt wird. Insoweit stellt die Erfüllung das Spiegelbild zu dem oben dargestellten Umfang des Anspruchs aus § 1004 Abs. 1 S. 1 dar.

Beispiel   Sind vom Grundstück des Störers S Baumwurzeln in das Grundstück des Eigentümers E, auf dem E einen Tennisplatz betreibt, eingedrungen und haben diese den Tennisplatzbelag beschädigt, so ist der Störer, wie bereits dargelegt, zur Wiederherstellung des Tennisplatzbelages verpflichtet.[63] Der Anspruch des E auf Störungsbeseitigung ist daher nicht schon dann erfüllt, wenn E die Baumwurzeln entfernt hat, sondern erst dann, wenn er auch den beschädigten Belag wiederhergestellt hat.[64] ■

---

62   *BGH* NJW 1998, 3273.

63   Urteil des *BGH* vom 28.11.2003 (AZ: V ZR 99/03) = NJW 2004, 603 f.

64   Palandt-*Herrler* § 1004 Rn. 29; *BGH* NJW 2005, 1366.

c) Änderungen auf Störerseite

76 Veräußert jemand eine störende Sache an Dritte, bleibt er solange Zustandsstörer, wie er über die Sache weiterhin tatsächlich verfügen kann.[65]

77 Wie wir oben unter Rn. 36 bereits gesehen haben, kann sich der Zustandsstörer seiner Haftung nicht dadurch entziehen, indem er das Eigentum an der störenden Sache aufgibt.

Beispiel Nehmen wir im Fall eines falsch geparkten PKW an, der Besitzer hätte seinen Besitz aufgegeben bzw. der Eigentümer sein Eigentum an dem falsch geparkten PKW in der Absicht, auf das Eigentum zu verzichten, gem. § 959 aufgegeben.[66] Dies spielt für seine Haftung als Handlungsstörer und Zustandsstörer keine Rolle, da er sich sonst einseitig seinen Verpflichtungen entziehen könnte.

Anders läge es, wenn er den Wagen an den Y veräußert und diesem die Papiere und Schlüssel übergeben hätte. Denn jetzt fehlt ihm die Möglichkeit, das Fahrzeug zu entfernen. Der Störungsbeseitigungsanspruch gegen den ursprünglichen Eigentümer des falsch parkenden PKW erlischt in diesem Falle infolge rechtlicher Unmöglichkeit nach § 275 Abs. 1.

> **Hinweis**
>
> Der Unterschied zur Behandlung der Fälle, in denen der Zustandsstörer sein Eigentum nicht aufgibt, sondern auf einen Dritten überträgt, liegt darin, dass der Störer im Fall der Dereliktion seine Einwirkungsmöglichkeit nicht automatisch verliert (er kann den Wagen sich ja wieder aneignen) und außerdem kein „Ersatzstörer" zur Verfügung steht, an den sich der Eigentümer wenden könnte.[67]

d) Sonstige Ausschlussgründe

aa) Verwirkung nach § 242

> **Hinweis**   **78**
>
> Bei der Verwirkung handelt es sich im Hinblick auf die Klausurerfahrung der Verfasser um eine extreme Ausnahme, die hier nur der Vollständigkeit halber dargestellt werden soll. Ohne besondere Anhaltspunkte in der Klausur sollten Sie auch keinesfalls hierzu etwas ausführen.

Der Anspruch kann vom Eigentümer verwirkt werden, wenn er die Störung längere Zeit in einer Weise duldet, dass der Störer daraus schließen kann, dass der Eigentümer sich mit der Störung abgefunden hat.[68] Dies kann nur bei längerer widerspruchsloser Duldung, in Kenntnis der Störung angenommen werden. Kennt der Betroffene die Störung nicht, scheidet Verwirkung aus. Rügt der Eigentümer die Störung, schadet es ihm auch nicht, dass er sein Recht nicht gerichtlich geltend gemacht hat. Ein formloses Beharren auf Störungsbeseitigung genügt.[69]

---

65 *BGH* NJW 1998, 3273 m.w.N.; Palandt-*Herrler* § 1004 Rn. 25.
66 So tatsächlich geschehen im Fall, der dem Urteil des *BGH* vom 30.3.2007 (AZ: V ZR 179/06) = NJW 2007, 2182 zugrunde lag.
67 Urteil des *BGH* a.a.O.
68 Palandt-*Herrler* § 1004 Rn. 46.
69 *BGH* FamRZ 1988, 480.

bb) Rechtsmissbrauch

79

> **JURIQ-Klausurtipp**
>
> Dabei handelt es sich wiederum um sehr seltenen Fall, die hier nur der Vollständigkeit halber dargestellt werden soll. Ohne besondere Anhaltspunkte in der Klausur sollten Sie auch keinesfalls hierzu etwas ausführen.

In Analogie zu §§ 251 Abs. 2, 275 Abs. 2, 635 Abs. 2 kann sich die Geltendmachung des Anspruchs aus § 1004 Abs. 1 ausnahmsweise als rechtsmissbräuchlich darstellen, wenn die Beseitigung der Beeinträchtigung nach den Interessen der Beteiligten und allen sonstigen Umständen mit einem unbilligen Aufwand verbunden wäre.[70] In diesem Falle steht dem Eigentümer gegen den Störer bei Verschulden ein Schadensersatzanspruch aus § 823 Abs. 1 wegen Eigentumsverletzung zu.[71] Daneben kommt auch nach dem Rechtsgedanken der §§ 904 S. 2, 906 Abs. 2 S. 2 ein verschuldensunabhängiger bürgerlich-rechtlicher Aufopferungsanspruch auf eine angemessene Entschädigung in Betracht.[72]

3. Durchsetzbarkeit

80 Der Anspruch aus § 1004 Abs. 1 ist – wie jeder andere Anspruch auch – durchsetzbar, wenn er fällig ist und keine Einreden entgegenstehen.

81 Die Fälligkeit tritt nach § 271 Abs. 1 im Zweifel **sofort** ein.

82 Bei den Einreden ist insbesondere an die Einrede der Verjährung nach § 214 Abs. 1 zu denken.

Der Anspruch aus § 1004 Abs. 1 S. 1 unterliegt der dreijährigen Regelverjährung nach §§ 195, 199. Wird das Eigentum an einem **Grundstück** gestört, so ist im Hinblick auf die in § 902 Abs. 1 S. 1 **angeordnete Unverjährbarkeit von Ansprüchen aus eingetragenen Rechten** umstritten, ob § 902 in diesem Fall auf den Anspruch aus § 1004 Abs. 1 S. 1 anwendbar ist. Nach Ansicht des *BGH* ist § 902 Abs. 1 S. 1 bei Störung des Grundstückseigentums nicht anwendbar.[73] Das wird damit begründet, dass sich der Anspruch, ebenso wie der in § 902 Abs. 1 S. 2 erwähnte Schadensersatzanspruch (für den nach dieser Vorschrift die Regelverjährungsfrist gilt) nicht aus dem Inhalt des Grundbuchs ergebe. Nach der Gegenansicht soll dagegen ein Anspruch auf Störungsbeseitigung bei Beeinträchtigung von Grundstückseigentum gem. § 902 Abs. 1 S. 1 nicht verjähren.[74] Für diese Ansicht spricht, dass sich auch die Ansprüche aus §§ 985, 894 (bezogen auf Grundstücke), für die § 902 Abs. 1 S. 1 gilt, nicht aus dem Inhalt des Grundbuchs ergeben.

---

70 Palandt-*Herrler* § 1004 Rn. 47.
71 Palandt-*Herrler* § 1004 Rn. 49, § 912 Rn. 13.
72 Palandt-*Herrler* § 906 Rn. 37.
73 Urteil des *BGH* vom 16.3.2007 (AZ: V ZR 190/06) unter Tz. 14 = NJW 2007, 2183 ff.
74 *Volmer* ZFIR 1999, 86.

Nimmt man mit der Ansicht des *BGH* die grundsätzliche Möglichkeit einer Verjährung an, so ist zu beachten, dass mit jeder gleichartigen neuen Beeinträchtigung ein neuer Anspruch aus § 1004 Abs. 1 S. 1 entsteht, der dann einer erneuten Verjährung unterliegt.[75]

> **JURIQ-Klausurtipp**
>
> Auf die Frage der Verjährung eines Anspruchs aus § 1004 Abs. 1 wegen Beeinträchtigung des Grundstückseigentums dürfte es in Klausuren selten ankommen. Häufig wird zudem die Entscheidung offen bleiben können, da die Regelverjährungsfrist drei Jahre beträgt und die Frist nach § 199 Abs. 1 erst mit Ablauf des Jahres der Entstehung des Anspruchs und der Kenntnis des Gläubigers (oder grob fahrlässiger Unkenntnis) von den anspruchsbegründenden Tatsachen und der Person des Störers zu laufen beginnt. Von diesem Zeitpunkt an gerechnet wird wohl kaum ein Betroffener noch drei Jahre warten, um seinen Anspruch gerichtlich geltend zu machen. Auch wird sich schon vor Ablauf dieser Zeit die Frage stellen, ob der Eigentümer nicht seinen Anspruch schon verwirkt hat. Sollte es in einer Klausur wirklich einmal auf die Verjährungsfrage ankommen, können Sie beide Ansichten mit entsprechender Begründung vertreten. Für die Ansicht des *BGH* spricht, dass der Anspruch aus § 1004 Abs. 1 S. 1 dem in § 902 Abs. 1 S. 1 erwähnten Schadensersatzanspruch in seinem Umfang sehr nahe kommen kann, was eine Analogie zu § 902 Abs. 1 S. 2 rechtfertigt.

4. Konkurrenzen mit anderen Anspruchsgrundlagen

Neben § 1004 Abs. 1 S. 1 sind bei Verschulden des Störers § 823 Abs. 1, und wenn gleichzeitig eine Besitzstörung vorliegt, § 862 anwendbar. Durch § 985 wird, wie schon aus dem Wortlaut hervorgeht, § 1004 Abs. 1 S. 1 in der Regel ausgeschlossen, es sei denn, dass die Eigentumsbeeinträchtigung über die Besitzentziehung hinaus geht und daher die Wiedereinräumung des Besitzes zur Störungsbeseitigung nicht ausreicht.[76]   **83**

Beispiel Mietnomade M räumt nach fristloser Kündigung die Wohnung nicht. Räumt er später die Wohnung unter Hinterlassung von Müll, besteht ergänzend ein Anspruch des Eigentümers aus § 1004 Abs. 1 auf Beseitigung des Mülls. ∎

Die §§ 907–910 enthalten Sondervorschriften, schließen aber den Anspruch aus § 1004 Abs. 1 S. 1 nicht aus.[77] Insbesondere ist das Selbsthilferecht nach § 910 nur ein zusätzlicher rechtlicher Schutz neben dem Anspruch aus § 1004 Abs. 1 S. 1.

---

75 Urteil des *BGH* vom 21.10.2005 (AZ: V ZR 169/04) = NJW-RR 2006, 235 ff.
76 *BGH* WM 1964, 883, 884.
77 RGRK-*Pikart* § 1004 Rn. 11.

II.   Unterlassungsanspruch aus § 1004 Abs. 1 S. 2

84   Unterlassungsanspruch aus § 1004 Abs. 1 S. 2

I. Anspruchsentstehung
1. Beeinträchtigung des Eigentums und Wiederholungsgefahr oder erstmalige Drohung einer Eigentumsbeeinträchtigung
2. Eigentum des Anspruchstellers
3. Störereigenschaft des Anspruchsgegners
4. Keine Duldungspflicht, § 1004 Abs. 2

II. Rechtsvernichtende Einwendungen, insbesondere
1. Wegfall der Beeinträchtigung
2. Erfüllung, § 362
3. Änderungen auf Störerseite

III. Durchsetzbarkeit

> **Hinweis**
>
> Da sich beim Unterlassungsanspruch nach § 1004 Abs. 1 S. 2 sehr viele Überschneidungen zum oben dargestellten Beseitigungsanspruch nach § 1004 Abs. 1 S. 1 ergeben, sollen im folgenden nur die Unterschiede zwischen den Ansprüchen und die Besonderheiten, die Sie beachten müssen, dargestellt werden.

1.   Anspruchsentstehung

85 Ein Unterlassungsanspruch aus § 1004 Abs. 1 S. 2 besteht nach dem Gesetzeswortlaut, wenn „weitere Beeinträchtigungen zu besorgen" sind. Klassisch ist mit dieser Besorgnis weiterer Beeinträchtigungen die Wiederholungsgefahr gemeint. Dabei gilt der Grundsatz, dass eine durch die bereits vorhandene erstmalige Eigentumsbeeinträchtigung eine Wiederholungsgefahr in widerleglicher Weise vermutet wird.[78]

Entgegen dem Wortlaut besteht ein solcher Unterlassungsanspruch aber analog § 1004 Abs. 1 S. 2, wenn eine Beeinträchtigung **erstmals und ernsthaft droht**, um den Eigentümer in diesem Fall nicht schutzlos zu stellen.[79] Ansonsten müsste der Eigentümer, sofern er im Recht ist, unsinnigerweise erst die Beeinträchtigung seines Eigentums abwarten – bildlich gesagt müsste er dieser zusehen –, um sie dann im Nachhinein beseitigen zu lassen.

2.   Rechtsvernichtende Einwendungen

86 Der Unterlassungsanspruch nach § 1004 Abs. 1 S. 2 erlischt, wenn die durch Erstbegehung geschaffene Wiederholungsgefahr durch Abgabe einer mit dem Versprechen einer angemessenen Vertragsstrafe für den Fall der Zuwiderhandlung gegen die Unterlassungspflicht versehenen Unterlassungserklärung[80] oder aus anderen Gründen ausgeräumt wird.

---

78 Palandt-*Herrler* § 1004 Rn. 32.
79 *BGH* NJW 2004, 3701.
80 St. Rspr. z.B. Urteil des *BGH* vom 10.10.2005 (AZ: II ZR 323/03) = NJW 2006, 270.

Beispiel S parkt seinen Wagen wiederholt auf dem Grundstück des E. E lässt deshalb eine Schranke errichten, die einer freien Zufahrt auf sein Grundstück nun entgegensteht. Die durch das falsche Parken des S begründete Wiederholungsgefahr besteht jetzt aufgrund der faktischen Verhältnisse auf dem Grundstück des E nicht mehr. ▪

3. Durchsetzbarkeit

Im Hinblick auf die Durchsetzbarkeit des Anspruchs ergeben sich keine Besonderheiten im Vergleich zum Beseitigungsanspruch aus § 1004 Abs. 1 S. 1 (siehe oben unter Rn. 80–82).   **87**

III. Der nachbarrechtliche Ausgleichsanspruch nach § 906 Abs. 2 S. 2

1. Anspruch aus direkter Anwendung des § 906 Abs. 2 S. 2

Der nachbarrechtliche Ausgleichsanspruch aus § 906 Abs. 2 S. 2 (unmittelbar) gewährt dem Eigentümer eines Grundstücks einen verschuldensunabhängigen Ersatzanspruch gegen den Eigentümer oder Besitzer des anderen Grundstücks unter folgenden Voraussetzungen: **88**

Anspruch auf Entschädigung aus § 906 Abs. 2 S. 2 (unmittelbar)

I. Anspruchsentstehung
1. Immission von Nachbargrundstück
2. Wesentliche Beeinträchtigung des Grundstücks des Anspruchstellers durch Immission
3. Störereigenschaft des Eigentümers oder Besitzers des anderen Grundstücks i.S.d. § 1004 Abs. 1
4. Duldungspflicht des Anspruchstellers nach § 906 Abs. 2 S. 1.
5. Beeinträchtigung des Grundstücks des Anspruchstellers über das zumutbare Maß hinaus.
6. Anspruchsumfang

II. Keine rechtsvernichtenden Einwendungen

III. Durchsetzbarkeit

PRÜFUNGSSCHEMA

---

a) Anspruchsentstehung

aa) Von einem anderen Grundstück ausgehende Immission

Der Anspruch setzt zunächst eine Immission i.S.v. § 906 Abs. 2 S. 1 voraus, die vom Nachbargrundstück ausgeht. § 906 Abs. 2 S. 1 erfasst solche Immissionen, die das Nachbargrundstück – im Unterschied zu den Fällen des § 906 Abs. 1 – wesentlich beeinträchtigen und auf eine ortsübliche Benutzung des anderen Grundstücks zurückgehen.   **89**

Beispiel Rangiergeräusche, die in einer Wohnung in unmittelbarer Bahnhofsnähe als erheblich störend empfunden werden. Diese Geräusche sind ortsüblich und können nicht mit wirtschaftlich zumutbaren Maßnahmen abgesenkt werden. ▪

bb) Wesentliche Beeinträchtigung des Grundstücks des Anspruchstellers durch Emission

90 Im eben genannten *Beispiel* wird das betroffene Grundstück wesentlich beeinträchtigt, insbesondere dadurch, dass es nur sehr schwer, und auch nur für eine erheblich herabgesetzte Miete vermietet werden kann.

cc) Störereigenschaft des Eigentümers oder Besitzers des anderen Grundstücks

91 Hinsichtlich der Störereigenschaft gelten die gleichen Grundsätze, die wir bereits bei § 1004 ausgeführt haben (siehe oben unter Rn. 49–57).

dd) Duldungspflicht des Anspruchstellers nach § 906 Abs. 2 S. 1

92 Der Anspruchsteller hat wesentliche, aber ortsübliche Beeinträchtigungen zu dulden, wenn sie vom Benutzer des anderen Grundstücks nicht mit wirtschaftlich zumutbaren Maßnahmen verhindert werden können.

> **JURIQ-Klausurtipp**
>
> Hier kommt es in der Klausur also insbesondere auf die Angaben im Sachverhalt an, welchen finanziellen Aufwand es erfordern würde, um die Beeinträchtigungen zu verhindern.

ee) Beeinträchtigung des Grundstücks des Anspruchstellers über das zumutbare Maß hinaus

93 Wann eine solche Beeinträchtigung vorliegt, kann nicht abstrakt generell entschieden werden, sondern richtet sich immer nach den Umständen des Einzelfalles.[81] Dabei ist maßgeblich das Gepräge der Umwelt des belasteten Grundstücks, die Zeitdauer, Art und Auswirkung der Beeinträchtigung zu berücksichtigen. Außerdem spielt es eine Rolle, ob sich das belastete Grundstück bei Erwerb durch den Anspruchsteller bereits in einer umweltbelasteten Umgebung befand.[82] Im obigen *Beispiel* wäre es danach durchaus erheblich, ob sich das Grundstück des Anspruchstellers im Zeitpunkt des Erwerbs bereits in der Nachbarschaft des Rangierbahnhofs befunden hat oder ob dieser erst später gebaut wurde.

ff) Anspruchsumfang

94 Auszugleichen sind die Einwirkungen auf das Grundstück und die dort befindlichen beweglichen Sachen, die das über nach § 906 Abs. 1 entschädigungslos zu Duldende hinausgehen.[83]

b) Rechtsvernichtende Einwendungen

95 Hier gelten die allgemeinen Grundsätze über das Erlöschen des Anspruchs, insbesondere Erfüllung oder Aufrechnung.

---

81 Z.B. BGHZ 49, 148, 153.
82 *BGH* a.a.O.
83 Palandt-*Herrler* § 906 Rn. 38.

c)   Durchsetzbarkeit

Der Anspruch wird gem. § 271 Abs. 1 sofort fällig und verjährt nach §§ 195, 199 mit der drei-   **96**
jährigen Verjährungsfrist.

2.   Der nachbarrechtliche Ausgleichsanspruch nach § 906 Abs. 2 S. 2 analog

Ein Anspruch analog § 906 Abs. 2 S. 2 besteht, wenn der Eigentümer oder Besitzer des beein-   **97**
trächtigten Grundstücks die Störung **aus tatsächlichen Gründen nicht mit Hilfe der §§ 862, 1004 abwehren kann**, etwa die Beeinträchtigung durch einen Brand. In diesem Fall wird § 906 Abs. 2 S. 2 in analoger Anwendung außerdem auch auf sog. **Grobimmissionen** wie Wasser oder herabstürzende Bäume ausgedehnt, die aus tatsächlichen Gründen nicht abgewehrt werden konnten. Es gelten im Übrigen die gleichen Prüfungsschritte wie bei direkter Anwendung der Vorschrift:

Beispiel[84]   G betreibt in gemieteten Räumen ein Lederwarengeschäft. Das Nachbarhaus gehört dem B. Am 11.1. fing in der Wohnung des B ein defektes Küchengerät Feuer und führte zu einem das ganze Haus erfassenden Brand, der von der Feuerwehr gelöscht wurde. Durch Rauch, Ruß und Löschwasser wurde auch das Geschäft des G geschädigt. Ihm entstand ein Schaden in Höhe von 100 000 €. G verlangt Erstattung dieses Betrages von B. Den B trifft kein Verschulden an dem Brand.

Da den B kein Verschulden trifft, kommt nur ein verschuldensunabhängiger nachbarrechtlicher Ausgleichsanspruch aus § 906 Abs. 2 S. 2 in Betracht

Hier ging die Störung des Geschäftsbetriebs des G vom Grundstück des B aus. Rauch und Ruß werden in § 906 Abs. 1 S. 1 ausdrücklich als Immissionen aufgeführt. Löschwasser ist – ebenso wie anderes Wasser – eine sog. Grobimmission, die zwar nicht direkt unter § 906 Abs. 1 S. 1, Abs. 2 S. 2 fällt, aber eine analoge Anwendung rechtfertigt.[85]

Die genannten Einwirkungen haben eine wesentliche Schädigung der Betriebseinrichtung und der Warenbestände des G verursacht. Der Beeinträchtigung eines Grundstücks steht nicht entgegen, dass G lediglich Mieter war, weil § 906 sowohl das Eigentum als auch den Besitz an einem Grundstück schützt.[86] Hier ist der Besitz des Grundstücks durch die Brandfolgen wesentlich beeinträchtigt worden.

B ist auch Störer. Zwar reicht hierfür seine Eigentümerstellung allein nicht aus, vielmehr muss die Beeinträchtigung wenigstens mittelbar auf den Willen des Eigentümers zurückgehen. Hier stellte der Brand aber kein allgemeines Risiko dar, sondern beruhte auf Umständen, auf die nur B hätte Einfluss nehmen können. Bricht aus einem solchen Anlass ein Brand aus, so war es Sache des B, eine Ausweitung des Brandes zu verhindern.[87]

Die Einwirkung muss schließlich nach dem Wortlaut des § 906 Abs. 2 S. 2 vom Betroffenen zu dulden sein. Der Entschädigungsanspruch ist der Ausgleich dafür, dass das Gesetz dem geschädigten Grundstückseigentümer oder -besitzer den an sich gegebenen Abwehranspruch aus § 1004 BGB aus den in Satz 1 des § 906 Abs. 2 genannten Gründen (Duldensfall) genommen hat.

---

84 Nach *BGH* NJW 2008, 992 ff.
85 Urteil des *BGH* vom 1.2.2008 (AZ: V ZR 47/07) = NJW 2008, 992 ff.
86 *BGH* NJW 2008, a.a.O.
87 *BGH* in BGHZ 142, 66.

Die Duldungspflicht nach § 906 Abs. 2 S. 1 setzt voraus, dass eine Beeinträchtigung zwar wesentlich, aber ortsüblich ist und durch zumutbare Maßnahmen nicht verhindert werden kann. Das trifft vor allem auf Gewerbebetriebe zu, die Lärm verursachen, aber in einem Gewerbegebiet liegen, in dem ein solcher Lärm üblich ist und in der Regel aus technischen Gründen nicht verhindert werden kann. Dann können die Beeinträchtigungen benachbarter Wohnnutzungen durch Entschädigungszahlungen ausgeglichen werden.

Im vorliegenden *Beispiel* ist der Brand weder Folge einer ortsüblichen Nutzung noch ist er ein Vorgang, der von G aus Rechtsgründen nicht verhindert werden konnte. Vielmehr brauchte G die Brandschäden nicht zu dulden. Eine unmittelbare Anwendung des § 906 Abs. 2 S. 2 scheidet daher aus.

Es kommt daher nur eine analoge Anwendung des § 906 Abs. 2 S. 2 in Betracht, die vom *BGH* im vorliegenden Fall bejaht wurde. ▪

98 § 906 Abs. 2 S. 2 wird analog angewandt auf den Fall, dass der beeinträchtigte Grundstückseigentümer oder -besitzer **die Störung aus tatsächlichen Gründen** nicht abwehren konnte.

Nach Rspr. des *BGH* ist ein Anspruch gegeben, wenn von einem Grundstück im Rahmen privatwirtschaftlicher Benutzung rechtswidrige Einwirkungen auf ein anderes Grundstück ausgehen, die [weil rechtswidrig] der Eigentümer oder Besitzer des betroffenen Grundstücks nicht dulden muss, aus besonderen Gründen jedoch nicht gemäß §§ 1004 Abs. 1, 862 Abs. 1 unterbinden kann.

> **Hinweis**
>
> Es handelt sich bei der analogen Anwendung des § 906 Abs. 2 S. 2 also um einen Ausgleich aus Billigkeitsgründen, der gewährt wird, weil ein an sich (ursprünglich) gegebener Anspruch aus § 1004 Abs. 1 aus tatsächlichen oder rechtlichen Gründen nicht geltend gemacht werden konnte. Hauptfälle sind dabei die fehlende Kenntnis von der drohenden Beeinträchtigung (beispielsweise der Wasserschaden, den man erst mit dem schädigenden Wasser sieht).

Diese Voraussetzung ist im *Beispiel* erfüllt, da der Nachbar die Gefahr in aller Regel nicht erkennen und die Einwirkungen auf sein Grundstück daher nicht rechtzeitig abwehren kann.

Die Einwirkung auf das Grundstück des G geht im *Beispiel* schließlich auch „über das zumutbare Maß" hinaus

99 Die **Rechtsfolge** des § 906 Abs. 2 S. 2 analog ist nach Ansicht des *BGH* nach den Grundsätzen der Enteignungsentschädigung bestimmen.

Die Entschädigung erfasst auch die Nachteile, die der Geschädigte infolge der Beeinträchtigung seiner Warenvorräte durch Rauch, Ruß und Löschwasser erlitten hat.

Der nachbarrechtliche Ausgleichsanspruch analog § 906 Abs. 2 S. 2 dient als Kompensation für den Ausschluss primärer Abwehransprüche nach §§ 1004 Abs. 1, 862 Abs. 1, schützt also wie diese das Eigentum und den Besitz an einem Nachbargrundstück. Die Ausgleichsleistung knüpft an diese Rechtspositionen an; bei einer Besitzstörung richtet sie sich nach dem Vermögenswert, der auf dem Recht beruht, den Besitz innezuhaben. Folgt das Besitzrecht, wie im *Beispiel*, aus einem Mietvertrag über Gewerberäume, bietet dies vor allem die

Möglichkeit, den Besitz zur Unterhaltung eines Gewerbebetriebes zu nutzen. Daher sind die vermögenswerten Betriebsnachteile auszugleichen, die ihre Ursache in der Besitzstörung haben.[88] Zu diesen Nachteilen zählen die für eine ungestörte Fortführung des Gewerbebetriebs erforderlichen Aufwendungen. Das umfasst Aufwendungen für den Ersatz von Inventar, von Warenvorräten und ähnlichen Betriebsmitteln, die durch die Besitzstörung beschädigt worden sind.

IV. Anwendung des § 1004 auf andere absolute Rechte

Neben der Anwendung für das Eigentum entsprechend dem Wortlaut finden der Beseitigungs- und der Unterlassungsanspruch nach § 1004 auch auf **andere absolute Rechte** Anwendung, teils entsprechend kraft gesetzlicher Verweisung, teils analog infolge vorhandener planwidriger Regelungslücken.   **100**

1. Entsprechende Anwendung kraft Verweises

Die Ansprüche auf Beseitigung und Unterlassung nach § 1004 sind vielfach kraft gesetzlicher Verweisung entsprechend anwendbar, vgl. die Regelungen der §§ 1027, 1065, 1090 Abs. 2, 1227.   **101**

Dabei bezwecken diese Verweise immer, den Inhaber eines dinglichen Rechts in Bezug auf den Schutz dieses dinglichen Rechts wie einen „Eigentümer" dieses dinglichen Rechts zu stellen.

> ### Hinweis
>
> Häufig wird begrifflich nicht zwischen der „analogen" und der „entsprechenden" Anwendung einer Vorschrift getrennt. Dies beruht wohl auf der irrigen Vorstellung, „entsprechend" sei die deutsche Übersetzung von „analog" (ähnlich). Von entsprechender Anwendung spricht man, wenn eine Rechtsnorm auf eine andere Rechtsnorm verweist (vgl. auch die oben zitierten Vorschriften). In diesem Fall besteht **keine Regelungslücke**, da ja auch die Verweisungsnorm etwas regelt, nämlich die sinnentsprechende Anwendung einer anderen Rechtsnorm. Demgegenüber setzt die analoge Anwendung eine Regelungslücke voraus, woran es bei Bestehen einer Verweisungsnorm gerade fehlt.

2. Analoge Anwendung

Ferner wird den Ansprüchen aus § 1004 eine allgemeine Regel des vorbeugenden Rechtsschutzes entnommen mit der Folge, dass die Ansprüche aus § 1004 auch für alle anderen von § 823 Abs. 1 geschützten Rechte analog angewandt wird.[89] Der Grund hierfür ist der Gedanke, dass kein Inhaber eines Rechts (das im Rahmen des § 823 Abs. 1 vor Verletzungen durch jeden beliebigen Dritten geschützt wird) eine Schädigung seines Rechts hinnehmen müssen und dann auf die Geltendmachung von Schadensersatz verwiesen werden soll. Sofern eine Möglichkeit besteht, diesen Schaden bereits im Voraus zu verhindern, soll dem   **102**

---

88 *BGH* in BGHZ 147, 45, 52 f.
89 Palandt-*Herrler* § 1004 Rn. 4.

Rechtsinhaber auch die entsprechenden rechtlichen Mittel dafür eingeräumt werden. Insofern kann für jedes von § 823 Abs. 1 geschützte Recht ein Beseitigungsanspruch in Bezug auf aktuell vorhandene Beeinträchtigungen analog § 1004 Abs. 1 S. 1 sowie ein Unterlassungsanspruch zur Abwehr weiterer Beeinträchtigungen analog § 1004 Abs. 1 S. 2 bestehen.

Beispiel   Im Falle der Beeinträchtigung der Gesundheit ist § 1004 analog anzuwenden. Kommt es durch unzulässige Einwirkungen von Seiten des Störers zu einer Beeinträchtigung der Gesundheit des Anspruchstellers, so kann der Betroffene Störungsbeseitigung und Unterlassung künftiger Beeinträchtigung verlangen. ■

> » Wenn Sie einen Übungsfall mit mehreren Beteiligten (das gilt auch bei den zahlreichen Beispielen in diesem Skript) durcharbeiten, sollten Sie sich in jedem Fall eine Skizze machen, um einen Überblick über die Beteiligten und den Sachverhalt zu bekommen. «

JURIQ-Klausurtipp

Klassischer Anwendungsfall in der Klausur ist dabei der Anspruch auf Widerruf (und Unterlassung in der Zukunft) von ehrverletzenden Äußerungen. Dieser stützt sich aufgrund einer Verletzung des allgemeinen Persönlichkeitsrechts auf § 1004 Abs. 1 S. 1 (bzw. S. 2) analog i.V.m. Art. 1 Abs. 1, Art. 2 Abs. 1 GG.

Online-Wissens-Check

Kennen Sie noch den Unterschied zwischen Handlungs- und Zustandsstörer?

Überprüfen Sie jetzt online Ihr Wissen zu den in diesem Abschnitt erarbeiteten Themen. Unter **www.juracademy.de/skripte/login** steht Ihnen ein Online-Wissens-Check speziell zu diesem Skript zur Verfügung, den Sie mit dem Zugangscode auf der letzten Seite kostenlos nutzen können.

V. Übungsfall Nr. 1

„Der böse Nachbar" 103

Ernst Eigen (E) und Nero Neidel (N) sind Eigentümer zweier benachbarter Grundstücke. Auf dem Grundstück des E befindet sich ein großer Swimmingpool, den E zur Abhärtung auch im Winter nutzt. In der Nähe der Grundstücksgrenze zu N hat E vor einem Jahr eine Bepflanzung mit seltenen Pflanzen (Kosten 4000 €) angelegt. Das Grundstück hat E vor drei Jahren von Volker Vormann (V) erworben.

Nachbar N hatte auf seinem Grundstück vor 10 Jahren an der Grundstücksgrenze zu E, mit mündlicher Zustimmung des V einen zwei Meter breiten gepflasterten Weg angelegt, den er mit seinem Muldenkipper täglich mehrmals befährt. Der Weg liegt ca. 40 cm über dem Niveau des Grundstücks des E und schließt unmittelbar an eine sich auf dem Grundstück des E befindliche, etwa 50 cm hohe Mauer an. Durch die intensive Benutzung des Weges droht die Mauer auf dem Grundstück des E seit kurzem den statischen Druck nicht mehr auszuhalten. Daher zeigen sich bereits an einigen Stellen Risse und Verschiebungen in der Mauer. E verlangt daher von N, durch geeignete Maßnahmen die Straße abzustützen. N ist demgegenüber der Ansicht, dass E an die Zusage des V gebunden sei. Im Übrigen sei ein eventueller Anspruch verwirkt, zumindest aber verjährt, weil E bereits seit drei Jahren von der Existenz des Weges wisse und bisher nichts dagegen unternommen habe.

N hat auf seinem Grundstück vor 20 Jahren mehrere Birken gepflanzt. E ärgert sich darüber, dass im Herbst das von den Birken hinüber gewehte Laub in seinen Swimmingpool fällt und dort nicht nur das Wasser verunreinigt, sondern auch die Wasserpumpe ständig verstopft. Er verlangt daher von N, dass dieser die Birken entfernt.

N lagert in einem Schuppen in Nähe der Grundstücksgrenze des E Fässer mit einer kohlenwasserstoffhaltigen Flüssigkeit. Aus nicht näher geklärten Gründen kippten diese Fässer um und die Flüssigkeit verteilte sich über die Anpflanzung des E. E verlangt von N, dass dieser den kontaminierten Boden entsorgt, wieder auffüllt und die zerstörten Pflanzen wieder anpflanzen lässt.

Sind die Ansprüche des E begründet?

Lösung 104

A. Anspruch des E gegen N auf Abstützung des Weges aus § 1004 Abs. 1 S. 1

Dem E könnte gegen N ein Anspruch aus § 1004 Abs. 1 S. 1 zustehen.

I. Anspruchsentstehung

1. Eigentum des Anspruchstellers

E ist als Eigentümer des Grundstücks auch Eigentümer der Mauer (gem. §§ 93, 94, 946[90]), die aufgrund des Weges auf dem Grundstück des N, den dieser intensiv nutzt, einzustürzen droht.

2. Aktuelle Beeinträchtigung des Eigentums

Durch den von dem Weg ausgehenden Druck droht die Mauer auf dem Grundstück des E einzustürzen. Eine Beeinträchtigung des Eigentums des E an der Mauer und damit auch seines Grundstückes liegt somit vor.

3. Keine Duldungspflicht, § 1004 Abs. 2

E hatte das Grundstück aber in seinem derzeitigen Zustand von V erworben und V hatte dem N den Bau des Weges, von dem nunmehr die Gefahr ausgeht, gestattet. Es fragt sich daher, ob E an diese Vereinbarung gebunden ist. In diesem Fall wäre er zur Duldung der Störung verpflichtet.

---

90 Zu diesem Fall des Eigentumserwerbs kraft Gesetz ausführlich im Skript „Sachenrecht II".

Gestattet der Eigentümer einen bestimmten Störungszustand, bindet dies seinen Einzelrechtsnachfolger grundsätzlich nicht. Hierbei handelt es sich nämlich – wenn eine dingliche Belastung des Grundstücks unterbleibt – um eine schuldrechtlich vereinbarte, also lediglich zwischen den Beteiligten wirkende, Duldungspflicht oder sogar nur um eine gefälligkeitshalber erteilte, je nach den Umständen widerrufliche Erlaubnis.[91]

Etwas anderes kommt nur in Betracht, wenn der Eigentümer des beeinträchtigten Grundstücks eine schuldrechtliche Duldungsverpflichtung seines Rechtsvorgängers übernommen hat.[92] Ein Übernahmewille des Erwerbers kann aber nicht ohne besondere Angaben im Sachverhalt unterstellt werden, vielmehr muss er deutlich zum Ausdruck gekommen sein. Vorliegend ist dafür aber nichts ersichtlich.

E ist somit an die von V erteilte Einwilligung nicht gebunden.

4. Störereigenschaft des Anspruchsgegners

N müsste Störer, und damit für die von dem Weg ausgehende Eigentumsbeeinträchtigung verantwortlich sein.

a) Handlungsstörer

Handlungsstörer ist derjenige, der eine Eigentumsbeeinträchtigung durch sein Verhalten, das heißt durch aktives Tun oder pflichtwidriges Unterlassen, adäquat verursacht hat.[93]

Ursache der Störung ist nicht allein die Existenz des Weges, sondern auch dessen intensive Benutzung durch N, indem er diesen täglich mehrfach mit seinem Muldenkipper benutzt. Dies ist die adäquate Ursache für die aktuelle Eigentumsbeeinträchtigung des E. Auf ein Verschulden des N kommt es dabei nicht an.

N ist somit Handlungsstörer.

b) Zustandsstörer

Zustandsstörer ist derjenige, der die Beeinträchtigung zwar nicht verursacht hat, durch dessen maßgebenden Willen der fremdes Eigentum beeinträchtigende Zustand einer Sache aber aufrechterhalten wird.[94]

Dies könnte, unabhängig von der konkreten Nutzung des Weges, bereits deswegen der Fall sein, weil N den Weg auf seinem Grundstück gebaut hat.

N ist danach auch Zustandsstörer, da die Störung von seinem Grundstück ausgeht und die Eigentumsbeeinträchtigung wenigstens mittelbar auf seinen Willen zurückzuführen ist.[95] Letzteres folgt daraus, dass N für den baulichen Zustand der von ihm unterhaltenen und benutzten Straße verantwortlich ist (Rechtsgedanke des § 907).[96]

5. Umfang: Beseitigung der Beeinträchtigung

N ist daher grundsätzlich verpflichtet, dem Verlangen des E Folge zu leisten.

II. Rechtsvernichtende Einwendungen

Möglicherweise könnte E seinen Anspruch verwirkt haben (§ 242), weil er bereits seit drei Jahren Eigentümer des Grundstücks ist und er seit dieser Zeit von der Existenz des Weges wusste, ohne bisher von N eine Absicherung des Weges zu verlangen.

Der Anspruch kann vom Eigentümer verwirkt werden, wenn er die Störung längere Zeit in einer Weise duldet, dass der Störer daraus schließen kann, dass der Eigentümer sich mit der Störung abgefunden hat.[97] Dies kann nur bei längerer widerspruchsloser Duldung (objektives Element der Verwirkung) in Kenntnis der Störung (subjektives Element der Verwirkung) angenommen werden. Kennt der Betroffene die Störung nicht, scheidet Verwirkung deshalb schon aus.

---

91 Urteil des *BGH* vom 1.12.2006 (AZ: V ZR 112/06) = NJW 2007, 432.

92 Urteil des *BGH* vom 1.12.2006 (AZ: V ZR 112/06) = NJW 2007, 432.

93 *BGH* a.a.O.; Palandt-*Herrler* § 1004 Rn. 16.

94 *BGH* a.a.O.; Palandt-*Herrler* § 1004 Rn. 19.

95 Vgl. zu diesem Erfordernis *BGH* NJW 2007, 432.

96 *BGH* Urteil vom 29.2.2008 (AZ: V ZR 31/07) = NJW-RR 2008, 827.

97 Palandt-*Herrler* § 1004 Rn. 46.

Im vorliegenden Fall war dem E zwar die Existenz des Weges bekannt, von der insoweit ausgehenden Gefahr wusste er jedoch erst seit kurzem.

E hat seinen Anspruch somit nicht verwirkt.

III. Durchsetzbarkeit

Dem Anspruch könnte die Einrede der Verjährung entgegen stehen (§ 214 Abs. 1).

1. Erhebung der Einrede

Die Verjährung ist im Prozess nicht von Amts wegen zu beachten, sondern der Verpflichtete muss sich darauf berufen. Dies hat N hier getan.

2. Dauer der Verjährung

Der Anspruch aus § 1004 Abs. 1 S. 1 unterliegt der dreijährigen Regelverjährungsfrist nach § 195. Wird das Eigentum an einem Grundstück gestört, so ist im Hinblick auf die in § 902 Abs. 1 S. 1 angeordnete Unverjährbarkeit von Ansprüchen aus eingetragenen Rechten umstritten, ob § 902 in diesem Fall auf den Anspruch aus § 1004 anwendbar ist.

Nach Ansicht des *BGH* ist § 902 Abs. 1 S. 1 bei Störung des Grundstückseigentums nicht anwendbar.[98] Das wird damit begründet, dass sich der Anspruch, ebenso wie der in § 902 Abs. 1 S. 2 erwähnte Schadensersatzanspruch (für den nach dieser Vorschrift die Regelverjährungsfrist gilt) nicht aus dem Inhalt des Grundbuchs ergebe. Aus dem Inhalt des Grundbuchs ergibt sich nämlich nur, wer Eigentümer ist, nicht aber, ob dem Eigentümer im konkreten Fall auch ein Anspruch aus § 1004 zusteht.

Nach der Gegenansicht soll dagegen ein Anspruch auf Störungsbeseitigung bei Beeinträchtigung von Grundstückseigentum gem. § 902 Abs. 1 S. 1 nicht verjähren.[99] Für diese Ansicht spricht, dass sich auch die **Ansprüche** aus §§ 985, 894, für die § 902 Abs. 1 S. 1 gilt, nicht aus dem Inhalt des Grundbuchs ergeben.

Welcher Ansicht man folgt, kann dahin stehen, falls die Verjährung auch nach Ansicht des *BGH* noch nicht abgelaufen ist.

3. Beginn der Verjährung

Die Frist für die Regelverjährung beginnt nach § 199 Abs. 1 erst mit Ablauf des Jahres der Entstehung des Anspruchs und der Kenntnis des Gläubigers (oder grob fahrlässigen Unkenntnis) von den anspruchsbegründenden Tatsachen und der Person des Störers zu laufen.

Bei Erwerb des Eigentums vor drei Jahren hatte E noch keine Kenntnis von der Eigentumsbeeinträchtigung, sondern erst seit kurzem, da sich die Schäden an der Mauer erst jetzt zu zeigen beginnen.

Der Anspruch ist somit auch noch nicht verjährt.

Ergebnis: Der Anspruch des E gegen N auf Abstützung der Mauer nach § 1004 Abs. 1 S. 1 ist begründet.

B. Anspruch des E gegen N auf Entfernung der Birken aus § 1004 Abs. 1 S. 1

Dem E könnte gegen N ein Anspruch auf Entfernung der Birken aus § 1004 Abs. 1 S. 1 zustehen.

I. Anspruchsentstehung

1. Eigentum des Anspruchstellers

E ist Eigentümer des vom Laubbefall betroffenen Grundstücks.

2. Aktuelle Beeinträchtigung des Eigentums

Das Eigentum des E wird beeinträchtigt, da sein Swimmingpool durch die Birkenblätter verschmutzt wird, was auch eine Verstopfung der Wasserpumpe zur Folge hat.

3. Keine Duldungspflicht, § 1004 Abs. 2

Eine vertragliche oder gesetzliche Duldungspflicht besteht nicht.

4. Störereigenschaft des Anspruchsgegners

Fraglich ist die Störereigenschaft des N.

---

98 Urteil des *BGH* vom 16.3.2007 (AZ: V ZR 190/06) unter Tz. 14 = NJW 2007, 2183 f.
99 *Volmer* ZFIR 1999, 86.

a) Handlungsstörer

Handlungsstörer ist derjenige, der eine Eigentumsbeeinträchtigung durch sein Verhalten, das heißt durch aktives Tun oder pflichtwidriges Unterlassen, adäquat verursacht hat.[100]

Der Laubbefall wurde vorliegend aber nicht durch das Verhalten des N, sondern ausschließlich durch Naturkräfte (Wind) auf das Grundstück des E verbracht. Damit scheidet eine Eigenschaft des N als Handlungsstörer aus.

b) Zustandsstörer

N könnte als Eigentümer des Grundstücks auf dem die Birken stehen, Zustandsstörer sein.

Laub, Blüten oder kleinere Zweige von Bäumen auf einem Nachbargrundstück, die ausschließlich durch das Wirken von Naturkräften ausgelöst werden, begründen einen Beseitigungsanspruch gemäß § 1004 Abs. 1 S. 1 nur dann, wenn die Einwirkung auf das Nachbargrundstück wenigstens mittelbar auf den Willen des Eigentümers zurückgeht, der als Störer in Anspruch genommen wird. Ihm sind daher Einwirkungen, die auf Naturereignissen beruhen, nur dann zuzurechnen, wenn er sie durch eigene Handlungen ermöglicht oder durch pflichtwidriges Unterlassen herbeigeführt hat.[101] Zwar geht der von einem Grundstückseigentümer gepflanzte oder geduldete Bewuchs seines Grundstückes auf seinen Willen zurück. Daraus folgt indessen noch nicht, dass ihm auch die natürlichen Einwirkungen des Bewuchses auf das Nachbargrundstück als Störungen zuzurechnen sind.

Ein Grundstück als Teil der Erdoberfläche unterliegt stets dem Wirken der Naturkräfte. Diese sind wertneutral und werden allgemein hingenommen und sogar als erwünscht angesehen, solange sie nicht verändernd oder zerstörend auftreten. Eine sich auf den Ablauf oder Kreislauf der Natur beschränkende Auswirkung einer Grundstücksnutzung kann deshalb nur dann als Beeinträchtigung anderer Grundstücke angesehen werden, wenn sie dort schädliche Veränderungen oder gar Zerstörungen hervorruft.

Die Besonderheit der über die normale Auswirkung eines herbstlichen Laubbefalls hinausgehenden Beeinträchtigung der Schwimmbadbenutzung ändert an der vorstehenden Wertung nichts. Außenschwimmbäder werden in unseren Breitengraden üblicherweise nicht mehr im Herbst genutzt. Wenn der E gleichwohl, sei es auch aus medizinisch indizierten Gründen, sein Außenschwimmbecken ganzjährig nutzen will, hat er auch die naturgegebenen Nachteile in Kauf zu nehmen. Diese liegen nun einmal darin, dass im Herbst von Bäumen fallendes Laub das Schwimmbecken und seine technischen Anlagen verschmutzen und sogar verstopfen kann und auch die Annehmlichkeit des Schwimmens beeinträchtigt ist.

N ist somit nicht als Störer für den Laubbefall verantwortlich.

II. Ergebnis:

E kann somit von N nicht die Beseitigung der Birken verlangen.

C. Anspruch des E gegen N auf Entsorgung des kontaminierten Bodens, Wiederauffüllung des Bodens und Wiederanbau der Pflanzen

I. Anspruch nach § 823 Abs. 1

Der E könnte gegen N einen Anspruch aus §§ 823 Abs. 1, 249 Abs. 1 haben. Bei Vorliegen der Voraussetzungen ist der Anspruch gem. § 249 Abs. 1 S. 1 grundsätzlich auf Wiederherstellung des Zustandes gerichtet, der ohne das schädigende Ereignis bestehen würde und entspricht daher dem von E erstrebten Ziel.

1. Rechtsgutsverletzung

Durch das Auslaufen der Chemikalien ist das Eigentum des E (als von § 823 Abs. 1 geschützten Rechtsgut) an seinem Grundstück verletzt.

---

100 Urteil des *BGH* vom 1.12.2006 (AZ: V ZR 112/06) unter Tz. 9 = NJW 2007, 432; Palandt-*Herrler* § 1004 Rn. 16.
101 *BGH* NJW 1984, 2207.

2. Durch ein rechtswidrig schuldhaftes Verhalten des N

Dieser Rechtsgutverletzung müsste weiterhin ein rechtswidriges und schuldhaftes Verhalten des N zugrunde liegen.

a) Aktives Handeln des N

Die Ursache für das Umkippen der Fässer ist aber nach den Angaben im Sachverhalt völlig ungeklärt. Die Beweislast für ein rechtswidrig schuldhaftes Verhalten des N im Rahmen eines Anspruches nach § 823 Abs. 1 trägt der E, da es sich um eine anspruchsbegründende und damit für den N günstige Tatsache handelt.

b) Pflichtwidriges Unterlassen des N

Anspruchsauslösendes *„Verhalten"* des Anspruchsgegners kann aber auch ein pflichtwidriges Unterlassen sein. In Betracht kommt die Verletzung einer dem N obliegenden Verkehrssicherungspflicht. Wer eine Gefahrenquelle schafft, hat auch ohne spezielle gesetzliche Regelung die Pflicht, diejenigen Vorkehrungen zu treffen, die erforderlich und zumutbar sind, um eine Schädigung Dritter möglichst zu verhindern[102]. Die im Schuppen des N gelagerten Fässer mit der kohlenstoffhaltigen Flüssigkeit stellen eine Gefahrenquelle dar. Haftungsbegründend wird eine Gefahrenquelle aber erst, sobald sich aus der zu verantwortenden Situation vorausschauend für einen sachkundig Beurteilenden die **naheliegende** Gefahr ergibt, dass Rechtsgüter Dritter verletzt werden könnten.[103]

Die Fässer standen aber nicht im Freien, wo sie der Einwirkung Dritter frei zugänglich gewesen wären, sondern in einem Schuppen. Für N bestand kein Anlass, die Fässer weiter zu sichern. Zumindest liefert der Sachverhalt hierfür keine Anhaltspunkte. Die Beweislast hierfür liegt bei E.

Ein Anspruch aus § 823 Abs. 1 scheidet somit mangels entsprechender Anhaltspunkte für ein rechtswidriges und schuldhaftes Verhalten des N aus.

II. Anspruch aus § 1004 Abs. 1 S. 1

1. Anspruchsentstehung

a) Eigentumsstörung

E ist Eigentümer des kontaminierten Grundstücks. Ferner muss eine aktuelle Beeinträchtigung vorliegen. Hierunter ist jeder dem Inhalt des Eigentums (§ 903) widersprechende Zustand zu verstehen.[104] Gelangen ohne den Willen des Eigentümers fremde Gegenstände oder Stoffe auf sein Grundstück oder in dessen Erdreich, beeinträchtigen sie die dem Eigentümer durch § 903 garantierte umfassende Sachherrschaft, zu der es auch gehört, fremde Gegenstände oder Stoffe von dem eigenen Grundstück fernzuhalten. Deshalb sind diese Gegenstände oder Stoffe bis zu ihrer Entfernung allein durch ihre Anwesenheit eine Quelle fortdauernder Eigentumsstörungen.[105]

Fraglich ist, ob dies auch dann gilt, wenn der Eigentümer der störenden Sache sein Eigentum hieran – wie im vorliegenden Fall – gem. §§ 946, 93, 94 durch Verbindung mit dem beeinträchtigten Grundstück verloren hat.[106]

Teilweise wird vertreten, die Beeinträchtigung ende mit dem Verlust des Eigentums an der störenden Sache, weil deren Eigentümer von diesem Zeitpunkt an keine dem Grundstückeigentümer zugewiesene Befugnisse mehr in Anspruch nehme und eine Abwehr nach § 1004 Abs. 1 S. 1 nur in diesen Fällen gerechtfertigt sei (sog. „Usurpationstheorie").[107]

Dies hätte jedoch zur Folge, dass der Zustandsstörer sich seiner Haftung auf Beseitigung (und den damit verbundenen Kosten) durch einfache Weise entziehen könnte, z.B. indem er sein Eigentum an der störenden und häufig wertlosen Sache gem. § 959 aufgibt. Außerdem ist nicht einzusehen, warum der verletzte Eigentümer bei fehlendem oder

---

102 *BGH* NJW 2013, 48 Tz 6 m.w.N.
103 *BGH* NJW 2004, 1449.

---

104 *BGH* NJW-RR 2003, 953, 954.
105 NJW 1996, 845, 846.
106 Zu diesem Fall des Eigentumserwerbs kraft Gesetz ausführlich im Skript „Sachenrecht II".
107 Z.B. *Picker* Festschrift F. Bydlinski, 2002, S. 269, 291 ff.; *Lobinger* JuS 1997, 981, 983; hier kommen nur verschuldensabhängige Schadensersatzansprüche aus §§ 989 ff. bzw. 823 ff. in Betracht.

verlorenem Eigentum des Störers auf die verschuldensabhängigen Schadensersatzansprüche beschränkt sein soll. Gerade in den Fällen der Bodenkontamination wird deutlich, dass es sich hier um meist schwerwiegende und mit hohen Kosten verbundene Beeinträchtigungen handelt. Eine solche Schutzlücke ist aber nicht gerechtfertigt und aus den gesetzlichen Regelungen nicht ersichtlich.

Eine Beeinträchtigung des Eigentums des E liegt somit vor.

b) Duldungspflicht

Eine Duldungspflicht des E besteht nicht.

c) Störereigenschaft des Anspruchsgegners

Fraglich ist die Störereigenschaft des N, da ungeklärt ist, auf welche Weise es zum Auslaufen der Fässer gekommen ist.

aa) Handlungsstörer

Handlungsstörer ist derjenige, der eine Eigentumsbeeinträchtigung durch sein Verhalten, das heißt durch aktives Tun oder pflichtwidriges Unterlassen, **adäquat** verursacht hat.[108]

Allein das ordnungsgemäße Abstellen der Fässer (Handlung) im Schuppen des N begründet noch keine Handlungsstörereigenschaft. Diese Handlung des N ist nach der Lebenserfahrung für sich noch nicht geeignet, dass die Fässer ohne Zutun Dritter umfallen können und deren Inhalt auf das Grundstück des E fließen kann. Insoweit fehlt es an der Adäquanz[109] des Kausalverlaufs.

Ist, wie hier, nicht erwiesen, dass die Kontaminierung des dem E gehörenden Grundstücks auf ein Verhalten – also auf ein positives Tun oder ein pflichtwidriges Unterlassen – des N zurückzuführen ist, kann er auch nicht als Handlungsstörer im Sinne von § 1004 Abs. 1 S. 1 angesehen werden.

bb) Zustandsstörer

Zustandsstörer ist derjenige, der die Beeinträchtigung zwar nicht verursacht hat, durch dessen maßgebenden Willen der fremdes Eigentum beeinträchtigende Zustand einer Sache aber aufrechterhalten wird.[110]

N ist nicht allein deshalb Zustandsstörer, weil die Störung von seinem Grundstück ausgegangen ist. Vielmehr müsste die Eigentumsbeeinträchtigung wenigstens mittelbar auf seinen Willen zurückzuführen sein.[111] Dies wäre dann der Fall, wenn er die in eine Eigentumsbeeinträchtigung mündende Gefahr hätte beherrschen können, insbesondere wenn er die Gefahrenlage selbst geschaffen hat. oder eine von Dritten geschaffene Gefahrenlage aufrechterhalten hätte.[112]

N ist nach diesen Grundsätzen Zustandsstörer, weil er die Gefahrenlage, welche später die Eigentumsstörung bei E verursacht hat, dadurch, dass er die Chemikalien in seinem Schuppen lagerte, selbst geschaffen hat.[113]

d) Anspruchsumfang

Fraglich ist der Umfang des Anspruchs, also ob E danach die Entsorgung des kontaminierten Bodens, Wiederauffüllung des Bodens und Wiederanbau der Pflanzen verlangen kann. Gemäß § 1004 Abs. 1 S. 1 kann der Eigentümer „die Beseitigung der Beeinträchtigung" verlangen. Die Kosten trägt dabei – wie jeder Schuldner – der Störer selber. Dies bedeutet, dass der Störer auf seine Kosten einen dem Inhalt des Eigentums entsprechenden Zustand wiederherzu-

---

108 Urteil des *BGH* vom 1.12.2006 (AZ: V ZR 112/06) unter Tz. 9 = NJW 2007, 432; Palandt-*Herrler* § 1004 Rn. 16.

109 Vgl. zu den Erfordernissen der Adäquanz Palandt-/*Grüneberg* Vorb. v. § 249 Rn. 26; *BGH* NJW 2017, 263.

110 St. Rspr., z.B. Urteil des *BGH* vom 1.12.2006 (AZ: V ZR 112/06) = NJW 2007, 432 f. unter Ziff. II 2b m.w.N.; Palandt-*Herrler* § 1004 Rn. 19.

111 *BGH* NJW-RR 2001, 1208.

112 *BGH* NJW 2004, 370.

113 Dies war in dem Originalfall des *BGH*, der diesem Fallteil zugrunde liegt, anders, weil dort auch möglich war, dass die Chemikalien ohne Wissen des N durch Dritte von seinem Grundstück aus auf das Nachbargrundstück geschüttet worden sein konnten.

stellen hat.[114] Geschuldet ist in jedem Fall die Beseitigung der Störungsquelle.[115]

Indem § 1004 Abs. 1 S. 1 die Durchführung der Störungsbeseitigung ausschließlich dem Störer aufgibt, weist sie ihm gleichzeitig das Risiko zu, aufgrund der technischen Gegebenheiten eine erweiterte Leistung erbringen zu müssen, als es zu der Beseitigung der reinen Störung an sich erforderlich wäre.[116]

Danach muss N auf jeden Fall den kontaminierten Boden vollständig entfernen und entsorgen.

Nach der Rechtsprechung des *BGH* ist der Störer darüber hinaus auch zur Beseitigung solcher Eigentumsbeeinträchtigungen verpflichtet, die zwangsläufig durch die Beseitigung der primären Störung als Beseitigungsfolgen entstehen.[117] Denn das Ziel des Beseitigungsanspruchs, den dem Inhalt des Eigentums entsprechenden Zustand wiederherzustellen,

würde offensichtlich verfehlt, wenn der Eigentümer die Beseitigung einer Störung nur unter Inkaufnahme anderer, möglicherweise sogar weitergehender Beeinträchtigungen verlangen könnte.[118]

Ist es also zur Beseitigung der in das Grundstück der Kläger eingedrungenen Kohlenwasserstoffe erforderlich, die verunreinigten Bodenschichten einschließlich der darauf befindlichen Pflanzen und baulichen Anlagen zu entfernen, trifft den für die Kontamination Verantwortlichen unabhängig von einem Verschulden auch die Pflicht zur Wiederherstellung der durch die Störungsbeseitigung beeinträchtigten Gestaltung des Grundstücks.

N ist danach auch zur Wiederauffüllung des Bodens und der Neuanpflanzung verpflichtet.

2. Rechtsvernichtende Einwendungen

Gründe für ein Erlöschen des Anspruchs sind nicht ersichtlich.

3. Durchsetzbarkeit

Der Anspruch ist in Ermangelung von Einreden auch durchsetzbar.

Ergebnis: Dem N steht der Anspruch in vollem Umfang zu.

---

114 Urteil des *BGH* vom 4.2.2005 (AZ: V ZR 142/04) = NJW 2005, 1366 unter Ziff. II 2a.

115 Urteil des *BGH* vom 4.2.2005 (AZ: V ZR 142/04) = NJW 2005, 1366 unter Ziff. II 2a; MüKo-*Raff* § 1004 Rn. 71; Palandt-*Herrler* § 1004 Rn. 28.

116 Urteil des *BGH* vom 4.2.2005 (AZ: V ZR 142/04) = NJW 2005, 1366 unter Ziff. II 2a.

117 Urteil des *BGH* vom 4.2.2005 (AZ: V ZR 142/04) = NJW 2005, 1366 unter Ziff. II 2b m.w.N.

118 Urteil des *BGH* vom 4.2.2005 (AZ: V ZR 142/04) = NJW 2005, 1366 unter Ziff. II 2b m.w.N.

Übungsfall Nr. 1

B. Der Herausgabeanspruch aus § 985

105 Der Herausgabeanspruch aus § 985 dient der Verwirklichung des Eigentums einer Person an einer bestimmten Sache. Er folgt automatisch aus dem bestehenden Eigentum an einer Sache und gewährt dem Eigentümer gegen den Besitzer einen Anspruch auf Herausgabe der Sache, sofern dem Besitzer nicht ein Recht zum Besitz an der Sache zusteht. Soweit ein Anspruch des Eigentümers auf Herausgabe der Sache gegen den Besitzer besteht, spricht man auch vom Bestehen einer Vindikationslage.

> **Hinweis**
>
> Der Anspruch auf Herausgabe nach § 985 BGB gilt sowohl bei beweglichen Sachen wie auch bei unbeweglichen Sachen.

Die Aufgabenverteilung zwischen dem Anspruch aus § 985 einerseits und den Ansprüchen aus § 1004 Abs. 1 andererseits ist dem Wortlaut des § 1004 Abs. 1 S. 1 zu entnehmen: § 1004 befasst sich mit der Beeinträchtigung des Eigentums „in anderer Weise als durch Entziehung oder Vorenthaltung des Besitzes". § 985 dient also der **Beseitigung einer unberechtigten Entziehung oder Vorenthaltung des Besitzes**. Der Besitz, der nach § 903 grundsätzlich (auch) dem Eigentümer zusteht, liegt in den Fällen des § 985 bei einem anderen. Diese Besitzlage widerspricht dem in § 903 beschriebenen Inhalt des Eigentums, „soweit nicht das Gesetz oder Rechte Dritter" (vgl. § 903 S. 1) diese Besitzlage rechtfertigen. Diesen Vorbehalt greift bei § 985 die Einwendungsnorm § 986 auf, bei § 1004 Abs. 1 findet sich dieser Vorbehalt im Einwendungstatbestand des Abs. 2 wieder.

PRÜFUNGSSCHEMA

Herausgabeanspruch aus § 985

I. Anspruchsentstehung
1. Eigentum des Anspruchstellers
   Besonderheiten im Prozess   Rn. 108
2. Unmittelbarer, mittelbarer oder fingierter Besitz des Anspruchsgegners
   Besonderheiten im Prozess   Rn. 113
3. (Kein) Recht zum Besitz, § 986
   a) Eigenes Recht zum Besitz
      aa) Dingliche Besitzrechte
          Anwartschaftsrecht   Rn. 120
      bb) Relative Besitzrechte
          Zurückbehaltungsrechte   Rn. 123
   b) Abgeleitetes Recht zum Besitz
4. Umfang

II. Rechtsvernichtende Einwendungen

III. Durchsetzbarkeit
1. Zurückbehaltungsrechte, §§ 273, 1000, 2022, 2029
2. Verjährung, §§ 197 Abs. 1 Nr. 1, Ausnahme aber: 902

I. Anspruchsentstehung

1. (Aktuelles) Eigentum des Anspruchstellers

a) Grundregel

Indem der Anspruch aus § 985 der Verteidigung des tatsächlich bestehenden Eigentumsrechts im Einzelfall dient, besteht er grundsätzlich nur, wenn der Anspruchsteller aktueller Eigentümer ist. Dem früheren Eigentümer steht der Anspruch aus § 985 nicht mehr zu, da es sich dabei ebenfalls um den Ausfluss des Eigentumsrechts handelt.

106

> **Hinweis**
>
> Wie oben bereits bei der Darstellung der Ansprüche aus § 1004 BGB erwähnt, kann auch der Anspruch aus § 985 nach allgemeiner Ansicht nicht isoliert abgetreten werden.[119] Ansonsten könnte der Eigentümer sein Eigentum nicht mehr verteidigen, sein Eigentumsrecht also nicht „verwirklichen". Sein Eigentum wäre wertlos. Der Anspruch aus § 985 wird daher auch als **„dinglicher** Anspruch" bezeichnet, da er untrennbar mit dem dinglichen Recht, hier dem Eigentum, verbunden ist.
>
> Der jeweilige Eigentümer kann aber – wie auch bei §§ 894, 1004 – einen anderen nach § 185 Abs. 1 ermächtigen, den Anspruch aus § 985 im eigenen Namen geltend zu machen.[120]

In der Klausur beginnen Sie stets mit dem Prüfungspunkt des Eigentums des Anspruchstellers. Im Sachverhalt werden Ihnen insoweit eine Vielzahl von möglichen Erwerbsvorgängen in Bezug auf das Eigentum geschildert (beispielsweise Erbfall, Veräußerung, Verarbeitung[121]). Dabei stehen zwei verschiedene Varianten zur Verfügung, um in der Klausur das Eigentum des Anspruchstellers festzustellen.

107

>> Dabei sollten Sie zunächst alle Beteiligten und Erwerbsvorgänge auf einer großzügigen Skizze aufzeichnen. Dann können Sie in der Folge bequem die einzelnen möglichen Erwerbstatbestände zwischen den beteiligten Personen durchprüfen. <<

Zum einen kann man nach dem sogenannten **chronologischen Aufbau** von der ersten Position im Sachverhalt ausgehen und dann der Reihe nach alle denkbaren Erwerbstatbestände für das Eigentum durchprüfen (Sog. *„Märchenaufbau"*: ... es war einmal ein Eigentümer ...).

Eine andere – aber auch kompliziertere – Möglichkeit besteht darin, direkt zu fragen, ob der aktuelle Anspruchsteller Eigentum durch einen bestimmten Erwerbsvorgang erworben hat und in diesem Rahmen dann inzident (bei der Verfügungsbefugnis des Veräußernden jeweils) alle anderen Erwerbsvorgänge zu prüfen.

> **JURIQ-Klausurtipp**
>
> Regelmäßig wird in den Klausuren mit dem sogenannten chronologischem Aufbau gearbeitet. Dies hat den Vorteil, dass dieser leicht aufzubauen ist und nicht die Gefahr der Unübersichtlichkeit enthält. Zudem können sehr gut alle einzelnen Schritte der geschehenen Erwerbsvorgänge nachvollzogen werden. Ich rate daher für den Regelfall zur Verwendung dieses chronologischen Aufbaus in der Klausur, zumindest, wenn mehr, als ein Voreigentümer im Fall beteiligt ist. Dadurch vermeiden Sie komplizierte Inzilentprüfungen.

---

119 Palandt-*Herrler* § 894 Rn. 6, § 985 Rn. 1 und § 1004 Rn. 2; *Habersack* Sachenrecht Rn. 70.

120 Palandt-*Herrler* § 1004 Rn. 2.

121 Vgl. zu den einzelnen Erwerbstatbeständen im Hinblick auf das Eigentum umfassend das Skript „Sachenrecht II".

Ergeben sich dabei nach dem Sachverhalt keine Anhaltspunkte für den Eigentumserwerb, ist auf die Vermutung des § 891 (bei Grundstücken) und des § 1006 (bei beweglichen Sachen) zurückzugreifen. Sodann ist die Möglichkeit eines Eigentumsverlustes des Anspruchsstellers zu untersuchen.

> ### Hinweis
>
> Dabei stellt die Vermutung nach § 1006 letztlich auf den Besitz einer beweglichen Sache ab und vermutet nach § 1006 Abs. 1 S. 1 zugunsten des Besitzers einer beweglichen Sache, dass er Eigentümer der Sache sei.
>
> § 891 stellt bei Grundstücken auf die Eintragung im Grundbuch ab und bestimmt, dass (widerlegliche Vermutung) grundsätzlich davon auszugehen ist, dass der im Grundbuch Eingetragene auch Eigentümer des entsprechenden Grundstückes ist.
>
> Dem Rechtsscheinsträger des Besitzes bei beweglichen Sachen entspricht bei Grundstücken also die Eintragung im Grundbuch.

108   Im Falle von Miteigentum ist nach §§ 1011, 432 jeder Miteigentümer zur Geltendmachung des Anspruchs gegenüber Dritten berechtigt und kann Herausgabe an alle Miteigentümer verlangen.[122] Untereinander kann jeder Miteigentümer vom anderen die Herausgabe von Mitbesitz verlangen.

b)   Besonderheiten im Prozess

109   Wird der Anspruch aus § 985 mit einer Klage gerichtlich geltend und nach §§ 253 Abs. 1, 261 Abs. 1 ZPO rechtshängig gemacht, gelten Besonderheiten.

Rechtshängig wird eine Klage durch „Erhebung der Klage", vgl. § 261 Abs. 1 ZPO. „Erhoben" ist eine Klage, wenn die Klageschrift bei Gericht eingereicht wurde und dem beklagten Gegner eine beglaubigte Abschrift dieser Klage durch das Gericht von Amts wegen **zugestellt** worden ist, § 253 Abs. 1 ZPO.

Nach § 265 Abs. 1, 2 ZPO kann der Eigentümer die Sache nach Rechtshängigkeit veräußern, ohne dass die auf § 985 gestützte Klage jetzt wegen fehlenden Eigentums unbegründet wird. Das liegt daran, dass ein in der Sache ergehendes Urteil nach § 325 Abs. 1 ZPO auch gegen die Rechtsnachfolger der Parteien, also auch für und gegen den Erwerber der Sache, wirkt. Um eine überflüssige Prozesswiederholung zu vermeiden, soll in diesem Fall deshalb das bereits rechtshängige Verfahren durchgeführt und entschieden werden, wobei das Urteil nicht nur die streitenden Parteien (Alteigentümer und Besitzer), sondern eben auch den Rechtsnachfolger des früheren Eigentümers (Erwerber) bindet. Eines muss der Alteigentümer aber beachten: Er macht mit dem Zeitpunkt der Veräußerung der Sache im Prozess von nun an ein fremdes Recht geltend, nämlich das Eigentum des neuen Eigentümers. Über § 265 Abs. 2 ZPO ist er zwar prozessführungsbefugt, er kann aber nicht mehr die Herausgabe an sich verlangen, sondern nur noch an den neuen Eigentümer. Denn § 985 gewährt einen Anspruch auf Herausgabe an den aktuellen und nicht an den früheren Eigentümer. Demgemäß muss er seinen Klageantrag auf Herausgabe an den Erwerber der Sache ändern; eine entsprechende Änderung des Antrags ist dabei nach § 264 Nr. 3 ZPO ohne Weiteres zulässig.[123]

---

122 *BGH* NJW 1993, 935; Palandt-*Herrler* § 1011 Rn. 2.
123 *BGH* NJW 1986, 3206; Palandt-*Herrler* § 985 Rn. 3.

Beispiel　E verklagt den B nach § 985 auf Herausgabe des Besitzes eines ihm gehörenden Grundstücks mit Gebäuden (= Räumung und Besitzverschaffung), das B unberechtigterweise in Besitz genommen hat. Nach Zustellung der Klageschrift an B, veräußert E das Grundstück nach §§ 873, 925 an den X. Die Klage wäre nun eigentlich bereits wegen fehlenden Eigentums des klagenden E unbegründet geworden und müsste abgewiesen werden. § 265 Abs. 2 ZPO gewährt dem E aber die Befugnis, den eigentlich nun X zustehenden Anspruch aus § 985 im eigenen Namen einzuklagen. E muss im Prozess seine Klage aber ändern, und Herausgabe des Grundstücks nebst Gebäuden an den X verlangen. Dies kann er nach § 264 Nr. 3 ZPO ohne Weiteres tun. Damit X notfalls das Urteil selber nach § 885 ZPO vollstrecken lassen kann, kann X sich nach § 727 ZPO als neuer Gläubiger auf dem Urteil vermerken lassen.

Unterlässt E im Prozess nach Veräußerung die Klageänderung und hält an seinem ursprünglichen Antrag auf Herausgabe des Grundstücks an sich fest, muss die Klage als unbegründet abgewiesen werden. Denn § 985 gibt nur einen Anspruch auf Herausgabe des Besitzes an den aktuellen Eigentümer X und nicht an den Alteigentümer E. ◼

2.　(Aktueller) Besitz des Anspruchsgegners

a)　Grundregel

Der Anspruchsgegner muss aktueller Besitzer sein. Welcher Art der Besitz des Anspruchsgegners ist, ob er also unmittelbarer oder mittelbarer, alleiniger Besitzer oder Mitbesitzer, Fremd- oder Eigenbesitzer (§ 872) ist, ist dabei unerheblich.[124] Die Art seines Besitzes wirkt sich erst bei der Frage nach dem Anspruchsinhalt aus (dazu sogleich).　**110**

Nach § 857 geht der Besitz eines Verstorbenen mit dem Tode des Erblassers, auch ohne tatsächliche Besitzergreifung, auf den Erben über. In diesem Falle ist der Erbe als **fingierter** Besitzer Gegner des Herausgabeanspruchs aus § 985.　**111**

Nach § 855 ist der Besitzdiener, der die tatsächliche Gewalt über eine Sache aufgrund eines sozialen Abhängigkeitsverhältnisses ausübt, zwar **Gewahrsams**inhaber, aber nicht Besitzer. Dies ist vielmehr (fiktiv) sein Geschäftsherr, gegen den der Herausgabeanspruch aus § 985 zu richten wäre.　**112**

Beispiel　E ist Eigentümer eines Pferdes, das er bei dem Bauern B untergestellt hat. Nach Ablauf der vereinbarten Verwahrungszeit weigert sich B zu Unrecht, das Pferd an E herauszugeben. Die tatsächliche Gewalt über das Pferd wird ausschließlich durch den Stallknecht S ausgeübt. Dennoch ist S als Besitzdiener nicht Besitzer, sondern nach § 855 allein der B. Ein Herausgabeanspruch des E aus § 985 wäre ausschließlich gegen B zu richten. ◼

124　Palandt-*Herrler* § 985 Rn. 5.

> **Hinweis**
>
> Der Besitzdiener (klassisches Beispiel des Angestellten) ist nur der verlängerte Arm des Weisungsberechtigten (beispielsweise Arbeitgeber), der die Sache für den Arbeitgeber tatsächlich in der Hand hält. Deshalb rechnet § 855 auch den unmittelbaren Besitz alleine dem Weisungsberechtigten zu.

113 Bei Besitzverlust geht auch der Anspruch aus § 985 unter bzw. entsteht nunmehr gegenüber dem neuen Besitzer. Das gilt selbst dann, wenn der ehemalige Besitzer die Sache unproblematisch zurückbekommen könnte. Der Grund hierfür ist, dass § 985 keinen Besitzverschaffungsanspruch begründet, sondern nur zur Auskehrung einer tatsächlich vorhandenen Besitzposition verpflichtet.[125]

b)   Besonderheiten im Prozess

114 Wie bei der Aktivseite sind auch bei der Passivseite Besonderheiten zu beachten, wenn eine Klage des Eigentümers aus § 985 nach §§ 253 Abs. 1, 261 Abs. 1 ZPO rechtshängig geworden ist.

>> Wiederum gilt, sich von diesem anspruchsvollen Problem nicht verschrecken zu lassen, sondern die nachfolgenden Ausführungen in Ruhe durchzuarbeiten. «

Gibt der verklagte Besitzer die Sache an einen Dritten weiter, hat dies nach §§ 265 Abs. 2 ZPO auf den Prozess keinen Einfluss. Die Besitzlage zum Zeitpunkt der Rechtshängigkeit wird sozusagen „eingefroren" und dem Urteil bei der Bewertung der Klage zugrunde gelegt.

Beispiel   Abwandlung des vorherigen Falles:

E verklagt den B auf nach § 985 auf Herausgabe des Besitzes eines ihm gehörenden Grundstücks mit Gebäuden (= Räumung und Besitzverschaffung), das B unberechtigterweise in Besitz genommen hat. B hält sich selber für den Eigentümer. Im Grundbuch ist B als Eigentümer eingetragen, dagegen hat E einen Widerspruch in das Grundbuch eintragen lassen (§ 899).

Nach Zustellung der Klageschrift bei B, veräußert B das Grundstück an den X und übergibt ihm den Besitz am Grundstück nebst Räumen. Die Klage wäre nun eigentlich bereits wegen fehlenden Besitzes des verklagten B unbegründet geworden und müsste abgewiesen werden. § 265 Abs. 2 ZPO erklärt diesen Besitzverlust aber im Hinblick auf das Verfahren für unerheblich. Gewinnt E den Prozess gegen B als „fiktiven" Besitzer, kann er den X als Besitznachfolger und damit neuen Schuldner gem. § 727 ZPO auf dem Urteil vermerken und das Urteil gegen diesen gemäß § 885 ZPO vollstrecken lassen.

Aber:

Wäre im Grundbuch kein Widerspruch gegen die Buchberechtigung des B vermerkt worden und hätte der ansonsten gutgläubige X das Eigentum am Grundstück deswegen von B erworben (§ 892), wäre die Herausgabeklage des E auch wegen Eigentumsverlustes unbegründet geworden. § 265 Abs. 2 ZPO gilt jetzt nicht, da sich Eigentum und Besitz in einer Person (X) vereinigen und gar keine Vindikationslage mehr besteht. E muss seine Klage gegen B jetzt vielmehr gem. § 264 Nr. 3 ZPO ändern und auf Erfüllung denkbarer Sekundäransprüche (z.B. aus § 816 Abs. 1 oder § 989) richten. Tut er dies nicht, wird die unverändert auf § 985 gestützte Herausgabeklage wegen jetzt fehlenden Eigentums des E abgewiesen. ◼

---

125 Palandt-*Herrler* a.a.O.

3. (Kein) Recht zum Besitz

Gemäß § 986 scheitert der Eigentumsherausgabeanspruch, wenn der Anspruchsgegner **115** gegenüber dem Eigentümer ein Recht zum Besitz hat. Denn dann steht die Besitzlage nicht mit dem sich aus § 903 ergebenden Inhalt des Eigentums in Widerspruch. Nach § 903 darf der Eigentümer mit der Sache ja nur nach Belieben verfahren, „soweit nicht das Gesetz oder Rechte Dritter entgegenstehen".

§ 986 enthält trotz seiner Formulierung nach heute wohl ganz herrschender Meinung keine **116** Einrede, sondern eine (von Amts wegen zu beachtende) rechtshindernde (bzw. bei nachträglichem Entstehen des Besitzrechts, rechtsvernichtende) Einwendung.[126] Das bedeutet, dass sich der Anspruchsgegner nicht (wie beispielsweise bei der Verjährung) explizit in einem Rechtsstreit auf sein Recht zum Besitz berufen muss, sondern ein solches von Amts wegen (also automatisch) vom Richter in einem Prozess zu prüfen ist.

> **Hinweis**
>
> Die dogmatische Einordnung des § 986 spielt ferner eine Rolle bei der Frage, ob ein Versäumnisurteil ergehen kann, wenn sich ein Recht zum Besitz des säumigen Beklagten bereits aus dem Vortrag des im Termin zur mündlichen Verhandlung anwesenden Klägers ergibt: Geht man mit der herrschenden Meinung davon aus, das Recht zum Besitz sei von Amts wegen zu berücksichtigen, ergeht ein klageabweisendes (unechtes) Versäumnisurteil, vgl. § 331 Abs. 1, Abs. 2 Alt. 2 ZPO.

Das Besitzrecht kann dabei nach dem Gesetzeswortlaut sowohl ein eigenes (§ 986 Abs. 1 S. 1, 1. Fall) als auch ein abgeleitetes (§ 986 Abs. 1 S. 1, 2. Fall) Recht sein.

a) Eigenes Recht zum Besitz (§ 986 Abs. 1 S. 1, 1. Fall)

> Ein **„eigenes" Besitzrecht** i.S.d. § 986 Abs. 1 S. 1, 1. Fall besteht dann, wenn der Besitzer aus **117** eigenem Recht unmittelbar gegenüber dem Eigentümer zum Besitz berechtigt ist. Hierbei kann es sich um ein dingliches oder ein schuldrechtliches Recht zum Besitz handeln.

aa) Eigenes Recht an der Sache („dingliches" Besitzrecht)

Das eigene Recht zum Besitz im Sinne von § 986 kann sich zunächst aus einem Recht des **118** Besitzers an der Sache selbst ergeben (sog. „dingliches" oder „absolutes" Besitzrecht). Neben dem Eigentum können auch noch andere „dingliche" Rechte an einer Sache bestehen. Mit jedem anderen Sachenrecht unterhalb des Eigentums ist eine eingeschränkte Befugnis verbunden, die eigentlich nach § 903 dem Eigentümer zusteht. Durch die Begründung solcher eingeschränkten Sachenrechte (sog. „beschränkt dingliche Rechte") verkürzt sich also der Inhalt und Umfang des Eigentums, es wird sozusagen „belastet". Durch die Verkürzung des Eigentums wird insoweit gleichzeitig deutlich, dass der Eigentümer andere Rechte an der Sache zu respektieren hat, er muss sie „dulden". Sie wirken also unmittelbar auch ihm gegenüber.

---

126 *BGH* NJW 1999, 3716, 3717; Palandt-*Herrler* § 986 Rn. 1 m.w.N.

119   Insbesondere Pfandrechte vermitteln ein solches Besitzrecht, wenn und soweit für die Verwertung des Pfandes der Besitz des Pfandinhabers erforderlich ist. Das ist bei den Pfandrechten an beweglichen Sachen regelmäßig der Fall, da die Verwertung gem. §§ 1228 ff. durch Pfandverkauf des Gläubigers (= Pfandinhabers) durchgeführt wird und ein Verkauf ohne Besitz nicht (in sinnvoller Weise) möglich ist.[127] Außerdem erlischt das Pfandrecht, wenn der Pfandgläubiger seinen Besitz wieder aufgibt und die Sache an den Verpfänder oder Eigentümer zurückgibt, § 1253 Abs. 1 S. 1. Der Pfandinhaber genießt deshalb ein Recht zum Besitz und kann sich deshalb nach § 1227 gegen jede Besitzstörung (auch gegen den Eigentümer!) mit den „Waffen" des Eigentümers (§§ 985, 1004) zur Wehr setzen.

Beispiele   Vertragspfandrecht (§§ 1204 ff.), gesetzliches Werkunternehmerpfandrecht (§ 647), Vermieterpfandrecht (§ 562) nach berechtigter Inbesitznahme durch V gem. § 562b.

Weitere dingliche Besitzrechte gewähren etwa der Nießbrauch (vgl. §§ 1030, 1036 Abs. 1) oder das Wohnrecht in Form einer Dienstbarkeit (§§ 1090, 1093 Abs. 1 i.V.m. § 1036 Abs. 1); bei Grundpfandrechten erfordert dagegen weder ihre Bestellung noch ihre Verwertung einen Besitz des Inhabers. Sie werden vielmehr durch die Vollstreckungsorgane verwertet (§§ 1147, 1192) und gewähren deshalb **kein** Recht zum Besitz am jeweiligen Grundstück. ■

> **JURIQ-Klausurtipp**
>
> Das Pfandrecht (insbesondere in der Form des Werkunternehmerpfandrechts oder des Vertragspfandrechts in AGBs) ist eine typische Klausurkonstellation in sachenrechtlichen Klausuren.

120   Umstritten ist dagegen, ob auch ein Anwartschaftsrecht ein dingliches Besitzrecht i.S.v. § 986 Abs. 1 S. 1, 1. Fall begründet.

> Von einem **Anwartschaftsrecht** spricht man dann, wenn von einem mehraktigen Erwerbstatbestand eines Rechts schon so viele Voraussetzungen erfüllt sind, dass eine gesicherte Rechtsposition des Erwerbers entsteht, die der Veräußerer nicht mehr durch einseitige Erklärung vernichten kann.[128] Das Anwartschaftsrecht ist ein dem Vollrecht wesensgleiches minus.

---

127   *BGH* NJW 1999, 3716, 3717; Palandt-*Herrler* § 986 Rn. 3.
128   *BGH* in BGHZ 83, 385, 399; vgl. zum Anwartschaftsrecht auch die detaillierten Ausführungen im Skript „Sachenrecht II".

Rechtsprechung und Teile der Literatur lehnen ein solches Besitzrecht ab. Wenn der Eigentumserwerb durch Erstarkung des Anwartschaftsrechts zum Vollrecht Eigentum unmittelbar bevorsteht (beispielsweise wenn die Zahlung der letzten Rate des Kaufpreises unmittelbar bevorsteht), soll dem Eigentumsherausgabeanspruch jedoch der dolo-agit-Einwand aus § 242 (Verbot des widersprüchlichen Verhaltens) entgegenstehen.[129]

> ### Hinweis
>
> Bei diesem dolo-agit-Einwand handelt es sich aber eher um den Ausnahmefall, auf den Sie in der Klausur durch entsprechendes Vorbringen der Parteien im Sachverhalt hingewiesen werden.

Ein Großteil der Literatur folgert dagegen aus dem Anwartschaftsrecht ein dingliches Recht zum Besitz im Sinne von § 986.[130] Die praktische Bedeutung dieses Meinungsstreits ist nicht allzu groß: Denn in den meisten Fällen kommt es auf die Frage gar nicht an, weil sich aus dem zugrunde liegenden Schuldverhältnis – häufig ein Kauf unter Eigentumsvorbehalt – jedenfalls ein schuldrechtliches („relatives") Recht zum Besitz ergibt.

Relevant wird der Streit vor allem in zwei Fallgestaltungen:

1. Dem Anwartschaftsberechtigten war die Weitergabe der Sache an den Besitzer untersagt.
2. Das Anwartschaftsrecht wird gutgläubig von einem Nichtberechtigten erworben.

In den beiden Fällen kann sich der unmittelbare Besitzer nicht gegenüber dem Eigentümer gem. § 986 Abs. 1 S. 2 auf sein obligatorisches Besitzrecht berufen, da das zugrundeliegende Schuldverhältnis nur relativ zwischen den ursprünglichen Parteien Wirkung entfaltet. In diesen Fällen sollte man der Auffassung der Rechtsprechung folgen, da das Recht zum Besitz grundsätzlich dem Eigentümer zusteht. Wer Eigentum unter einer aufschiebenden Bedingung erwirbt, ist nun einmal noch nicht Eigentümer. Sein Eigentumserwerb ist auch nicht sicher, da er vor Zahlung der letzten Rate in Insolvenz fallen könnte.[131] Es gibt folglich keinen Grund, den Anwartschaftsberechtigten dem (Noch-)Eigentümer vorzuziehen. Die Richtigkeit dieses Ergebnisses wird auch dadurch deutlich, dass der Eintritt der Bedingung ausweislich § 158 Abs. 1 gerade keine rückwirkende Kraft hat.[132]

Beispiel Autohändler A erwirbt mit Hilfe eines Darlehens der E einen Pkw. Das Fahrzeug wird der Darlehensgeberin E zur Sicherheit übereignet. A und E vereinbaren, dass A zur Veräußerung nicht befugt ist. Dennoch verkauft und übereignet A den Pkw unter Eigentumsvorbehalt und Vereinbarung von Ratenzahlung an den gutgläubigen B (d.h. A überträgt an B das Eigentum unter Vorbehalt seines – angeblichen, tatsächlich aber nicht vorhandenen – Eigentums bis zur Restzahlung durch B). Als A insolvent wird und das Darlehen nicht zurückzahlt, kündigt E den Darlehensvertrag und verlangt von B, der die Kaufpreisraten an A noch nicht vollständig gezahlt hat, gem. § 985 Herausgabe des Pkw. Zu Recht?[133]

> >> Lassen Sie sich von den Ausführungen zum Anwartschaftsrecht nicht verunsichern. Um diese Problematik vollständig verstanden zu haben, müssen Sie die entsprechenden Ausführungen im Skript „Sachenrecht II" zum Anwartschaftsrecht durchgearbeitet haben. Zudem handelt es sich um eine sehr komplizierte und hoch umstrittene Problematik! <<

---

129 *BGH* in BGHZ 10 S. 69 ff.
130 Palandt-*Herrler* § 929 Rn. 41 m.w.N; *OLG Karlsruhe* NJW 1966, 885 f.; *Schreiber* Jura 1992, 356 ff. (358).
131 *Medicus/Petersen* Bürgerliches Recht Rn. 456.
132 *BGH* in BGHZ 10 S. 69 ff. (72).
133 Nach BGHZ 10 S. 69 ff.

Der Eigentumsherausgabeanspruch gem. § 985 setzt voraus, dass E Eigentümerin und B nichtberechtigter Besitzer des Pkw ist. E ist durch die Sicherungsübereignung Eigentümerin des Fahrzeugs geworden. Das Eigentum hat sie auch nicht durch die Übereignung des Pkw von A an B verloren. Denn die Eigentumsübertragung erfolgte von A an B unter der aufschiebenden Bedingung der vollständigen Kaufpreiszahlung und hat mithin bislang nicht stattgefunden. B ist also (derzeit) lediglich unmittelbarer Besitzer des Fahrzeugs. Fraglich ist, ob er ein Recht zum Besitz hat, das er dem Herausgabeverlangen der E entgegensetzen kann. Ein Recht zum Besitz ergibt sich zunächst aus dem zwischen A und B geschlossenen Kaufvertrag. Dieses rein schuldrechtliche Besitzrecht hat aber nur Wirkung gegenüber dem Vertragspartner A und keine Wirkung gegenüber E. Ein abgeleitetes Besitzrecht i.S.d. § 986 Abs. 1 S. 1, 2. Fall kommt nicht in Betracht, da A aufgrund seiner Vereinbarung mit der E seinerseits nicht zur Besitzüberlassung an B berechtigt war.

Allerdings hat B durch die bedingte Übereignung des A gutgläubig – A war weder Eigentümer noch zur (auch nicht aufschiebend bedingten) Übertragung des Eigentums befugt – ein Anwartschaftsrecht an dem Pkw gemäß §§ 929, 932, 158 Abs. 1 erworben.

Fraglich ist, ob dieses Anwartschaftsrecht dem B ein dingliches – also auch gegenüber E wirkendes – Recht zum Besitz im Sinne von § 986 Abs. 1 S. 1 gibt. Dagegen spricht jedoch, dass das Eigentum der Bank dann hinter der reinen Anwartschaft auf Eigentumserwerb zurückstehen müsste. Es ist aber nicht ersichtlich, warum der tatsächliche Eigentümer weniger schutzwürdig sein soll als der Erwerber des Anwartschaftsrechts. B ist deshalb nicht zum Besitz berechtigt und zur Herausgabe verpflichtet. ▪

bb) Schuldrechtliches Recht zum Besitz („Relatives Besitzrecht")

122 Der Besitzer kann daneben aber auch aufgrund eines vertraglichen oder gesetzlichen Schuldverhältnisses mit dem konkreten Eigentümer zum Besitz berechtigt sein.

Beispiel Kaufvertrag, Mietvertrag, Pachtvertrag, Leihvertrag zwischen Eigentümer und Besitzer: Solange diese Verträge wirksam sind und die daraus folgenden Besitzeinräumungsansprüche nicht wieder durch Anfechtung, Rücktritt oder Kündigung aufgehoben wurden; Ehegatten haben untereinander ein Besitzrecht aus § 1353.[134] ▪

 123 Kein Besitzrecht im Sinne von § 986 begründen dagegen nach herrschender Meinung **Zurückbehaltungsrechte** (z.B. aus §§ 273, 972, 1000; §§ 369 ff. HGB).[135]

Denn zum einen handelt es sich bei den Zurückbehaltungsrechten um **Einreden**, während das Recht zum Besitz im Sinne von § 986 als Einwendung zu qualifizieren ist. Ferner schließt das Besitzrecht den Herausgabeanspruch aus, während Zurückbehaltungsrechte lediglich zu einer Verurteilung **Zug um Zug** führen. Schließlich und vor allem jedoch müsste die Qualifizierung von Zurückbehaltungsrechten als Besitzrechte im Sinne von § 986 bei konsequenter Gesetzesanwendung zum Ausschluss der Anwendung der §§ 987 ff. führen. Nach Vornahme einer gemäß § 994 zu ersetzenden Verwendung beispielsweise wäre also wegen der Entstehung des Zurückbehaltungsrechts nach § 1000 die Anwendung der §§ 987 ff. ausgeschlossen – dabei handelt es sich offenkundig um ein widersinniges Ergebnis, da die Ansprüche auf Verwendungsersatz nach §§ 987 ff. die Voraussetzungen des § 985 (sogenannte Vindikationslage) fordern (sog. „Teufelskreisargument").

---

134 Palandt-*Herrler* § 986 Rn. 6.
135 Palandt-*Herrler* § 986 Rn. 5 m.w.N.

Die vor allem von der Rechtsprechung vertretene Gegenansicht[136], die auch in Zurückbehaltungsrechten ein Recht zum Besitz im Sinne von § 986 sieht, stimmt aber mit der h.L. darin überein, dass Zurückbehaltungsrechte den Herausgabeanspruch nicht ausschließen, sondern nur nach Maßgabe einer Zug-um-Zug-Verpflichtung (§ 274) vorübergehend hemmen.[137] Diese Ansicht ist systematisch aber nicht begründbar, da § 986 allgemein als rechtshindernde Einwendung verstanden wird und den Herausgabeanspruch ausschließt, weshalb in der Klausur auch der herrschenden Literaturansicht gefolgt werden sollte.

b)   Abgeleitetes Besitzrecht (§ 986 Abs. 1 S. 1, 2. Fall)

Schuldrechtliche („relative") Besitzrechte wirken grundsätzlich nur zwischen den Parteien des jeweiligen Schuldverhältnisses. Eigene „relative" Besitzrechte i.S.d. § 986 Abs. 1 S. 1, 1. Fall lassen sich also nur aus einem Schuldverhältnis mit dem jeweiligen Eigentümer der Sache herleiten. **124**

Die Besitzlage steht jedoch auch dann nicht mit dem Inhalt des Eigentums in Widerspruch, wenn der Besitzer ein schuldrechtliches („relatives") Besitzrecht gegenüber einem Dritten hat und dieser wiederum über ein „dingliches" oder schuldrechtliches Besitzrecht gegenüber dem Eigentümer verfügt **und zur Überlassung der Sache an den Besitzer berechtigt ist**. Insgesamt rechtfertigt dann eine Kette von Besitzrechten die bestehende Besitzlage, so dass der sich aus § 903 ergebende Inhalt des Eigentums durch diese „Rechte Dritter" i.S.d. § 903 begrenzt ist. Dieser Gedanke wird durch das abgeleitete Besitzrecht in § 986 Abs. 1 S. 1, 2. Fall zum Ausdruck gebracht. **125**

Beispiel   Der typische Anwendungsfall eines von einem Dritten abgeleiteten schuldrechtlichen Besitzrechts gegenüber dem Eigentümer ist der Fall der vom Eigentümer gestatteten Untervermietung an einen Dritten. In diesem Fall steht nicht nur dem Hauptmieter ein (eigenes schuldrechtliches) Recht zum Besitz gegenüber dem Eigentümer zu, vielmehr hat auch der Untermieter ein – abgeleitetes – Recht zum Besitz gegenüber dem Eigentümer. Da dieses Besitzrecht aber vom Besitzrecht des Hauptmieters abgeleitet ist, endet es mit der Beendigung des Hauptmietvertrages. ■ **126**

Seinem Wortlaut nach ist § 986 Abs. 1 S. 1, 2. Fall zwar nur dann anzuwenden, wenn zwischen dem Besitzer und dem Dritten, von dem er sein Besitzrecht ableitet, ein Besitzmittlungsverhältnis besteht. Nach ganz überwiegender Ansicht reicht es entgegen diesem Wortlaut aus, wenn der Besitzer das Besitzrecht von einem Dritten ableitet, der wiederum gegenüber dem Eigentümer sowohl zum Besitz als auch zur Besitzüberlassung berechtigt war.[138] Denn eine Vindikation muss immer dann ausgeschlossen sein, wenn die Besitzlage dem materiellen Recht entspricht. **127**

Beispiel[139]   E verkauft und übergibt ein Grundstück an D. Dieser wiederum verkauft und übergibt das Grundstück an B. Noch bevor in beiden Fällen die Auflassung erfolgt, verlangt E von B gem. § 985 Herausgabe des Grundstücks. Zu Recht?

---

136 Vgl. *RGZ* 136, 422 ff. (426); *BGH* NJW 1955, 340 ff. (341); *Keller* JuS 1982, 665 ff. (668); *Roussos* JuS 1987, 606 ff. (609).

137 Vgl. *RGZ* 136, 422 ff. (426); *BGH* NJW 1955, 340 ff. (341); *Keller* JuS 1982, 665 ff. (668); *Roussos* JuS 1987, 606 ff. (609).

138 Palandt-*Herrler* § 986 Rn. 7.

139 Nach *RGZ* 105, 19 ff.

E hat mangels Auflassung sein Eigentum an dem Grundstück (noch) nicht verloren, B ist Besitzer desselben – insoweit liegen die Voraussetzungen des § 985 vor. Fraglich ist aber, ob B ein Recht zum Besitz im Sinne von § 986 hat. Er selbst hat ein Recht zum Besitz aus dem Kaufvertrag mit D. Allerdings wirken obligatorische Besitzrechte nur unter den Voraussetzungen des § 986 Abs. 2, die vorliegend nicht erfüllt sind, gegenüber Dritten. Möglicherweise kann sich B aber gem. § 986 Abs. 1, 2. Fall gegenüber dem Herausgabeverlangen des E auf das Besitzrecht des D aus dem Kaufvertrag zwischen diesem und dem E berufen. Allerdings besteht zwischen D und B kein Besitzmittlungsverhältnis, so dass § 986 Abs. 1, 2. Fall seinem Wortlaut nach ebenfalls nicht erfüllt ist. Der Anwendungsbereich dieser Norm könnte aber seinem Sinn und Zweck nach zu erweitern sein: D hatte ein Recht zum Besitz gegenüber E aus dem Kaufvertrag. Er sollte Eigentümer des Grundstücks werden, mithin auch zur Weitergabe befugt sein. Die genannten Voraussetzungen für die Anwendung des § 986 Abs. 1, 2. Fall liegen also vor. Nach alledem kann sich B hier gegenüber dem Herausgabeverlangen des E auf das Besitzrecht des D berufen. E hat keinen Anspruch auf Herausgabe des Grundstücks gem. § 985. ■

c) Drittwirkung obligatorischer Besitzrechte, § 986 Abs. 2

» Merken Sie sich vorab die Wertung des § 986 Abs. 2: Dieser will den Besitzer vor Nachteilen bewahren, die sich dadurch ergeben, dass eine Sache ohne seine Beteiligung – quasi über seinen Kopf hinweg – veräußert wird. «

128 Eine Ausnahme von dem Grundsatz, dass schuldrechtliche Besitzrechte nur gegenüber dem anderen Teil des Schuldverhältnisses wirken, macht § 986 Abs. 2: Dieser bestimmt, dass der Besitzer einer beweglichen Sache demjenigen, der nach §§ 929, 931 Eigentum an der Sache erwirbt, die gegenüber dem bisherigen Eigentümer begründeten obligatorischen Besitzrechte entgegenhalten kann.

> **Hinweis**
>
> § 986 Abs. 2 gilt nur für **bewegliche** Sachen, weil Immobilien nicht gem. § 931 erworben werden können! Zu einer Drittwirkung eines obligatorischen Besitzrechtes aus Mietvertrag führt in diesem Fall dann aber der Eintritt des Eigentümers in das Rechte und Pflichten aus dem Mietverhältnis nach § 566.

129 Die Vorschrift ergänzt die Regelung des § 404. Der Besitzer soll so gestellt werden, wie er bei isolierter Abtretung des Anspruchs aus § 985 stünde (was ja – wie oben ausgeführt – aufgrund der untrennbaren Verknüpfung mit dem Eigentum nicht möglich ist). Dann könnte er dem neuen Eigentümer sein Besitzrecht nach § 404 entgegenhalten.[140]

Beispiel V vermietet dem B eine seiner Maschinen. Nach Überlassung überträgt er dem E das Eigentum an der Maschine gem. §§ 929, 931, indem er sich mit ihm über den Eigentumsübergang einigt und – als Ersatz für die Übergabe – den Herausgabeanspruch gegen B aus dem Mietvertrag (§ 546 Abs. 1) an den E abtritt.

Einem Herausgabeverlangen des E aus §§ 546 Abs. 1, 398 kann B in diesem Fall über § 404 entgegenhalten, dass das Mietverhältnis noch gar nicht beendet wurde.

Einem Herausgabeanspruch des neuen Eigentümers E aus § 985 steht nach § 986 Abs. 2 entgegen, dass B aufgrund des mit V geschlossenen, noch nicht beendeten Mietvertrages noch zum Besitz berechtigt ist. ■

---

140 Palandt-*Herrler* § 986 Rn. 5.

§ 986 Abs. 2 ist nach allgemeiner Ansicht analog anzuwenden, wenn der nicht unmittelbar **130** besitzende Eigentümer sein Eigentum gemäß § 930 veräußert.[141] § 986 Abs. 2 gewährt dem unmittelbaren Besitzer also in analoger Anwendung das Einrederecht aus § 986 Abs. 2, wenn der mittelbare Besitzer das Eigentum an der Sache durch Besitzkonstitut übertragen hat.

Beispiel Die Autovermietung A überträgt das Eigentum an dem ihr gehörenden PKW BMW 5, den zur Zeit der Mieter M gemietet und demgemäß in unmittelbaren Besitz hat, zur Sicherung von Darlehen nach §§ 929, 930 an die Bank B. M kann hier sein Besitzrecht aus dem Mietvertrag mit der A analog § 986 Abs. 2 auch der B entgegensetzen. ◼

> **Hinweis**
>
> Hier greift dann wiederum dieselbe Wertung ein, dass der unmittelbare Besitzer geschützt werden soll, wenn das Eigentum an der Sache über „seinen Kopf hinweg" veräußert wird.

4. Inhalt des Herausgabeanspruchs aus § 985

§ 985 richtet sich als Anspruch auf die Herausgabe der Sache an den Eigentümer. Der Besit- **131** zer hat die Sache an dem Ort und in dem Zustand herauszugeben, in dem sie sich gerade befindet.[142] Bewegliche Sachen sind zu übergeben, ein Grundstück ist zu räumen. Grundsätzlich hat die Herausgabe an den Eigentümer zu erfolgen, ausnahmsweise an einen berechtigten Zwischenbesitzer, vgl. dazu § 986 Abs. 1 S. 2.

≫ Lesen Sie die Vorschrift des § 986 Abs. 1 S. 2! ≪

Der Besitzer muss dabei grundsätzlich nur denjenigen Besitz auskehren, den er selber unbe- **132** rechtigterweise hat. Danach müsste ein mittelbarer Besitzer nur seinen mittelbaren Besitz gem. § 870 durch Abtretung des Herausgabeanspruchs herausgeben.

Nach ganz überwiegender Meinung kann aber auch der mittelbare Besitzer auf die Herausgabe des unmittelbaren Besitzes verklagt werden. Ein entsprechendes Urteil kann in der Folge nach § 886 ZPO vollstreckt werden.[143] Die vereinzelt vertretene Gegenansicht,[144] nach der der mittelbare Besitzer nur auf Herausgabe des mittelbaren Besitzes (zur dann folgenden Vollstreckung nach § 870 ZPO) verklagt und verurteilt werden kann, gerät insbesondere in Schwierigkeiten, wenn der mittelbare Besitzer den unmittelbaren Besitz zwischenzeitlich wieder erlangt hat; in diesem Fall liefe das auf Abtretung des Herausgabeanspruchs lautende Urteil ins Leere.[145]

II. Rechtsvernichtende Einwendungen

Als rechtsvernichtende Einwendung kommen gegenüber dem Anspruch aus § 985 nur die **133** Erfüllung dieses Anspruchs gemäß § 362 und die nachträgliche Entstehung eines Besitzrechts in Betracht.

---

141 *BGH* NJW 1990, 1914; Palandt-*Herrler* § 986 Rn. 9.
142 Palandt-*Herrler* § 985 Rn. 10 m.w.N.
143 Vgl. bspw. Palandt-*Herrler* a.a.O.
144 Wohl *Baur/Stürner* Sachenrecht § 11 C I 2 (ohne Begründung).
145 Vgl. MüKo-*Raff* § 985 Rn. 10.

Nicht hierunter fällt die Unmöglichkeit der Herausgabe, da § 275 auf diesen Anspruch nicht anwendbar ist. Wäre hier § 275 anwendbar, würde dies bedeuten, dass der Besitzer für die Unmöglichkeit der Herausgabe beweisbelastet wäre, da der Anspruchsgegner die Beweislast für rechtsvernichtende Einwendungen trägt. Im Falle der Unmöglichkeit der Herausgabe fällt vielmehr eine **Anspruchsvoraussetzung** des § 985, nämlich der **Besitz** des Anspruchsgegners weg. Für den Besitz des Anspruchsgegners trägt aber der Anspruchsteller die Beweislast.

Aus dem gleichen Grunde ist der Wegfall des Eigentums des Anspruchstellers für den Anspruch des Eigentümers aus § 985 keine rechtsvernichtende Einwendung, da für diesen Anspruch der Anspruchsteller die Beweislast für die anspruchsbegründende Tatsache „Eigentum" trägt.

III. Durchsetzbarkeit

1. Zurückbehaltungsrecht des Besitzers nach § 1000

 **134** Von einem **Zurückbehaltungsrecht des Besitzers** spricht man, wenn der Besitzer die Herausgabe von der Befriedigung einer ihm zustehenden Gegenforderung abhängig machen kann.

Im EBV ist das Zurückbehaltungsrecht des Besitzers in § 1000 geregelt. Dieses beruht auf den Gegenansprüchen des Besitzers auf Ersatz seiner Verwendungen nach §§ 994 ff. Diese Gegenansprüche werden wir sogleich unter IV behandeln.

Diese Ansprüche werden gem. § 1001 erst fällig, wenn der Eigentümer die Verwendungen genehmigt oder den Besitz an der Sache zurück erlangt hat, wobei sich in letzterem Fall die Frage eines Zurückbehaltungsrechts naturgemäß nicht mehr stellt.

> **Hinweis**
>
> Demgegenüber verlangt § 273 Abs. 2 für die Geltendmachung eines Zurückbehaltungsrechts wegen Verwendungen auf die Sache einen **fälligen** Gegenanspruch des Besitzers auf Verwendungsersatz. Die Vorschrift ist daher vor Genehmigung der Verwendungen durch den Eigentümer schon begrifflich nicht anwendbar.

Das Zurückbehaltungsrecht des Besitzers werden wir im Rahmen der Darstellung der §§ 987 ff. behandeln.

2. Verjährung

135 Bei Eigentum an beweglichen Sachen verjährt der Herausgabeanspruch nach §§ 197 Abs. 1 Nr. 2, 200. Bei Eigentum an Grundstücken kann wegen § 902 Abs. 1 S. 1 keine Verjährung eintreten.

IV. Gegenrechte des Besitzers wegen Verwendungen

Unter den Voraussetzungen der §§ 994–1003 hat der nicht berechtigte Besitzer seinerseits **136** Ansprüche gegen den Eigentümer. Diese können auf den Ersatz von Verwendungen und auf (Duldung der) Wegnahme einer verbundenen anderen Sache gerichtet sein. Im Folgenden wollen wir uns mit den einzelnen Gegenansprüchen des Besitzers gegen den Eigentümer befassen.

1. Anspruch aus § 994 Abs. 1

Verwendungsersatzanspruch aus § 994 Abs. 1   **137**

I. Anspruchsentstehung

   1. Verwendungen des Besitzers
       „Umgestaltende Verwendungen"   **Rn. 142**

   2. Vindikationslage
       Maßgeblicher Zeitpunkt   **Rn. 144**

   3. Besitzer gutgläubig und unverklagt

   4. Notwendigkeit der Verwendungen

   5. Keine Beschränkung durch § 994 Abs. 1 S. 2

   6. Keine Beschränkung durch § 995 S. 2

   7. Rechtsnachfolge nach § 999?
      a) Besitzerwechsel, § 999 Abs. 1
      b) Eigentümerwechsel, § 999 Abs. 2

II. Rechtsvernichtende Einwendungen, insbesondere § 1002

III. Durchsetzbarkeit

   1. Zurückbehaltungsrecht (auch ohne Fälligkeit), § 1000 S. 1 (Ausnahme S. 2)

   2. Klagebefugnis auf Verwendungsersatz, § 1001 (= Fälligkeit)

   3. Pfandähnliches Befriedigungsrecht, § 1003

PRÜFUNGSSCHEMA

a) Anspruchsentstehung

aa) Verwendungen des Besitzers

Verwendungen sind Aufwendungen, die einer Sache zugute kommen sollen, die sie also **138** verbessern, in ihrem Bestand erhalten oder wiederherstellen sollen.[146]

Der Oberbegriff hierzu ist der Begriff der Aufwendungen, wie er z.B. in § 670 verwendet wird. Aufwendungen sind freiwillige Vermögensopfer (im Gegensatz zu Schäden, welche unfreiwillige Vermögensopfer sind).

Daraus ergeben sich folgende begriffliche Zusammenhänge, die man kennen muss, weil sich erst daraus wichtige Streitfragen, vor allem im Zusammenhang mit der Anwendung anderer Anspruchsgrundlagen, neben den §§ 994 ff., ergeben.

---

146 Palandt-*Herrler* § 994 Rn. 2.

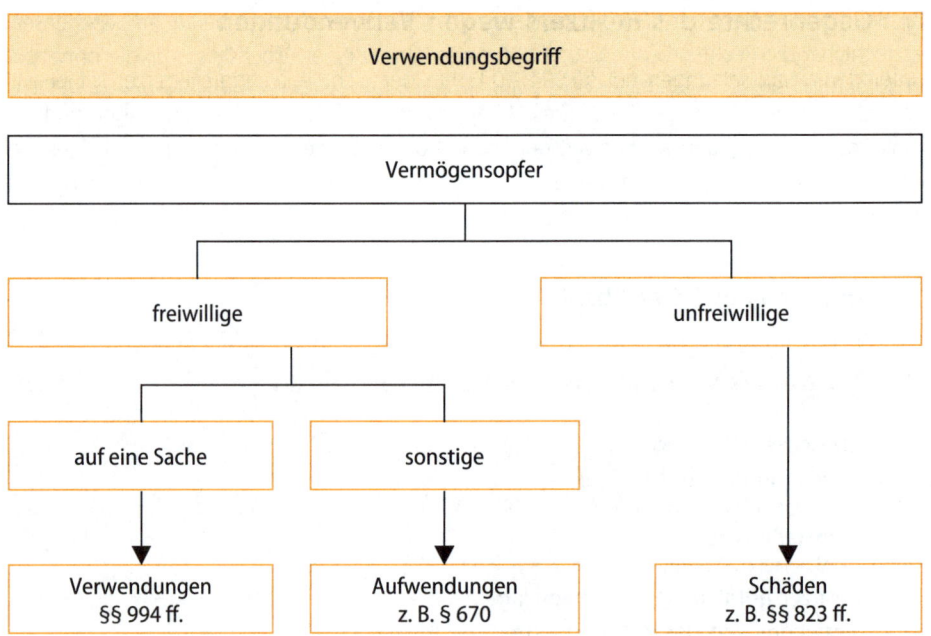

Damit eine Verwendung des Besitzers vorliegt, muss er ein Vermögensopfer erbracht haben, unstreitig ist dies in jedem Fall bei Sachaufwendungen.

Beispiel   B ist unrechtmäßiger Besitzer eines Fahrrads des Eigentümers E. B fährt mit dem Fahrrad über eine Glasscherbe. Der Reifen wird zerstört. B lässt das Fahrrad in der Werkstatt des U gegen Zahlung von 50 € reparieren. Hier liegen unstreitig Verwendungen vor. ■

(1)   Arbeitszeit als Verwendung

 139   Fraglich ist, ob auch vom Besitzer aufgewendete Arbeitskraft als „Verwendung" i.S.d. §§ 994 ff. anzusehen ist. Verwendungen sind Vermögensaufwendungen, die einer (nämlich der nach § 985 heraus verlangten) Sache zugute kommen sollen.[147]

Für den Einsatz der eigenen Arbeitskraft des Besitzers sind die Auffassungen geteilt.

Zum Teil wird die Ansicht vertreten, dass die Eigenarbeit des Besitzers nur dann als Verwendung anzusehen ist, wenn sie im Rahmen seines Gewerbes oder Berufes geleistet wurde.[148] Dies ließe sich mit einer Analogie zu § 1835 Abs. 3 begründen. Ist der unrechtmäßige Besitzer eines Fahrrads z.B. Fahrradhändler und repariert er das Fahrrad, so bekäme er nach dieser Ansicht seine Arbeitszeit vom Eigentümer vergütet, nicht dagegen aber, wenn er z.B. Student ist.

Der *BGH*[149] vertritt die Auffassung, dass die Anerkennung der eigenen Arbeitsleistung als Verwendung nicht davon abhängen kann, ob der Besitzer ein entsprechendes Gewerbe betreibt oder einen entgangenen Verdienst nachweisen kann. Entscheidend sei vielmehr, ob die der Erhaltung, Wiederherstellung oder Verbesserung der Sache dienende Arbeitsleistung einen Vermögenswert darstelle, den der Besitzer geopfert habe.

---

147 Vgl. MüKo-*Raff* § 994 Rn. 6 m.w.N.

148 MüKo-*Raff* § 994 Rn. 12.

149 *BGH* NJW 1996, 921, 922.

Zur Begründung zieht der *BGH* die Parallele zum Schadensersatzrecht heran. Im Schadensersatzrecht hat die Rechtsprechung sowohl für den Ausfall einer Arbeitsleistung, die ohne das schädigende Ereignis erbracht worden wäre, als auch für den verletzungsbedingt tatsächlich erbrachten Arbeitsaufwand danach unterschieden, ob sich für sie nach der Verkehrsauffassung ein Geldwert objektiv ermitteln lässt.

Dieser Gesichtspunkt sei auf den Verwendungsbegriff der §§ 994 ff. übertragbar. Der Unterschied zwischen einem Schaden und einer Verwendung liege nämlich allein darin, dass es sich bei Schäden um unfreiwillige, bei Verwendungen dagegen um freiwillige Vermögensopfer handele.

Somit kann die Arbeitsleistung dem Begriff der Verwendungen erfüllen, wenn ihr ein objektiver Marktwert zukommt.

Der Ansicht des *BGH* sollte aus den genannten Gründen gefolgt werden. Eine Arbeitsleistung hat nämlich nicht nur dann einen Vermögenswert, wenn sie von einem Fachmann erbracht wird. Vielmehr ist ein solcher auch dann anzunehmen, wenn die Arbeit sachgerecht von einem Laien erledigt wird.

(2) Einsatz der Arbeitskraft Dritter für den Besitzer

Nach Ansicht des *BGH* kann dem Besitzer auch die Arbeitskraft Dritter als Verwendung zugerechnet werden, wenn sie dem Besitzer zugute kommen sollte.   **140**

Beispiel   Die B ist unrechtmäßige Besitzerin eines, dem E gehörenden Hauses. Ihr handwerklich begabter Freund F hilft ihr kostenlos bei der Renovierung. ◼

Der *BGH* bejaht hier Verwendungen der B i.S.v. §§ 994 ff.[150] Zur Begründung führt er aus, der unrechtmäßige Besitzer einer Sache könne Verwendungen entweder dadurch machen, dass er die Sache selbst mit eigener Arbeit und eigenem Material instand setzt oder dadurch, dass er solche Maßnahmen von einem Dritten (z.B. Werkunternehmer) durchführen lässt.

Fraglich ist allerdings, ob in diesen Fällen auch der Dritte als Verwender anzusehen ist. Wenn die Verwendungen nicht von dem unrechtmäßigen Besitzer, sondern von einer ihm nahe stehenden Person gemacht worden sind, so sind sie jedenfalls auch zugunsten des Herausgabepflichtigen erbracht worden, damit dieser den Gebrauchswert der Sache erhalten und die Sache in Zukunft besser nutzen kann. Daher ist es gerechtfertigt, die von dem Dritten erbrachten Leistungen dem unrechtmäßigen Besitzer als Verwendungen zuzurechnen.

Dies ist auch der Sache nach gerechtfertigt. Der Dritte hätte dem Besitzer den für die Verwendungen erforderlichen Geldbetrag genauso gut schenken können. Hätte der Besitzer das Geld dann zur Bezahlung der Rechnungen verwendet, so wäre unproblematisch, dass dann Verwendungen des Besitzers vorliegen. Für den Begriff der Verwendungen spielt es nämlich keine Rolle, wie das hierfür verwendete Geld in das Vermögen des Besitzers gelangt ist (Arbeit, Lottogewinn, Schenkung etc.).

Nichts anderes kann gelten, wenn der Dritte Arbeit aufwendet, um sie dem Besitzer der Sache (schenkweise) unmittelbar zugutekommen zu lassen.

---

150 *BGH* NJW 1996, 921, 922.

> **Hinweis**
>
> Davon ist die Frage zu unterscheiden, inwieweit der Dritte und der Besitzer die Verwendungen im Innenverhältnis auszugleichen haben. Dies richtet sich in erster Linie nach den internen privaten Absprachen.

(3) Abgrenzung zwischen Verwendungen und Schäden

141 Zwischen Verwendungen und Schäden kann es zu begrifflichen Überschneidungen kommen.

> Unter einem **Schaden** versteht man jedes unfreiwillige Vermögensopfer.

Schäden können ausnahmsweise auch gleichzeitig Verwendungen darstellen, wenn ihre Entstehung auf einem willentlichen Verhalten des Geschädigten beruht.

Beispiel E vermietet dem 17-jährigen B einen Mietwagen. E vergisst, den B darauf hinzuweisen, dass die Bremse erst noch überprüft werden muss. Da B später bemerkt, dass die Bremse ständig nach links zieht, lässt er sie gegen Barzahlung notgedrungen in der Werkstatt des U reparieren. Die Eltern des B lehnen die Genehmigung des Mietvertrags ab.

Der Mietvertrag ist wegen fehlender Genehmigung der Eltern des B nach §§ 106, 108 unwirksam. Daher war B zur Zeit der Reparatur unrechtmäßiger Besitzer des PKW. Die Werkstattkosten für die Reparatur sind notwendige Verwendungen i.S.v. § 994. Zwar hat B sie nur gezwungenermaßen gemacht, um überhaupt noch mit dem Wagen fahren zu können, jedoch beruhen sie auf einer Willensentscheidung des B.

Die dem B entstandenen Kosten sind gleichzeitig auch als Schäden zu qualifizieren, weil der Willensentschluss des B unfreiwillig herbeigeführt wurde. Daher kann dem B zusätzlich auch noch ein Schadensersatzanspruch gegen E wegen Verschuldens bei Vertragsverhandlungen aus §§ 280 Abs. 1, 241 Abs. 2, 311 Abs. 2 zustehen. ◼

(4) Enger oder weiter Verwendungsbegriff

142 Umstritten ist im Rahmen des Verwendungsbegriffs, ob auch grundlegende Umgestaltungen der Sache als Verwendungen in Betracht kommen.

Beispiel Der unberechtigte Besitzer B errichtet auf dem Grundstück des E ein Wohnhaus.

Nach Ansicht der Rspr.[151] ist von einem **engen Verwendungsbegriff** auszugehen. Verwendungen sind Vermögensaufwendungen, die der Sache zugutekommen sollen, ohne sie jedoch grundlegend zu verändern.

Im Gegensatz dazu steht der **weite Verwendungsbegriff**, nach dem jede Aufwendung, die der Sache irgendwie zugutekommt, als Verwendung anzusehen ist.[152]

Für die letztgenannte Ansicht spricht insbesondere die historische Auslegung. Die Ausführungen in den Gesetzesmaterialien bezeichnen ausdrücklich auch die unbefugte Errichtung eines Gebäudes als Verwendung. ◼

---

151 *BGH* in BGHZ 41, 157, 160 f.

152 Staudinger-*Gursky* vor §§ 994 ff. Rn. 4.

(5) Abgrenzung zu den nicht sachbezogenen Aufwendungen

Von den Aufwendungen, wie sie z.B. in § 670 vorausgesetzt werden, unterscheiden sich die Verwendungen dadurch, dass sie der Sache zugutekommen sollen. **143**

Keine Verwendungen sind somit Aufwendungen, die zwar im Hinblick auf die Sache gemacht werden, aber nicht der Sache, sondern einem Dritten zugutekommen.

Beispiel D hat dem Bauern E eine Kuh gestohlen. Er verkauft die Kuh an den Metzger B. Der an D gezahlte Kaufpreis ist keine Verwendung des B, weil er nicht der Kuh zugutekommt, sondern nur dem D. Nimmt E den B – falls die Kuh noch lebt – nach § 985 auf Herausgabe in Anspruch, so kann B die Herausgabe nicht davon abhängig machen, dass E ihm den an D gezahlten Kaufpreis ersetzt. ▪

bb) Vindikationslage

(1) Maßgeblicher Zeitpunkt

Der Verwendungsersatzanspruch setzt grundsätzlich voraus, dass bereits zum Zeitpunkt der Verwendungsvornahme ein Eigentümer-Besitzer-Verhältnis im Sinne der §§ 985 f. bestand. Dies kann zu fragwürdigen Ergebnissen führen, wenn dem Besitzer ursprünglich ein Besitzrecht zustand. **144**

(2) Rechtslage bei Wegfall des Besitzrechts nach Vornahme der Verwendungen

Beispiel K möchte ein Auto erwerben und wendet sich an seine Bank E, zwecks Finanzierung des Kaufpreises. Die E gewährt dem K das Darlehen gegen Sicherungsübereignung des Fahrzeugs. Im Sicherungsvertrag ist vereinbart, dass K sich verpflichtet, das Fahrzeug auf eigene Kosten zu warten und instand zu halten. Ferner ist vereinbart, dass E das Fahrzeug von K herausverlangen kann, wenn K mit der Zahlung von mindestens 2 Darlehensraten im Verzug ist. **145**

Am 1.6. lässt K den Wagen in der Werkstatt des B reparieren, wo sich der Wagen jetzt noch befindet, da K die Werkstattrechnung noch nicht bezahlen konnte. Am 20.6. verlangt E von B die Herausgabe, da K mittlerweile mit 2 Darlehensraten im Verzug ist. B macht die Herausgabe an E von der Bezahlung seiner Rechnung abhängig.

Der E könnte ein Herausgabeanspruch gegen B aus § 985 zustehen. E ist Eigentümerin des Fahrzeugs und B ist Besitzer. Fraglich ist nur, ob dem B ein Recht zum Besitz i.S.v. 986 zusteht. Hierbei könnte es sich um ein **eigenes** dingliches Recht zum Besitz i.S.v. § 986 Abs. 1 S. 1 Alt. 1 aufgrund eines **Werkunternehmerpfandrechts** (§ 647) handeln. Dessen Entstehung setzt aber voraus, dass die Sache dem Besteller gehört, was vorliegend nicht der Fall ist. Ein gutgläubiger Erwerb nach §§ 1257, 1207, 932 scheidet aus, da § 1257 ein bereits „entstandenes" gesetzliches Pfandrecht voraussetzt. Die Vorschrift verweist daher nicht auf die Entstehungsvoraussetzungen des vertraglichen Pfandrechts, zu denen § 1207 zählt. Auch eine analoge Anwendung des § 932, so wie sie für gesetzliche **Besitz**pfandrechte diskutiert wird, kommt nach h.M. nicht in Betracht, insbesondere weil ein gutgläubiger Erwerb gesetzlicher Pfandrechte nur in den in § 366 Abs. 3 HGB genannten Sonderfällen möglich ist[153].

---

153 *BGH* NJW 1983, 2140, 2141.

Ursprünglich stand dem B allerdings ein abgeleitetes Besitzrecht i.S.v. 986 Abs. 1 S. 1 Alt. 2 zu, da K auf Grund des Sicherungsvertrages gegenüber E und B auf Grund des Werkvertrages gegenüber K besitzberechtigt war. Nach dem Sicherungsvertrag war K auch zur Besitzüberlassung an B berechtigt. Mit dem Wegfall des Besitzrechts des K war aber gleichzeitig das von K abgeleitete Besitzrecht des B entfallen.

Dem B könnte aber ein Zurückbehaltungsrecht nach § 1000 zustehen, wenn ihm ein Verwendungsersatzanspruch aus § 994 Abs. 1 zusteht. Dieser setzt nach dem Wortlaut des Gesetzes eine Vindikationslage im Zeitpunkt der Verwendungen voraus. B war aber im Zeitpunkt der Reparatur noch berechtigter Besitzer.

Wenn die Vindikationslage erst später, also nach Vornahme der Verwendungen, eingetreten ist, wendet der *BGH* die §§ 994 ff. trotzdem an, sofern das bei Vornahme der Verwendungen geltende Besitzrechtsverhältnis den Verwendungsersatz nicht abschließend regelt.[154]

Zur Begründung hat der *BGH* ausgeführt, der ursprünglich berechtigte Besitzer dürfe nicht schlechter stehen als der von Anfang an unberechtigte. Es reiche deshalb aus, wenn zum Zeitpunkt des Herausgabeverlangens des E ein Eigentümer-Besitzer-Verhältnis vorliege.[155]

Dem wird entgegen gehalten, der berechtigte Besitzer werde nicht schlechter behandelt als der unberechtigte, sondern anders.[156] Die Gegenansicht verweist auf die Differenzierungen in §§ 994 Abs. 2, 996, die offenbar davon ausgehen, dass es zum Zeitpunkt der Verwendungen eine Vindikationslage gibt. Es kann sonst ja noch keine „Rechtshängigkeit" der Herausgabeklage aus § 985 i.S.d. §§ 994 Abs. 2, 996 geben. Der *BGH* meint hingegen, die besondere Regelung für den Zeitraum nach Rechtshängigkeit bedeute nicht, dass eine Vindikationslage zum Verwendungszeitpunkt notwendige Anspruchsvoraussetzung sei, sondern eben nur, dass besondere Regelungen gelten, wenn nach Rechtshängigkeit der Herausgabeklage Verwendungen getätigt werden.

Fraglich ist aber, ob dieser Meinungsstreit ohne Weiteres auch auf den Fall übertragen werden kann, dass der Besitzer die Sache nicht vom Eigentümer, sondern, wie hier, von einem Dritten erhalten hat, der ihm werkvertraglich zur Zahlung verpflichtet ist.

Teilweise wird die Anwendbarkeit der §§ 994 ff. mit dem Argument abgelehnt, dass nicht der besitzende Werk**unternehmer**, sondern der Werk**besteller** der „Verwender" sei, da er dem Werkunternehmer vertraglich zur Zahlung verpflichtet sei.[157]

Nach Ansicht des *BGH* steht auch in diesem Fall dem Werkunternehmer ein Verwendungsersatzanspruch gegen E zu, da das rein sachenrechtliche Verhältnis zwischen ihm und dem Eigentümer durch die nur schuldrechtliche Beziehung zwischen ihm und dem Werkbesteller nicht berührt werden. ■

---

154 St. Rspr., z.B. Urteil des *BGH* vom 24.6.2002 (AZ: II ZR 266/01) = NJW 2002, 2875; BGHZ 148, 322 ff.; BGHZ 131, 320, 322; BGHZ 34, 122 ff. (Ausgangsentscheidung).

155 *BGH* a.a.O.

156 Vgl. *Habersack* Sachenrecht Rn. 104 f.

157 Palandt-*Herrler* Vorb. v. § 994 Rn. 10 m.w.N.

(3) Anspruchsbeschränkung beim Fremdbesitzer

Die herrschende Meinung will den Anwendungsbereich der §§ 994 ff. für den unrechtmäßigen Fremdbesitzer einschränken, also den Besitzer, der die Sache nicht als ihm gehörig besitzt: Dieser könne Verwendungsersatz nur so weit verlangen, als er diesen auch im Rahmen seines vermeintlichen Besitzrechts (z.B. Miete, Pacht, Leihe, Pfandrecht) bekommen hätte.[158]

146

>> Hierbei handelt es sich sicher um ein eher exotisches Problem! <<

Beispiel Wer gutgläubig davon ausgeht, eine Sache als Pfand zu besitzen, kann danach vom wahren Eigentümer Verwendungen nur im Rahmen von § 1216 verlangen; bei ungültiger Vereinbarung eines Nießbrauchs gilt § 1149. Dasselbe gilt bei entsprechenden vertraglichen Vereinbarungen (z.B. Miete, Pacht, Leihe), die unwirksam sind oder mit einem Nichtberechtigten getroffen wurden. ■

Die Gegenansicht will die §§ 994 ff. auch für den Fremdbesitzer uneingeschränkt anwenden: Der Besitzer werde die Verwendungen häufig machen, um sie im Rahmen seines vermeintlichen Besitzrechts selbst nutzen zu können. Wenn aber diese Erwartung enttäuscht werde, müsse er auch Ersatz verlangen können.[159]

147

JURIQ-Klausurtipp

Hier können Sie in der Klausur ohne Weiteres die herrschende Meinung vertreten mit dem Hinweis, dass der Fremdbesitzer „nur das bekommt", was er auch erwartet und ihm aufgrund des vermeintlichen Besitzrechts auch zustehen sollte.

---

cc) Besitzer gutgläubig und unverklagt

Wie dem Vergleich zwischen § 994 Abs. 1 und Abs. 2 zu entnehmen ist, meint § 994 Abs. 1 den gutgläubigen, unverklagten Besitzer. Nach § 990 Abs. 1 S. 1 ist der Besitzer bei Besitzerwerb gutgläubig, wenn er weder weiß, noch infolge grober Fahrlässigkeit nicht weiß, dass ihm kein Recht zum Besitz zusteht.

148

Hinweis

Die Definition ist ähnlich, wie bei § 932 Abs. 2. Anders, als bei § 932 Abs. 2 ist der Bezugspunkt der Gutgläubigkeit hier aber **das Recht zum Besitz.**

War der Besitzer danach zum Zeitpunkt des Besitzerwerbs gutgläubig, so schadet ihm nach § 990 Abs. 1 S. 2 später nur noch positive Kenntnis vom fehlenden Recht zum Besitz.

149

JURIQ-Klausurtipp

Unterscheiden Sie im EBV immer streng zwischen ursprünglicher – und nachträglicher Bösgläubigkeit! Wenn Sie dies nicht beachten, werden Sie das nachstehende Problem im Klausursachverhalt nicht als Problem erkennen.

---

158 Palandt-*Herrler* Vorb. v. § 994 Rn. 5 m.w.N.
159 *Raff* Nachweise bei Staudinger-*Gursky* Vorb. zu §§ 994–1003 Rn. 36.

150 Sonderfall: Umwandlung von Fremdbesitz in Eigenbesitz:

Die Frage nach dem richtigen Bewertungsmaßstab für die Gut- oder Bösgläubigkeit des Besitzers stellt sich dann, wenn der Besitzer sich (nachträglich) vom Fremdbesitzer zum Eigenbesitzer aufschwingt.

> **Eigenbesitzer** ist nach § 872, wer eine Sache **als ihm gehörend** besitzt. Der Eigenbesitzer muss nicht meinen, Eigentümer zu sein, er muss nur den Besitz mit dem Willen ausüben, die Sache wie eine ihm gehörende zu beherrschen.[160]
>
> **Fremdbesitzer** ist, wer eine Sache **als einem anderen** gehörend, also in Anerkennung fremden Eigentums, besitzt.

Beispiel E hat dem B sein Fahrrad geliehen. E war bei Abschluss des Leihvertrages unerkennbar geisteskrank. Nunmehr erhält B von dritter Seite Informationen, die nahe legen, dass E wohl bei Abschluss des Leihvertrages geisteskrank gewesen sein muss. Dennoch geht B grob fahrlässig von der Geschäftsfähigkeit des E und davon aus, dass dieser ihm das Fahrrad mittlerweile geschenkt hat.

B beschließt daher, das Fahrrad zu behalten. Als das Fahrrad durch einen von B unverschuldeten Unfall beschädigt wird, lässt B es reparieren.

Richtet sich eine eventuelle Ersatzpflicht des E nach § 994 Abs. 1 oder nach § 994 Abs. 2?

Dies hängt davon ab, ob B im Zeitpunkt der Verwendungen gutgläubig (dann § 994 Abs. 1) oder bösgläubig (dann § 994 Abs. 2) war.

Bei Besitzerwerb war B gutgläubig, da er ohne grobe Fahrlässigkeit von seinem Besitzrecht ausgegangen war. An sich dürfte ihm danach gem. § 990 Abs. 1 S. 2 nur noch **positive Kenntnis** schaden. Nachdem B erst später von einer **eventuellen** Geisteskrankheit des E erfahren hatte, lag bei ihm inzwischen nur grobe Fahrlässigkeit vor.

Besonderheit ist aber, dass sich B mittlerweile vom Fremdbesitzer zum Eigenbesitzer aufgeschwungen hat, nachdem er sich entschlossen hatte, das Fahrrad zu behalten.

Nach Ansicht des *BGH* ist die Umwandlung von Fremdbesitz in Eigenbesitz, wegen der Wesensverschiedenheit dieser Besitzarten, wie eine völlig neue Besitzbegründung zu behandeln.[161] Die **Eigenbesitzbegründung** ist daher auch nach dem Bösgläubigkeitsmaßstab des § 990 Abs. 1 S. 1 zu beurteilen. Danach ist B bei Begründung des Eigenbesitzes bösgläubig gewesen, da er grob fahrlässig angenommen hatte, zur Begründung des Eigenbesitzes berechtigt gewesen zu sein. Sein eventueller Anspruch auf Aufwendungsersatz richtet sich daher nach § 994 Abs. 2 (zu den zusätzlichen Voraussetzungen Näheres später). ■

dd) Notwendigkeit der Verwendungen

151 Der redliche unverklagte Besitzer kann grundsätzlich notwendige Verwendungen nach § 994 Abs. 1 S. 1 ersetzt verlangen.

---

160 Palandt-*Herrler* § 872 Rn. 1.
161 *BGH* in BGHZ 31, 129, 132.

> **Notwendige Verwendungen** sind solche, die für die Erhaltung und ordnungsgemäße Bewirtschaftung der Sache erforderlich sind, die der Eigentümer andernfalls selbst hätte machen müssen.[162]

ee) Keine Beschränkung durch § 994 Abs. 1 S. 2

(1) Einschränkung bei gewöhnlichen Erhaltungskosten

Die gewöhnlichen Erhaltungskosten sind dem Besitzer jedoch für die Zeit, für die ihm die Nutzungen verbleiben, nicht zu ersetzen (§ 994 Abs. 1 S. 2). **152**

Danach kann der redliche **unentgeltliche** Besitzer, der gem. § 988 sämtliche Nutzungen herauszugeben hat, sämtliche notwendigen Verwendungen ersetzt verlangen, weil ihm wegen § 988 die Nutzungen **nicht** verbleiben, er sie also trotz Gutgläubigkeit an den Eigentümer herausgeben muss. **153**

Dagegen ist der redliche **entgeltliche** Besitzer vor Nutzungsersatzansprüchen des Eigentümers aus §§ 997, 990 geschützt und allenfalls zur Herausgabe von „Übermaßfrüchten" verpflichtet (vgl. § 993 Abs. 1). Da ihm somit die Nutzungen verbleiben, kann er nur solche notwendigen Verwendungen ersetzt verlangen, die **nicht** gewöhnliche Erhaltungskosten der Sache sind.

Hinter dieser Regelung steht die Überlegung, dass die gewöhnlichen Erhaltungskosten regelmäßig aus den Nutzungen der Sache bestritten werden, das Gesetz unterstellt also einen Ausgleich.[163]

Das gilt nach herrschender Meinung unabhängig davon, ob sich die Verwendungen tatsächlich rentiert haben. Ob der Besitzer also tatsächlich Nutzungen gezogen hat bzw. ob die Sache überhaupt Nutzungen abgeworfen hat und in welcher Höhe, ist irrelevant.[164] § 994 Abs. 1 S. 2 wird also dahingehend interpretiert, dass die Nutzungen dem Besitzer (nur) „im Rechtssinne" verbleiben müssen.[165]

> ➤➤ Um zu verstehen, was das bedeutet, muss man sich zunächst die Gegenansprüche des Eigentümers gegen den redlich unverklagten Besitzer auf Nutzungsersatz ansehen. ◀◀

Beispiel Der gutgläubige B hat ein dem E gestohlenes Rennpferd zum Preis von 30 000 € erworben. Bis zum Herausgabeverlangen des E sind Fütterungskosten in Höhe von ca. 2000 € angefallen. B hat mit dem Pferd bei Pferderennen Preise von 20 000 € gewonnen.

Von der Erstattung des an den Verkäufer gezahlten Kaufpreises kann B die Herausgabe nicht abhängig machen. Dieser stellt schon keine Verwendung dar (s.o.).

Aber auch die Fütterungskosten sind dem B nicht zu ersetzen. Diese sind notwendige Erhaltungskosten i.S.v. § 994 Abs. 1 S. 2. Da er als **redlicher entgeltlicher** Besitzer keine Nutzungen herausgeben muss (d.h., den Gewinn aus den Pferderennen darf B behalten), ist sein Ersatzanspruch nach h.M. ausgeschlossen. Dies würde auch dann gelten, wenn er mit dem Pferd keine Preise gewonnen hätte. ■

---

162 Palandt-*Herrler* § 994 Rn. 5 m.w.N.
163 Staudinger-*Gursky* § 994 Rn. 18.
164 Palandt-*Herrler* § 994 Rn. 7.
165 Schreiber Jura 1992, 533 ff. (536).

Andere wollen § 994 Abs. 1 S. 2 nicht anwenden, wenn der Besitzer tatsächlich gar keine Nutzungen gezogen hat.[166] Dagegen spricht aber, dass diese Lösung ungerecht wäre gegenüber demjenigen, der zwar minimale Nutzungen erzielt, aber erhebliche Erhaltungskosten aufgewendet hat. Das Gesetz ist hier bewusst schematisch. Auf Nachforschungen, inwieweit tatsächlich Nutzungen erzielt worden sind, sollte verzichtet werden.[167]

Umgekehrt sind notwendige Verwendungen auch dann zu ersetzen, wenn sie ohne wirtschaftlichen Erfolg geblieben sind bzw. der wirtschaftliche Erfolg zwischenzeitlich wieder weggefallen ist.[168] Der Eigentümer trägt also das Erfolgsrisiko der notwendigen Verwendungen. Das ergibt sich aus dem Formulierungsunterschied zu § 996 und entspricht den Vorstellungen des historischen Gesetzgebers.[169] Auch entspricht dieses Verständnis dem Sinne und Zweck des § 994: Es geht nicht um den Ausgleich eines Vorteils auf Seiten des Eigentümers, sondern um den Ausgleich einer Vermögenseinbuße auf Seiten des Besitzers.[170]

> **Hinweis**
>
> Anders ist es bei den nützlichen Verwendungen: Sie werden nach dem eindeutigen Wortlaut des § 996 nur ersetzt, soweit die Wertsteigerung noch erhalten ist. Dazu Näheres später bei der Besprechung des Anspruchs aus § 996.

(2) Behandlung unerwünschter Verwendungen (aufgedrängte Verwendungen)

154 Zu klären bleibt, ob und inwieweit der Eigentümer vor unerwünschten Verwendungen zu schützen ist:

Beispiel Der gutgläubige, unverklagte Besitzer sichert das baufällige Haus des Eigentümers E ab. E hätte das Haus indes abreißen wollen. Kann der Besitzer Verwendungsersatz verlangen?[171]

B könnte einen Anspruch aus § 994 Abs. 1 S. 1 auf Verwendungsersatz haben. Dann müsste die Sicherung des Hauses eine notwendige Verwendung gewesen sein. Das ist aus Sicht eines objektiven Betrachters sicherlich der Fall. Fraglich ist aber, ob hier die Interessen des Eigentümers zu berücksichtigen sind.

Im Rahmen des § 994 Abs. 1 ist die Beurteilung der Notwendigkeit der Verwendung vom Standpunkt eines **objektiven Betrachters** zu bestimmen. Das ergibt sich aus dem Vergleich mit § 994 Abs. 2, da erst im Rahmen dieser Vorschrift der Wille des Eigentümers berücksichtigt wird.[172] ◼

---

166 Vgl. die Nachweise bei Staudinger-*Gursky* § 994 Rn. 18.

167 So Staudinger-*Gursky* § 994 Rn. 18.

168 *Roth* JuS 1997, 1087 ff. (1088) m.w.N.

169 Staudinger-*Gursky* § 994 Rn. 7.

170 *BGH* in BGHZ 131, 220 ff. (222).

171 Nach MüKo-*Raff* § 994 Rn. 14.

172 MüKo-*Raff* § 994 Rn. 14.

> **Hinweis**
>
> Dieses Ergebnis entspricht der Wertung des Gesetzgebers, den redlichen und unverklagten Besitzer zu schützen. Er soll daher objektiv notwendige Verwendungen ersetzt bekommen, und zwar unabhängig davon, ob sie den Sonderinteressen des Eigentümers entsprechen oder nicht. Auf wessen Sichtweise im Rahmen von § 996 abzustellen ist, ist dagegen umstritten: Teilweise wird der Schutz des Eigentümers vor aufgedrängten Wertsteigerungen für vorrangig gehalten und deshalb auf dessen Sicht abgestellt.[173] Andere beurteilen auch die Nützlichkeit der Verwendung vom Standpunkt eines objektiven Beobachters.[174]
>
> Nach § 996 sind ohnehin nur dem redlich-unverklagten Besitzer die wertsteigernden Verwendungen zu ersetzen. Vor dem Hintergrund der gesetzlichen Wertung, diesen Besitzer zu schützen, erscheint es konsequent, mit der zuletzt genannten Ansicht die Nützlichkeit der Verwendung aus Sicht des objektiven Beobachters zu beurteilen.

ff) Keine Beschränkung durch § 995 S. 2

155 Nach § 995 S. 1 zählen zu den notwendigen Verwendungen i.S.v. § 994 auch die Aufwendungen, die der Besitzer zur Bestreitung von Lasten der Sache macht.

Beispiel Beitragspflichten im Umlageverfahren für Erschließungskosten nach §§ 64, 134 BauGB ■

Der Ersatzanspruch wird nach § 995 S. 2 dahingehend eingeschränkt, dass dem Besitzer, dem die Nutzungen verbleiben, nur solche außerordentlichen Lasten zu ersetzen sind, die als auf den Stammwert der Sache angelegt zu sehen sind. Dies sind einmalige Leistungen, die typischerweise nicht aus den Erträgen der Sache bestritten werden, wie z.B. die Ablösung von Grundpfandrechten.[175]

gg) Rechtsnachfolge in die Vindikationslage nach § 999

156 Im Fall einer Besitz- oder Rechtsnachfolge auf Eigentümer- oder Besitzerseite verändert sich die Aktiv- bzw. Passivlegitimation für die Ansprüche aus §§ 994 ff. Bei Wechsel des Besitzers, kann der neue Besitzer nach § 999 Abs. 1 die Herausgabe davon abhängig machen, dass ihm die ursprünglich dem Besitzvorgänger zu ersetzenden Verwendungen ersetzt werden. Dies erklärt sich daraus, dass sich der Besitzvorgänger im Falle eines Verkaufs der Sache im Zweifel seine Verwendungen (über den höheren Kaufpreis) vom Besitznachfolger ersetzen lässt.

Wechselt der Eigentümer, so hat er dem Besitzer die Aufwendungen nach § 999 Abs. 2 in gleichem Umfang zu ersetzen, wie der frühere Eigentümer.

»» Denken Sie also an den § 999, wenn im Sachverhalt um Verwendungen gestritten wird, die ein Vorbesitzer gemacht hat oder Verwendungen von einem neuen Eigentümer eingefordert werden. ««

b) Rechtsvernichtende Einwendungen

157 Nach § 1002 Abs. 1 erlischt der Verwendungsersatzanspruch, wenn der Besitzer dem Eigentümer die Sache herausgibt, bei beweglichen Sachen mit Ablauf eines Monats, bei einem Grundstück mit Ablauf von sechs Monaten nach der Herausgabe, wenn nicht der Anspruch vorher vom Besitzer im Klagewege geltend gemacht wird.

Im Übrigen gelten für das Erlöschen des Anspruchs aus § 994 Abs. 1 die allgemeinen Grundsätze (Erfüllung, etc.).

---

173 So bspw. *Schreiber* Jura 1992, 533 ff. (536).
174 So Staudinger-*Gursky* § 996 Rn. 5 ff.
175 Palandt-*Herrler* § 996 Rn. 2.

c)   Durchsetzbarkeit

aa)   Zurückbehaltungsrecht nach § 1000 S. 1

158   Das Gesetz hat den Anspruch auf Verwendungsersatz als so genannten „verhaltenen Anspruch" ausgestaltet. Das bedeutet: Der Besitzer kann den Anspruch auf Verwendungsersatz erst geltend machen, wenn der Eigentümer die Sache wiedererlangt oder die Verwendung genehmigt hat, vgl. § 1001 S. 1. Aus dieser Konstruktion heraus erklärt sich auch die Existenz von § 1000: Da der Anspruch auf Verwendungsersatz vor Rückgabe der Sache erst mit Genehmigung der Verwendung fällig wird im Sinne von § 273 Abs. 2, hätte der Besitzer anderenfalls gar kein Zurückbehaltungsrecht.

> **Hinweis**
>
> Nach § 1000 S. 2 steht dem dagegen Besitzer kein Zurückbehaltungsrecht zu, wenn er die Sache durch eine vorsätzlich begangene unerlaubte Handlung erlangt hat.

bb)   Klage auf Verwendungsersatz

159   Erlangt der Eigentümer die Sache von dem Besitzer zurück oder genehmigt er vor der Rückgabe der Sache die Verwendungen, so wird der Anspruch aus §§ 994 ff. fällig und kann vom Besitzer selbstständig einklagt werden. Dies ist dem Besitzer auch anzuraten, wenn er nicht das Erlöschen seines Anspruchs nach Ablauf der Frist des § 1002 Abs. 1 riskieren will.

Der Eigentümer kann sich aber nach § 1001 S. 2 bis zur Genehmigung der Verwendungen von dem Anspruch dadurch befreien, dass er dem Besitzer die wieder erlangte Sache wieder zurückgibt.

Nach § 1001 S. 3 gilt die Genehmigung des Eigentümers aber als erteilt, wenn er die Sache, die ihm von dem Besitzer unter dem Vorbehalt des Verwendungsersatzanspruchs angeboten wurde, annimmt.

cc)   Pfandähnliches Befriedigungsrecht, § 1003

160   Nach § 1003 Abs. 1 kann der Besitzer den Eigentümer unter Angabe des als Ersatz verlangten Betrages auffordern, innerhalb einer vom Besitzer bestimmten angemessenen Frist zu erklären, ob er die Verwendungen genehmigt. Nach Ablauf der Frist ist er grundsätzlich berechtigt, seine Befriedigung aus einer beweglichen Sache nach den Vorschriften über den Pfandverkauf (§§ 1228 ff.), bei Grundstücken nach den Vorschriften über die Zwangsvollstreckung in das unbewegliche Vermögen zu suchen. Bestreitet der Eigentümer den Anspruch vor Fristablauf, muss der Besitzer zunächst ein rechtskräftiges Urteil über den Betrag seiner Verwendungen erstreiten (§ 1003 Abs. 2).

2. Anspruch aus §§ 994 Abs. 2

Verwendungsersatzanspruch aus § 994 Abs. 2 i.V.m. GoA **161**

I. Anspruchsentstehung
1. Verwendungen des Besitzers
2. Vindikationslage
3. Bösgläubigkeit oder Rechtshängigkeit
4. Notwendigkeit der Verwendungen
5. Keine Beschränkung durch § 994 Abs. 1 S. 2 analog (im Fall des § 991 Abs. 1)
6. Keine Beschränkung durch 995 S. 2 analog
7. Rechtsfolge
   Partieller Rechtsgrundverweis auf GoA.
   Kein Fremdgeschäftsführungswille erforderlich
   Je nach Vorliegen der Voraussetzungen wird verwiesen auf
   a) berechtigte GoA, §§ 683 S. 1, 670
   b) durch § 679 gerechtfertigte GoA, §§ 683 S. 2, 670
   c) genehmigte unberechtigte GoA, §§ 684 S. 2, 683 S. 1, 670;
   d) unberechtigte GoA, § 684 S. 1 mit Rfverweisung auf §§ 818 ff.
8. Rechtsnachfolge gemäß § 999

II. Rechtsvernichtende Einwendungen, insbesondere § 1002

III. Durchsetzbarkeit des Verwendungsersatzanspruchs
1. Zurückbehaltungsrecht (auch ohne Fälligkeit), § 1000 S. 1 (Ausnahme S. 2)
2. Klagebefugnis auf Verwendungsersatz, § 1001 (= Fälligkeit)
3. Pfandähnliches Befriedigungsrecht, § 1003

a) Anspruchsentstehung

aa) Voraussetzungen

Die Entstehungsvoraussetzungen dieses Anspruchs sind mit der bestehenden Vindikations- **162** lage und notwendigen Verwendungen durch den Besitzer zunächst dieselben, wie im Rahmen des Anspruchs aus § 994 Abs. 1.

bb) Unterschiede zu § 994 Abs. 1

Im Unterschied zu § 994 Abs. 1 betrifft § 994 Abs. 2 aber nur den bösgläubigen **oder** auf **163** Herausgabe verklagten unrechtmäßigen Besitzer.

> **Hinweis**
>
> Dieser Besitzer ist durch die Klageerhebung oder seine Bösgläubigkeit „vorgewarnt" und daher weniger schutzbedürftig, als der redlich unverklagte Besitzer. Demgemäß erhält er vom Eigentümer seine Verwendungen nur unter weiteren Einschränkungen ersetzt. Das rechtstechnische Mittel hierfür ist der in § 994 Abs. 2 enthaltene Verweis auf die Vorschriften der GoA.

164 Daneben gelten die bei § 994 Abs. 1 bereits dargestellten Anspruchseinschränkungen nach §§ 994 Abs. 1 S. 2, 995 S. 2 analog.[176] Wie wir bereits besprochen haben, setzt der Ausschluss des Ersatzes der gewöhnlichen Erhaltungskosten voraus, dass dem Besitzer die Nutzungen verbleiben. Dies ist beim **bösgläubigen** bzw. **verklagten** Besitzer aber nur im Ausnahmefall des § 991 Abs. 1 möglich.

>> Achten Sie auch hier auf die erforderliche Inzidentprüfung der §§ 997 ff.! <<

Beispiel E hat dem M eine Wohnung vermietet. Dem M ist laut Vertrag die Untervermietung gestattet. Der Mietvertrag ist nichtig, was dem M ohne grobe Fahrlässigkeit unbekannt ist. M untervermietet die Wohnung an U, der von der Nichtigkeit des Mietvertrages zwischen E und M grob fahrlässig keine Kenntnis hat. Dem U erwachsen während der Mietzeit gewöhnliche Erhaltungskosten, von deren Erstattung er die Herausgabe der Wohnung an E abhängig macht.

E kann von M grundsätzlich die Herausgabe der Wohnung nach § 985 verlangen. Wegen Nichtigkeit des Hauptmietvertrages steht dem U gegenüber E kein abgeleitetes Recht zum Besitz i.S.v. § 986 Abs. 1 S. 1 2. Fall zu. Gemäß §§ 1000, 994 Abs. 2 kann U aber die Herausgabe von der Erstattung der Erhaltungskosten, welche notwendige Verwendungen sind, abhängig machen, falls ihm diese zu erstatten sind.

Analog § 994 Abs. 1 S. 2 sind ihm aber die gewöhnlichen Erhaltungskosten für die Zeit während der ihm die Nutzungen verbleiben, nicht zu ersetzen. Somit hängt die Erstattungsfähigkeit der Verwendungen des U davon ab, ob er dem E für die Nutzung der Wohnung nach §§ 990 Abs. 1 S. 1, 987 eine Vergütung zahlen muss. Die Voraussetzungen hierfür liegen grundsätzlich vor, da U als bösgläubiger Besitzer die Wohnung genutzt hat. Der Anspruch des E wird aber durch § 991 Abs. 1 eingeschränkt. Danach reicht die Bösgläubigkeit des U allein nicht aus. Vielmehr muss gleichzeitig auch M im Zeitpunkt der Nutzung der Wohnung durch U bösgläubig gewesen oder auf Herausgabe verklagt worden sein. Da dies nicht der Fall ist, verbleiben dem U die Nutzungen, so dass E ihm gem. § 994 Abs. 1 S. 2 analog auch die gewöhnlichen Erhaltungskosten nicht ersetzen muss. U hat daher kein Zurückbehaltungsrecht nach § 1000 gegenüber dem Anspruch des E aus § 985. ∎

cc) Bedeutung des partiellen Rechtsfolgenverweises auf die GoA

165 § 994 Abs. 2 enthält einen partiellen Rechtsgrundverweis auf die GoA. Er verweist **nicht** auf § 677, sondern nur auf die §§ 683, 684. Fremdgeschäftsführungswille des Besitzers ist daher **nicht** erforderlich.[177] Jedoch bedeutet der Verweis auf die §§ 683, 684 eine Einschränkung der Rechte des unredlichen bzw. verklagten Besitzers: Die Verwendungen müssen nicht nur **objektiv notwendig** (dies ergibt sich bereits aus § 994 Abs. 2) sein, sondern sie müssen auch **zusätzlich** dem wirklichen oder mutmaßlichen Willen des Eigentümers entsprechen, um gemäß §§ 994 Abs. 2, 683, 670 ersatzfähig zu sein. Ist dies nicht der Fall, so ist der Eigentümer nach §§ 994 Abs. 2, 684, 818 ff. nur insoweit zum Ersatz verpflichtet, als er durch sie bereichert ist, insbesondere wenn er dadurch eigene Aufwendungen erspart hat.

---

176 *BGH* in BGHZ 44, 237 ff.
177 Palandt-*Herrler* § 994 Rn. 8.

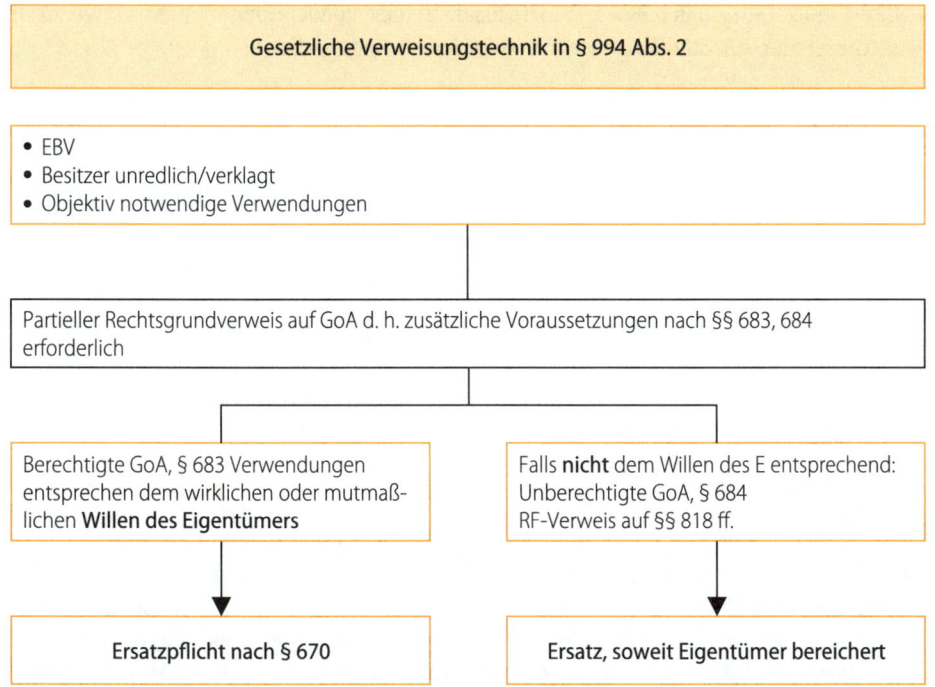

Beispiel B ist unrechtmäßiger bösgläubiger Besitzer eines stark renovierungsbedürftigen Fachwerkhauses. Da der Dachgiebel einzustürzen droht, ordnet die zuständige Behörde die Vornahme geeigneter Sicherungsmaßnahmen an. B lässt den Giebel für 10 000 € reparieren. Eigentümer E beabsichtigt den Abriss des Hauses, obwohl dieser wirtschaftlich betrachtet, nicht erforderlich ist. Bis zum geplanten Abriss hätten vorläufige Sicherungsmaßnahmen ausgereicht, die einen Aufwand von 2000 € verursacht hätten.

Sind dem B die Reparaturkosten zu ersetzen?

B hat **objektiv notwendige Verwendungen** gemacht, da die Reparatur des Giebels der Wiederherstellung der Sache in ihrem bisherigen Bestand diente und ein Abriss des Hauses bei wirtschaftlicher Betrachtungsweise objektiv nicht erforderlich ist. Als bösgläubiger Besitzer erhält er diese aber nach § 994 **Abs. 2** nur unter den zusätzlichen Voraussetzungen der §§ 683, 684 ersetzt. Die Reparatur entsprach nicht dem tatsächlichen Willen des E, weil E das Haus abreißen lassen wollte. Aus Sicht des E war die Reparatur daher überflüssig. Eine Ersatzpflicht des E nach §§ 994 Abs. 2, **683**, 670 scheidet daher aus. Doch E wäre auch aufgrund der behördlichen Anordnung bis zum Abriss zu vorläufigen Sicherungsmaßnahmen verpflichtet gewesen. Nach §§ 994 Abs. 2, **684**, 818 ff. ist er daher verpflichtet, dem B die Kosten insoweit zu ersetzen, als er durch die Maßnahme des B bereichert ist. Dies ist in Höhe der Kosten von 2000 € der Fall, die sich E nunmehr erspart hat. E hat dem B daher die Kosten i.H.v. 2000 € zu ersetzen. ■

Nach § 679 bleibt ein der Geschäftsführung entgegenstehender Wille des Geschäftsherrn – hier des Eigentümers – außer Betracht, wenn ohne die Geschäftsführung eine Pflicht des Geschäftsherrn, deren Erfüllung im öffentlichen Interesse liegt, nicht rechtzeitig erfüllt werden würde. In diesem Falle erhält der Geschäftsführer (hier der unrecht- **166** mäßige Besitzer) nach §§ 683 S. 2, 670 Ersatz seiner Aufwendungen (hier Verwendungen), die er den Umständen nach für erforderlich halten durfte.

> **Hinweis**
>
> Auf eine Bereicherung des Geschäftsherrn (hier des Eigentümers) kommt es dann nicht mehr an. In obigem *Beispiel* kam § 679 nicht zur Anwendung, weil zur Abwehr dringender Gefahr vorläufige Sicherungsmaßnahmen ausreichend gewesen wären.

167 Genehmigt im Falle des § 684 S. 1 der Eigentümer die Geschäftsführung, so kann der unrechtmäßige unredliche Besitzer gem. §§ 684 S. 2, 683, 670 ebenfalls Aufwendungsersatz verlangen, ohne dass es darauf ankommt, ob der Eigentümer eigene Aufwendungen erspart hat und somit durch die Verwendungen des Besitzers bereichert ist.

> **Hinweis**
>
> Der Gesetzgeber bedient sich der relativ komplizierten Verweisungstechnik in § 994 Abs. 2 zur Vermeidung von Wiederholungen. Verdeutlichen Sie sich zum Verständnis die dahinter stehende gesetzliche Wertung: Der bösgläubige, bzw. verklagte Besitzer ist, auch wenn er objektiv notwendige Verwendungen macht, nur eingeschränkt schutzwürdig. Entsprechen diese Verwendungen dem Willen des Eigentümers, muss dieser sie dem Besitzer ersetzen. Ist dies nicht der Fall, kommt es auf die Bereicherung des Eigentümers an.

b) Keine rechtsvernichtenden Einwendungen und Durchsetzbarkeit

168 Hier kann auf die Ausführungen im Rahmen des Anspruchs aus § 994 Abs. 1 verwiesen werden.

3. Anspruch aus § 996

Verwendungsersatzanspruch aus § 996 169

I. Anspruchsentstehung
1. Verwendungen des Besitzers
2. Vindikationslage
3. Besitzer gutgläubig und unverklagt
4. andere als notwendige (= „nützliche"" oder „luxuriöse") Verwendungen
5. Rechtsfolge
   Ersatzanspruch, soweit der Wert der Sache infolge der Verwendung im Zeitpunkt der Wiedererlangung noch erhöht ist. Zur Berechnung ist der tatsächliche Wert der Sache mit deren hypothetischem Wert ohne Verwendung im Zeitpunkt der Wiedererlangung zu vergleichen.
6. Rechtsnachfolge gemäß § 999
   a) Besitzerwechsel, § 999 Abs. 1
   b) Eigentümerwechsel, § 999 Abs. 2

II. Durchsetzbarkeit des Verwendungsersatzanspruchs
1. Zurückbehaltungsrecht (auch ohne Fälligkeit), § 1000 S. 1 (Ausnahme S. 2)
2. Klagebefugnis auf Verwendungsersatz, § 1001 (= Fälligkeit)
   a) Besitzerlangung durch Eigentümer oder
   b) Genehmigung der Verwendungen durch Eigentümer oder
   c) Genehmigungsfiktion nach § 1001 S. 3
   d) Kein Ausschluss nach § 1002
3. Pfandähnliches Befriedigungsrecht, § 1003

PRÜFUNGSSCHEMA

Für andere als notwendige Verwendungen kann – nur der redlich-unverklagte – Besitzer **170** nach § 996 Ersatz verlangen. Dies gilt jedoch nur insoweit, als der Wert der Sache durch sie zur Zeit der Rückgabe an den Eigentümer noch erhöht ist. Abzustellen ist in diesem Fall nicht auf die tatsächlich angefallenen Kosten, sondern nur die bei Rückgabe an den Eigentümer noch vorhandene Werterhöhung.

Beispiel B ist gutgläubig – unrechtmäßiger Besitzer eines dem E gehörenden Pkw. Da der an sich noch intakte Motor dem B zu wenig Leistung bietet, lässt er für 2000 € einen neuen, stärkeren Motor einbauen. Für einen mit diesem Motor ausgestatteten Pkw lässt sich auf dem Markt ein Mehrpreis von 1000 € erzielen. B nutzt das Fahrzeug noch einige Zeit, bis E es von ihm heraus verlangt. Durch die Weiterbenutzung vermindert sich der durch den stärkeren Motor erzielbare Mehrpreis auf 500 €.

B kann von E nach § 996 nicht seinen tatsächlichen Aufwand von 2000 € ersetzt verlangen, sondern nur Erstattung des bei Rückgabe noch vorhandenen Mehrwerts von 500 €. ∎

4. Anspruch aus §§ 999, 994, 996

Nach § 999 Abs. 1 kann der Besitzer auch für Verwendungen eines Vorbesitzers, dessen Rechts- **171** nachfolger er geworden ist, in dem gleichen Umfang Ersatz verlangen, wie ihn der Vorbesitzer verlangen könnte, wenn er die Sache an den Eigentümer herauszugeben hätte.

Beispiel Dem E ist ein Mountain-Bike gestohlen worden. Der redliche A erwirbt es von dem Dieb D für 200 € und lässt die defekte Schaltung für 50 € reparieren. Anschließend veräußert er es an den gutgläubigen B für 250 €. E verlangt von B die Herausgabe. B macht diese von der Erstattung der 50 € abhängig, die A für die Reparatur aufgewendet hat.

E kann von B die Herausgabe des Mountain-Bikes nach § 985 verlangen. Da es dem E gestohlen wurde, konnte weder A noch B daran gutgläubig Eigentum erwerben (§ 935). Jedoch kann B die Herausgabe nach §§ 1000, 999 davon abhängig machen, dass E ihm die von A aufgewendeten Reparaturkosten ersetzt. Es handelte sich dabei um notwendige Verwendungen, die dem A nach § 999 Abs. 1 zu ersetzen gewesen wären, wenn er die Sache noch im Besitz hätte. ◾

Hinweis

Wie das *Beispiel* zeigt, hat der herausgabepflichtige letzte Besitzer der Sache die Verwendungen seines Besitzvorgängers regelmäßig (aber nicht zwingend) über den Kaufpreis bereits mit bezahlt. Es ist daher sachgerecht, dass er die Verwendungen des Besitzvorgängers vom Eigentümer erstattet bekommt.

172 Zu beachten ist aber, dass der Anspruch des Letztbesitzers nur in dem Umfang besteht, wie er dem Vorbesitzer zustand. Hatte dieser keinen Anspruch auf Erstattung seiner Verwendungen, so hat ihn auch der Letztbesitzer nicht.

Beispiel D hat dem Eigentümer E ein Mountain-Bike gestohlen. Er ersetzt die intakte 18-Gang Schaltung für 120 € durch eine moderne 24-Gang Schaltung und veräußert das Rad anschließend an den gutgläubigen B. Dieser macht die Herausgabe an den Eigentümer davon abhängig, dass ihm die von D aufgewendeten 120 € erstattet werden.

Hier steht dem B **kein** Anspruch aus §§ 994 ff., 999 zu. Der Einbau der Schaltung ist keine notwendige, sondern nur eine werterhöhende Verwendung. Diese ist nach § 996 nur dem redlich-unverklagten Besitzer zu ersetzen. Hätte B den Einbau vorgenommen, so hätte er als redlicher Besitzer hierfür Ersatz verlangen können. Verwendungen seines Besitzvorgängers D kann er nach § 999 aber nur in dem Umfang ersetzt verlangen, wie D es hätte beanspruchen können. Da D bösgläubig war, stand ihm kein Ersatzanspruch aus § 996 zu. Also kann auch B hierfür keinen Ersatz verlangen. ◾

JURIQ-Klausurtipp

Denken Sie im Falle einer Rechtsnachfolge auf Eigentümer- oder Besitzerseite auch an § 999, da man ohne diese Vorschrift den Einstieg in die Problematik nicht findet, warum jemand, der selbst keine Verwendungen gemacht hat, die Verwendungen eines anderen ersetzt haben möchte.

5. Konkurrenzen der Verwendungsersatzansprüche mit anderen Ersatzansprüchen

173 Ob neben den §§ 994 ff. noch andere Anspruchsgrundlagen zu Gunsten des Besitzers eingreifen können, ist fraglich, weil der unberechtigte Besitzer nach § 996 für andere, als notwendige Verwendungen Ersatz **„nur"** verlangen kann, wenn er gutgläubig und unverklagt ist und der Wert der Sache bei Rückgabe an den Eigentümer noch erhöht ist. Diese Wertung würde unterlaufen, wenn er daneben Ersatz auch noch nach anderen Vorschriften verlangen könnte, die an diese Einschränkungen nicht gebunden sind.

Gleichzeitig folgt im Umkehrschluss aus § 996, dass die Vorschriften des EBV über den Ersatz von Verwendungen eine **abschließende Regelung** für die dem Besitzer zu ersetzenden Verwendungen beinhalten.

a) Verhältnis zu vertraglichen Abwicklungsregeln

Bestehen bei einem Vertrag, der dem Eigentümer gegenüber wirksam gewesen ist, vertragliche Rückabwicklungsregeln, so schließen diese die §§ 994 ff. aus. **174**

Vorrangig sind daher im Falle des Rücktritts vom Vertrag die Rückabwicklungsregeln der §§ 346 ff. Dort ist der Ersatz von Verwendungen in § 347 Abs. 2 abschließend[178] geregelt. Danach sind dem nach § 346 Rückgabepflichtigen **notwendige** Verwendungen immer, **andere** Aufwendungen dann zu ersetzen, wenn der Rückgewährgläubiger durch sie bereichert ist.

Dagegen greift der Aufwendungsersatzanspruch des Mieters nach § 539 Abs. 1 nur für Aufwendungen ein, die der Mieter während der Dauer des Mietverhältnisses gemacht hat, nicht aber für Verwendungen nach Beendigung des Mietverhältnisses.[179] **175**

> **Beispiel** Vermieter V hat dem Mieter M den Mietvertrag wirksam zum 30.11. gekündigt. Am 20.11. hat M die durch ballspielende Kinder zerstörte Fensterscheibe der Wohnung reparieren lassen, da V wegen Urlaubs nicht erreichbar war. Hier richtet sich, da das Mietverhältnis noch bestand, der Kostenersatz nach § 536a Abs. 2 Nr. 2. Am 15.12. ist M immer noch nicht ausgezogen, da er noch keine neue Wohnung gefunden hat. Erneut wird das Fenster durch einen Ball zerstört. Hier richtet sich der Ersatz der Kosten des B nach § 994 Abs. 2, da nach Ablauf des Mietvertrages M unrechtmäßiger (bösgläubiger) Besitzer der Wohnung ist. ■

b) Verwendungsersatzansprüche bei Besitzerlangung durch Vertrag mit einem Dritten

> **Beispiel** E ist Eigentümer einer teuren Rolex-Uhr, die D ihm gestohlen hat. D gibt die Uhr dem Uhrmacher U zur Reparatur. Da D die Reparaturrechnung nicht bezahlen kann, gibt U sie ihm nicht heraus. Inzwischen hat E erfahren, dass sich die Uhr bei U befindet und verlangt sie von U heraus. U will dem E die Uhr nur gegen Bezahlung der Reparaturrechnung herausgeben. ■ **176**

Die Anwendbarkeit der §§ 994 ff. im Verhältnis zum Werkunternehmer ist problematisch, weil der Unternehmer die Sache auf Grund eines Vertrages mit einem Dritten in seinem Besitz hat, und gegen diesen einen Anspruch auf Bezahlung der Reparaturrechnung aus § 631 hat.

Gegen die Anwendbarkeit der §§ 994 ff. im Verhältnis zwischen Eigentümer und Werkunternehmer könne daher sprechen, dass der Unternehmer ungerechtfertigter Weise zwei Schuldner für seinen Werklohnanspruch erhält, nämlich den Besteller und den Eigentümer.

Dafür spricht allerdings, dass der Unternehmer, wenn er den Reparaturauftrag vom Eigentümer erhalten hätte, wegen seines Werklohnanspruchs durch sein Werkunternehmerpfandrecht nach § 647 abgesichert wäre. Da dieses aber nur an bestellereigenen Sachen ent-

---

178 Palandt-*Grüneberg* § 347 Rn. 4.
179 Palandt-*Weidenkaff* § 539 Rn. 1.

steht,[180] wäre der Unternehmer im oben geschilderten *Beispiel* ohne einen Verwendungsersatzanspruch nach §§ 994 ff. gegenüber dem Eigentümer ungesichert.

177 Die Lösung ist daher umstritten. Ein Teil der Literatur verneint für diesen Fall Ansprüche des Besitzers gegen den Eigentümer, z.T. mit der Begründung, dass „Verwender" nur der Besteller sein könne, der den Verwendungsvorgang auf eigene Rechnung veranlasse und ihn steuere.[181]

Nach h.M.[182] kann jedoch der zwischen dem Besitzer und einem Dritten abgeschlossene schuldrechtliche Vertrag seiner Natur nach das rein sachenrechtliche Verhältnis zwischen Eigentümer und Besitzer nicht berühren. Die h.M. verdient den Vorzug. Der Werkunternehmer ist, wenn die Sache dem Besteller nicht gehört, schutzwürdig, da er vorleistungspflichtig ist und das Werkunternehmerpfandrecht, das dazu gedacht ist, seinen Werklohnanspruch abzusichern, an bestellerfremden Sachen nicht entsteht. Andererseits ist der Eigentümer der Sache weniger schutzwürdig, weil ihm der Vorteil aus der Reparatur unmittelbar zugutekommt.

c)   Verhältnis zur GoA

178 Die §§ 985 ff. regeln das Rechtsverhältnis zwischen dem Eigentümer und dem unrechtmäßigen Besitzer einer Sache. Konkurrenzfragen zu den §§ 677 ff. können dann auftauchen, wenn jemand ein Geschäft für einen anderen führt und dabei den Besitz an einer diesem gehörenden Sache erlangt.

Die §§ 987 ff. stellen nach h.M.[183] bei Vorliegen eines Eigentümer-Besitzer-Verhältnisses (EBV) grundsätzlich eine abschließende Sonderregelung für Schadensersatz – Nutzungsersatz – und die hier in Frage stehenden Verwendungsersatzansprüche dar. Dies gilt jedenfalls dann, wenn unberechtigte oder angemaßte GoA vorliegt, aus welcher der Besitzer kein Recht zum Besitz ableiten kann.

Dagegen besteht bei berechtigter GoA (§ 683) sowie bei genehmigter GoA nach h.M.[184] für die Dauer ihrer Ausführung ein Recht zum Besitz i.S.v. § 986, so dass es sich in diesen Fällen genau umgekehrt verhält. Hier besteht kein EBV, so dass die §§ 677 ff. anwendbar sind.

> **JURIQ-Klausurtipp**
>
> Entscheidend für Sie ist also, ob aus der konkreten Form der GoA, welche im jeweiligen Fall vorliegt, ein Recht zum Besitz i.S.v. § 986 BGB folgt oder nicht.

d)   Anwendbarkeit der §§ 951, 812 ff

179 Sehr umstritten ist, ob die §§ 951, 812 ff. bei Vorliegen einer Vindikationslage neben den §§ 994 ff. anwendbar sind.

Beispiel B ist bösgläubiger Besitzer eines dem E gehörenden Grundstücks. Er baut auf dem Grundstück ein Einfamilienhaus. Eigentümer E verlangt von ihm die Herausgabe des Grund-

---

180 Palandt-*Sprau* § 647 Rn. 3 m.w.N.
181 Z.B. *Roth* JuS 2003, 937, 939.
182 *BGH* in BGHZ 34, 122, 130; *Berg* JuS 1970, 12 ff.
183 Palandt-*Sprau* vor § 677 Rn. 12.
184 *BGH* in BGHZ 31, 129.

stücks, weigert sich aber, dem B die Kosten des Hausbaus zu ersetzen. Dennoch möchte E das Haus nach Herausgabe selbst bewohnen, da er zurzeit nur in einer Mietwohnung lebt. ■

Das vorstehende *Beispiel* zeigt die Bedeutung des Meinungsstreits. Unabhängig vom Verwendungsbegriff hätte B als bösgläubiger Besitzer keinen Anspruch auf Ersatz der Kosten des Hausbaus nach § 994 Abs. 2, weil es sich jedenfalls nicht um notwendige Verwendungen handelt. Ihm steht auch kein Anspruch aus § 996 zu. Zwar hat der Hausbau zu einer erheblichen Wertsteigerung geführt und E möchte es auch selbst nutzen, doch steht dem bösgläubigen Besitzer kein Anspruch auf Ersatz wertsteigernder Verwendungen nach § 996 zu.

Anders wäre es, wenn man dem B trotz Vorliegens einer Vindikationslage einen Bereicherungsanspruch nach §§ 951, 812 zubilligen würde. Das Haus ist nach §§ 946, 93, 94 wesentlicher Bestandteil des Grundstücks geworden und damit in das Eigentum des E übergegangen.[185] Für diesen Fall sieht § 951, unter Verweisung auf das Bereicherungsrecht, einem Ausgleichsanspruch für B vor, der ihm zumindest den Wert des verbauten Materials ersetzen würde.[186]

Nach Ansicht des *BGH*[187] enthalten die §§ 994 ff. eine abschließende Regelung des Verwendungsersatzes. Danach erhält der unrechtmäßige Besitzer Ersatz nur für solche Aufwendungen, welche gleichzeitig Verwendungen sind, und dies auch **nur** unter den Voraussetzungen der §§ 994 ff. Dabei vertritt der *BGH* den **engen** Verwendungsbegriff, wonach Aufwendungen, welche die Sache grundlegend umgestalten, keine Verwendungen sind, sondern sonstige, nach den §§ 994 ff. nicht ersatzfähige Aufwendungen. Die Ansicht des *BGH* führt allgemein zu folgenden Konsequenzen: Für grundlegende Umgestaltungen entfällt für den Besitzer jeder Ersatzanspruch, da diese nicht unter die §§ 994 ff. fallen. Auch für Aufwendungen, welche Verwendungen darstellen, kann der Besitzer keinen Ersatz verlangen, wenn es sich nur um nützliche Verwendungen (§ 996) handelt und der Besitzer auf Herausgabe verklagt oder bösgläubig ist. Auch insoweit entfällt eine ergänzende Anwendung der §§ 951, 812. **180**

Diese Ansicht wird im Wesentlichen damit begründet, dass sich aus der sprachlichen Fassung des § 996 („nur …") ergebe, dass der Gesetzgeber in den §§ 994 ff. eine abschließende Regelung treffen wollte. Würde man die §§ 951, 812 ergänzend anwenden, so würde der unredliche Besitzer entgegen der Wertung des § 996 Ersatz seiner Aufwendungen verlangen können.

Nach anderer Ansicht[188] ist bei Anwendung der §§ 994 ff. von einem **weiten Verwendungsbegriff** auszugehen. Danach sind auch grundlegende Umgestaltungen als Verwendungen anzusehen. Die Ersatzpflicht beurteilt sich aber nur nach den §§ 994 ff. §§ 951, 812 sind daneben nicht anwendbar. Diese Ansicht unterscheidet sich von der Meinung des *BGH* nur durch die Weite des Verwendungsbegriffs, nicht aber im Hinblick auf die Anwendbarkeit der §§ 951, 812. Für die Begründung des weiten Verwendungsbegriffs wird im Wesentlichen angeführt, dass der Gesetzgeber die vom *BGH* postulierte Einschränkung des Verwendungsbegriffs nicht vorgesehen habe und hierfür auch kein einleuchtender Grund ersichtlich sei. **181**

Eine dritte Ansicht vertritt demgegenüber, bei Zugrundelegung des weiten Verwendungsbegriffs die These, dass die §§ 951, 812 ff. neben den §§ 994 ff. anwendbar seien.[189] Zur Begründung wird **182**

---

185 Ausführlich zu diesem Erwerbstatbestand im Skript „Sachenrecht II".
186 Palandt-*Herrler* § 951 Rn. 11.
187 *BGH* in BGHZ 41, 157 ff.
188 *Wolf* AcP 166, 219.
189 *Medicus/Petersen* Bürgerliches Recht Rn. 897.

angeführt, dass bei Zugrundelegung der h.M. der besitzende Verwender wesentlich schlechter gestellt werde, als der nicht besitzende. Der nicht besitzende Verwender könne nämlich Verwendungsersatz nach Bereicherungsrecht verlangen, ohne durch die §§ 994 ff. beschränkt zu sein. Für eine solche Ungleichbehandlung bestehe kein einleuchtender Grund. Außerdem sollen nach § 951 Abs. 2 S. 1 die Vorschriften über den Verwendungsersatz von § 951 Abs. 1 unberührt bleiben. Dies müsse aber auch umgekehrt bedeuten, dass die §§ 994 ff. die §§ 951, 812 unberührt lassen. Zwar gelange man hierdurch beim unredlichen Besitzer zu einer Besserstellung gegenüber § 996, jedoch lasse sich dies begründen. Die §§ 994 ff. regelten nämlich nur die Frage, welche Verwendungen der Eigentümer dem Besitzer ersetzen müsse, um trotz § 1000 wieder in den Besitz seiner Sache zu gelangen. Das Gesetz ziehe den Kreis der danach zu ersetzenden Verwendungen eng um zu vermeiden, dass der Eigentümer Gefahr läuft, die Sache nicht auslösen zu können. Dagegen sei in den §§ 951, 812 die Frage geregelt, ob der Eigentümer die durch die Verwendungen bewirkte Wertsteigerung ersatzlos behalten dürfe. Der Eigentümer habe insoweit die Möglichkeit, den Bereicherungsanspruch nach den Regeln über die aufgedrängte Bereicherung abzuwenden, indem er von dem Besitzer die Wegnahme des bereichernden Verwendungserfolges verlange.

183 Nach Ansicht des *BGH* ist § 1001 S. 2 bei aufgedrängter Bereicherung analog anzuwenden. Danach kann der Eigentümer den Anspruch aus §§ 951, 812 dadurch abwehren, dass er dem Besitzer das für den Umbau aufgewendete Material zur Verfügung stellt.[190] Darüber hinaus kann bei rechtswidrigem Verhalten § 1004 sowie bei rechtswidrig schuldhaftem Verhalten § 823 i.V.m. § 249 Abs. 1 zur Anwendung gelangen. Da der Verwendende dann zur Naturalrestitution verpflichtet ist, kann dies seinem Anspruch aus §§ 951, 812 entgegengesetzt werden (§ 242).

184 Nach h.L. beurteilt sich der Wert des durch die Verwendung Erlangten bei aufgedrängter Bereicherung nicht objektiv, sondern subjektiv danach, inwieweit sich der Bereicherte die Bereicherung zunutze macht.[191]

JURIQ-Klausurtipp

Sollte Ihnen diese Problematik einmal in einer Klausur begegnen, sollten Sie sich nach Darstellung der entsprechenden Problempunkte (Anwendbarkeit der §§ 951, 812 neben §§ 994 ff. und enger vs. weiter Verwendungsbegriff) alleine aus Gründen Ihrer Praktikabilität gegen den *BGH* und für die h.L. entscheiden und mit den Grundsätzen der aufgedrängten Bereicherung arbeiten.

Online-Wissens-Check

Kennen Sie noch den Unterschied zwischen Handlungs- und Zustandsstörer?

Überprüfen Sie jetzt online Ihr Wissen zu den in diesem Abschnitt erarbeiteten Themen. Unter **www.juracademy.de/skripte/login** steht Ihnen ein Online-Wissens-Check speziell zu diesem Skript zur Verfügung, den Sie mit dem Zugangscode auf der letzten Seite kostenlos nutzen können.

---

190 *BGH* NJW 1965, 816.
191 Vgl. *Medicus/Petersen* Bürgerliches Recht Rn. 899 m.w.N.

V. Übungsfall Nr. 2

„Baufällige Hütte"   185

E ist Eigentümer eines Grundstücks mit einem älteren renovierungsbedürftigen Haus. Das Haus war längere Zeit nicht bewohnt. B, ein Verwandter des E, ein arbeitsloser Politologe, mit wenig Einkommen, aber praktischen Fähigkeiten, war auf der Suche nach einem solchen Objekt. E bot ihm daher an, ab 1.1. in das Haus einzuziehen. B sollte berechtigt, aber nicht verpflichtet sein, vorhandene Schäden zu reparieren.

In der Zeit vom 1.1.–31.3. führte B die notwendigsten Reparaturen in Eigenregie aus. Dafür wandte er insgesamt Material im Wert von 4000 € sowie 100 Stunden an Arbeitszeit auf. Bei den Arbeiten half ihm seine Freundin F, eine Floristin, die in dieser Zeit ebenfalls 100 Stunden aufwandte.

Am 1.4. verkaufte E dem B das Grundstück mit notariellem Vertrag zum Preis von 80 000 €. Der Kaufpreis sollte in der Weise bezahlt werden, dass B an Stelle des E ein Darlehen in gleicher Höhe, das E bei einem Freund aufgenommen hatte, ab dem 1.5. mit monatlich 360 € tilgte. Im Vertrag wurde vereinbart, dass dem E ein Rücktrittsrecht zustehen sollte, falls B mit der Zahlung von einer Rate des Darlehens in Rückstand kommen sollte. Der Abrede über die Zahlung kam B in der Folgezeit aber nur für 2 Monate nach. Das Eigentum wurde bisher noch nicht an B übertragen.

In der Zeit vom 1.4. bis 1.7. nahm B weitere Reparaturen an dem Haus vor. Diese verursachten den gleichen Aufwand wie die bereits zuvor erfolgten Reparaturen. Auch half ihm dabei wieder die F mit einer Arbeitszeit von 100 Stunden.

Am 1.7. stellte sich heraus, dass der Kaufvertrag wegen eines Beurkundungsfehlers nichtig war. E erklärte daher noch am gleichen Tag den Rücktritt vom Kaufvertrag. Da B sich weigerte, das Grundstück an E zurückzugeben, verklagte E den B am 1.9. auf Herausgabe. Auch nach Zustellung der Klage nahm B noch weitere notwendige Reparaturen – wiederum zusammen mit der F – mit dem gleichen Aufwand wie in der Zeit vom 1.4.–1.7. vor.

B machte die Herausgabe von der Erstattung des Materials im Wert von 3 × 4000 € sowie der Vergütung der eigenen Arbeitszeit und der Arbeitszeit der F, insgesamt 3 × 200 Stunden, abhängig. Die Arbeitszeit bewertete er mit 20 € pro Stunde, insgesamt daher mit 12 000 €. Ein Handwerker hätte für die Arbeit mindestens 35 € pro Stunde berechnet. Außerdem berief er sich auf ein Zurückbehaltungsrecht wegen seiner an den Freund des E geleisteten Zahlungen von 720 €.

E hält die Aufwendungen für unnötig, da die wirtschaftliche Restlebensdauer des Hauses bei Übernahme durch W am 1.1. bereits abgelaufen gewesen sei. Auch habe er durch die Aufwendungen nichts erspart, da er sie niemals durchgeführt hätte. Die Arbeitszeit könne von B nicht in Ansatz gebracht werden, da aufgewendete Freizeit keinen Vermögenswert habe. Die ausgeführten Tätigkeiten seien für B berufsfremd. Arbeitszeit habe nur dann Aufwendungscharakter, wenn sie zum Beruf oder Gewerbe des Ersatzberechtigten gehöre. Selbst aber, wenn B seine Arbeitszeit in Rechnung stellen könnte, sei sie mit 20 € pro Stunde viel zu hoch angesetzt. Ein ungelernter Bauhelfer bekomme nur 10 € Stundenlohn. Für die kostenlose Arbeit der F könne B ohnehin nichts verlangen.

Ist die Klage des E begründet?

» Bei diesem Übungsfall handelt es sich um einen sehr anspruchsvollen Fall zu den Verwendungsersatzansprüchen. Nehmen Sie sich also bei der Erstellung einer Skizze und Gliederung sowie bei der Bearbeitung ausreichend Zeit und versuchen Sie insbesondere, alle Problempunkte an der richtigen Stelle im Fall und im Prüfungsaufbau zu verorten. «

Übungsfall Nr. 2

186 **Lösung**

Anspruch des E gegen B auf Herausgabe des Grundstücks

Ein Anspruch des E gegen B auf Herausgabe des Grundstücks könnte sich wegen der Rücktrittserklärung des E aus § 346 und wegen der fehlenden Eigentumsumschreibung auf B aus § 985 ergeben.

A. Anspruch auf Herausgabe aus § 346 Abs. 1

I. Rücktrittserklärung gem. § 349

E hat am 1.7. den Rücktritt vom Kaufvertrag erklärt.

II. Rücktrittsrecht

Dem E könnte ein vertragliches Rücktrittsrecht nach § 346 Abs. 1 Alt. 1 zugestanden haben. Eine entsprechende Vereinbarung war im notariellen Kaufvertrag vom 1.4. vorgesehen.

Vorliegend litt der notarielle Vertrag aber an einem Beurkundungsfehler, so dass die Form des § 311b Abs. 1 S. 1 nicht eingehalten worden ist. Eine Heilung des Formmangels nach § 311b Abs. 1 S. 2 hat nicht stattgefunden, da B nicht als Eigentümer in das Grundbuch eingetragen worden ist.

Da der notarielle Kaufvertrag somit nach § 125 nichtig war, stand dem E kein vertragliches Rücktrittsrecht zu.

Ergebnis: Ein Anspruch aus § 346 Abs. 1 infolge wirksamen Rücktritts besteht somit nicht.

B. Anspruch auf Herausgabe aus § 985

Der Anspruch könnte sich aus § 985 ergeben.

I. Anspruchsentstehung

1. Eigentum des E

E ist noch Eigentümer des Grundstücks, da eine Übereignung an B nach §§ 873, 925 mangels Auflassung und Eintragung des B in das Grundbuch nicht stattgefunden hat.

2. Besitz des B

B ist Besitzer des Grundstücks.

3. Fehlendes Recht zum Besitz i.S.v. § 986

a) Besitzrecht auf Grund des Kaufvertrages

Aus dem Kaufvertrag vom 1.4. kann B kein Recht zum Besitz ableiten, da dieser unwirksam ist.

b) Aus der Absprache vom 1.1

aa) Besitzrechtsentstehung

Die Parteien könnten einen Leihvertrag i.S.v. § 598 abgeschlossen haben. Nach § 598 wird durch den Leihvertrag der Verleiher einer Sache verpflichtet, dem Entleiher den Gebrauch der Sache unentgeltlich zu gestatten. E hat dem B den Gebrauch des Hauses zunächst unentgeltlich gestattet. Dennoch handelt es sich dann nicht um einen Leihvertrag, wenn die Gebrauchsüberlassung nur im Rahmen einer reinen Gefälligkeit erfolgt sein sollte.

Ob ein Leihvertrag oder eine reine Gefälligkeit ohne Rechtsbindung vorliegt, ist durch Auslegung der Vereinbarung anhand des erkennbaren Rechtsbindungswillens zu ermitteln. Dabei sind alle Umstände des Einzelfalls zu berücksichtigen. Für eine gewollte rechtliche Verbindlichkeit können insbesondere sprechen: Das erkennbare Interesse des Begünstigten, dass die Benutzungsdauer nicht beliebig verkürzt werden kann; der Wert der Sache und das mit ihr verbundene Risiko.[192]

Da das Gesetz die Leihe als Vertragstyp für unentgeltliche Gebrauchsüberlassung zur Verfügung stellt, ist im Zweifel Leihe zu bejahen. Eine unverbindliche Gefälligkeitsüberlassung wird man daher in der Regel nur für die Fälle einer ganz kurzfristigen Überlassung annehmen können.

Die genannten Umstände sprechen im vorliegenden Fall gegen die Annahme einer reinen Gefälligkeit und für den Abschluss eines Leihvertrages. Die Wohnung war dem B zu Wohnzwecken überlassen worden und er sollte berechtigt sein, notwendige Reparaturen durchzuführen. B hatte somit erkennbar ein

---

192 Palandt-*Heinrichs* vor § 241 Rn. 7.

schutzwürdiges Interesse daran, dass die Wohnung nicht nur unverbindlich überlassen werden sollte.

Die Parteien haben somit einen wirksamen Leihvertrag über das Haus abgeschlossen.

bb) Erlöschen des Besitzrechts

Mit Abschluss des Kaufvertrages war der Leihvertrag jedoch beendet worden. Dies ist unabhängig von der Wirksamkeit des Kaufvertrages, da jedenfalls nach dem Willen der Parteien der Leihvertrag mit Abschluss des Kaufvertrages enden sollte. Die Aufhebung eines Leihvertrages ist nicht formbedürftig.

c) Besitzrecht aus Zurückbehaltungsrecht

Dem B könnte ein Recht zum Besitz wegen eines Zurückbehaltungsrechts zustehen.

Nach herrschender Meinung begründen Zurückbehaltungsrechte (z.B. aus §§ 273, 972, 1000, §§ 369 ff. HGB) aber kein Besitzrecht im Sinne von § 986.[193] Zum einen handelt es sich bei den Zurückbehaltungsrechten um Einreden, während das Recht zum Besitz im Sinne von § 986 als Einwendung zu qualifizieren ist. Ferner schließt das Besitzrecht den Herausgabeanspruch aus, während Zurückbehaltungsrechte lediglich zu einer Verurteilung Zug um Zug führen. Schließlich und vor allem jedoch müsste die Qualifizierung von Zurückbehaltungsrechten als Besitzrechte im Sinne von § 986 bei konsequenter Gesetzesanwendung zum Ausschluss der Anwendung der §§ 987 ff. führen. Nach Vornahme einer gem. § 994 zu ersetzenden Verwendung beispielsweise wäre also wegen § 1000 die Anwendung der §§ 987 ff. ausgeschlossen – ein Ergebnis, das im Widerspruch zur gesetzlichen Systematik steht.[194]

Die vor allem von der Rechtsprechung vertretene Gegenansicht,[195] die auch in Zurückbehaltungsrechten ein Recht zum Besitz im Sinne von § 986 sieht, stimmt aber mit der h.L. darin

überein, dass Zurückbehaltungsrechte den Herausgabeanspruch nicht ausschließen, sondern nur nach Maßgabe einer Zug-um-Zug-Verpflichtung (§ 274) vorübergehend hemmen.[196] Diese Ansicht ist systematisch aber nicht begründbar, da § 986 allgemein als rechtshindernde Einwendung verstanden wird und den Herausgabeanspruch ausschließt.

Mit der h.L. ist daher davon auszugehen, dass ein eventuelles Zurückbehaltungsrecht des B ihm kein Recht zum Besitz gewährt.

II. Erlöschen des Anspruchs

Anhaltspunkte für ein Erlöschen des Anspruchs liegen nicht vor.

III. Durchsetzbarkeit

Der Anspruch auf Herausgabe des Grundstücks ist aber möglicherweise nicht uneingeschränkt durchsetzbar, wenn dem B ein Zurückbehaltungsrecht zusteht und er sich hierauf berufen hat.

1. Erhebung der Einrede

B hat die Herausgabe des Grundstücks nicht generell verweigert, sondern macht sie von der Erstattung seiner Kosten abhängig. Damit beruft er sich auf ein Zurückbehaltungsrecht.

2. Bestehen eines Zurückbehaltungsrechts

a) Nach § 1000 wegen der Reparaturkosten

Diese Kosten sind in unterschiedlichen Zeiträumen angefallen. Im Zeitpunkt der ersten Reparaturen bestand ein wirksamer Leihvertrag. Die Verpflichtung der in dieser Zeit angefallenen Kosten könnte sich aus § 602 Abs. 2 S. 1, und das dazu gehörende Zurückbehaltungsrecht aus § 273 Abs. 2 ergeben.

Für die Zeit vom 1.4. bis 1.7. bestand infolge der Unwirksamkeit des Kaufvertrages eine Vindikationslage. Möglicherweise war B während dieses Zeitraums noch gutgläubig. Die Pflicht zum Ersatz der in dieser Zeit angefallenen

---

193 Palandt-*Herrler* § 986 Rn. 5 m.w.N.

194 Vgl. Staudinger-*Gursky* § 986 Rn. 28.

195 Vgl. RGZ 136, 422 ff. (426); *BGH* NJW 1955, 340 ff. (341); *Keller* JuS 1982, 665 ff. (668); *Roussos* JuS 1987, 606 ff. (609).

196 Vgl. RGZ 136, 422 ff. (426); *BGH* NJW 1955, 340 ff. (341); *Keller* JuS 1982, 665 ff. (668); *Roussos* JuS 1987, 606 ff. (609).

Reparaturkosten könnte sich nach § 994 Abs. 1, und das dazu gehörende Zurückbehaltungsrecht aus § 1000 ergeben.

Ab dem 1.9. war B von E auf Herausgabe verklagt, so dass sich der Aufwendungsersatzanspruch aus § 994 Abs. 2, und das Zurückbehaltungsrecht aus § 1000 ergeben könnte.

Zu prüfen ist daher zunächst, ob sich ihre Erstattungsfähigkeit nach unterschiedlichen Regeln richtet.

aa) Anwendbares Recht

Das Zurückbehaltungsrecht könnte sich für die Verwendungen für den Zeitraum von der Überlassung des Gebrauchs (1.1.) bis zum Abschluss des Kaufvertrages (1.4.) aus § 273 Abs. 2 i.V.m. § 601 Abs. 2 S. 1, 683, 670 ergeben, da während dieser Zeit ein wirksamer Leihvertrag vorlag.

Die von B durchgeführten Reparaturen waren teilweise während dieser Zeit, teilweise danach durchgeführt worden. Damit stellt sich die Frage, ob sich die Ersatzfähigkeit der Verwendungen einheitlich nach §§ 994 ff. oder teilweise nach § 601 Abs. 2 S. 1 und teilweise nach § 994 ff. beurteilt.

Nach einem Teil der Literatur[197] sind die §§ 994 ff. nicht anwendbar, wenn zur Zeit der Verwendungen ein Recht zum Besitz bestand. Dies kann sich trotz des Rückforderungsrechts des Verleihers aus § 604 Abs. 3 auch aus dem Leihvertrag ergeben.[198] Danach würde sich die Ersatzfähigkeit der Verwendungen, welche während der Dauer des Leihvertrages vorgenommen wurden, nach § 601 Abs. 2 S. 1 beurteilen. Zur Begründung wird angeführt, dass die §§ 994 ff. den Verwendungsersatz von der Gut- oder Bösgläubigkeit des Besitzers abhängig machen. Diese Frage könne sich aber erst ab Wegfall des Besitzrechts stellen.

Nach h.M.[199] beurteilt sich die Ersatzfähigkeit der Verwendungen allein danach, ob im Zeit-

punkt der Geltendmachung des Herausgabeanspruchs eine Vindikationslage besteht (Lehre vom „Nicht-mehr-Berechtigten"). In diesem Fall seien die §§ 994 ff. auf den nicht mehr berechtigten Besitzer anzuwenden, da dieser hinsichtlich der Ersatzfähigkeit seiner Verwendungen nicht schlechter stehen dürfe, als der von vornherein unberechtigte Besitzer. Dies gelte jedenfalls dann, wenn das frühere, zum Besitz berechtigende Rechtsverhältnis die Ansprüche auf Verwendungsersatz nicht abweichend regele. Der h.M. wird aus den genannten Gründen gefolgt.

Hier lag ab Beendigung des Leihvertrages eine Vindikationslage vor. Für die einheitliche Anwendung der §§ 994 ff., auch für die Zeit davor, ist daher zu prüfen, ob § 601 den Verwendungsersatzanspruch des Entleihers abweichend von §§ 994 ff. regelt.

§ 601 Abs. 1 enthält die Einschränkung, dass der Entleiher die gewöhnlichen Erhaltungskosten der geliehenen Sache selbst zu tragen hat. Diese Einschränkung enthält aber auch § 994 Abs. 1 S. 2.

Eine abweichende Regelung des Verwendungsersatzes würde sich aus dem Leihvertrag aber dann ergeben, wenn die Parteivereinbarung dahingehend auszulegen wäre, dass die Verwendungen der W während der Leihzeit durch die unentgeltliche Gebrauchsüberlassung abgegolten wären. Für einen dahingehenden Parteiwillen fehlen aber im vorliegenden Fall nähere Anhaltspunkte.[200]

Die Ersatzfähigkeit der Verwendungen richtet sich somit einheitlich nach §§ 994 ff.

bb) Voraussetzungen der §§ 994 ff., 1000

Ein Zurückbehaltungsrecht des B könnte sich daher für sämtliche Verwendungen aus § 1000 i.V.m. §§ 994 ff. ergeben.

(1) § 994 Abs. 1 bis Zustellung der Klage

Der Ersatzanspruch könnte sich für den Zeitraum bis zur Zustellung der Klage aus § 994 Abs. 1 ergeben.

197 MüKo-*Raff* Vor §§ 987 bis 1003 Rn. 10.

198 MüKo-*Raff* Vor §§ 987 bis 1003 Rn. 14.

199 *BGH* NJW 1996, 921; WM 1971, 1268, 1270 (dagegen offengelassen vom *BGH* in BGHZ 51, 250, 252 = NJW 1969, 606); *Firsching* AcP 162, 440, 454; *Berg* Jus 1970, 12, 14 ff. m.w.N.; 1972, 323, 325.

200 Vgl. auch *BGH* NJW 1996, 921.

(a) Vindikationslage

Voraussetzung hierfür ist das Bestehen einer Vindikationslage im Zeitpunkt der Verwendungen. Mit Abschluss des (unwirksamen) Kaufvertrages bestand eine Vindikationslage. Zwar bestand in dem Zeitraum vorher noch keine Vindikationslage, da ein wirksamer Leihvertrag vorlag, doch sind die §§ 994 ff. aus den o.g. Gründen auch für Verwendungen, die während dieses Zeitraums getätigt wurden, anwendbar.

(b) W redlich und unverklagt

§ 994 Abs. 1 setzt ferner voraus, dass der Besitzer im Zeitpunkt der Verwendungen gutgläubig und noch nicht auf Herausgabe verklagt war. § 994 Abs. 1 ist somit im vorliegenden Fall unanwendbar für den Zeitraum ab Zustellung der Klageschrift.

Fraglich ist, ob B bereits mit Einstellung der Zahlungen bösgläubig war. Hierbei ist zwischen ursprünglicher und nachträglicher Bösgläubigkeit zu unterscheiden. Bei Besitzerwerb ist bösgläubig, wer weiß oder infolge von grober Fahrlässigkeit nicht weiß, dass ihm kein Recht zum Besitz zusteht.[201] Demnach konnte B bei Besitzerwerb nur gutgläubig gewesen sein, da er ursprünglich aufgrund des Leihvertrages ein Recht zum Besitz hatte.

War der Besitzer somit bei Besitzerwerb gutgläubig, so schadet ihm später nur noch positive Kenntnis des fehlenden Rechts zum Besitz (§ 990 Abs. 1 S. 2). Da B die Unwirksamkeit des Kaufvertrages nicht bekannt war, war er auch bei Einstellung der Zahlungen nicht bösgläubig.

(c) Verwendungen

Bei den Aufwendungen des B müsste es sich um „Verwendungen" i.S.d. §§ 994 ff. handeln. Verwendungen sind solche Vermögensaufwendungen, die einer (nämlich der nach § 985 heraus verlangten) Sache zugutekommen sollen.[202]

(aa) Sachaufwendungen

Dies ist für Sachaufwendungen unstreitig.

(bb) eigene Arbeitskraft des Verwenders

Fraglich ist, ob auch der Einsatz der eigenen Arbeitskraft als Verwendung anzusehen ist. Die Auffassungen hierzu sind geteilt. Zum Teil wird die Ansicht vertreten, dass die Eigenarbeit des Besitzers nur dann als Verwendung angesehen wird, wenn sie im Rahmen seines Gewerbes oder Berufes geleistet wurde[203] (Rechtsgedanke des § 1835 Abs. 3).

Der *BGH*[204] vertritt demgegenüber die Auffassung, dass die Anerkennung der eigenen Arbeitsleistung als Verwendung nicht davon abhängen kann, ob der Besitzer ein entsprechendes Gewerbe betreibt oder einen entgangenen Verdienst nachweisen kann. Entscheidend sei vielmehr, ob die der Erhaltung wie der Herstellung oder Verbesserung der Sache dienende Arbeitsleistung einen Vermögenswert darstelle, den der Besitzer geopfert habe. Zur Begründung zieht der *BGH* die Parallele zum Schadensersatzrecht heran. Im Schadensersatzrecht hat die Rechtsprechung sowohl für den Ausfall einer Arbeitsleistung, die ohne das schädigende Ereignis erbracht worden wäre, als auch für den verletzungsbedingt tatsächlich erbrachten Arbeitsaufwand danach unterschieden, ob sich für sie nach der Verkehrsauffassung ein Geldwert objektiv ermitteln lässt. Dieser Gesichtspunkt sei auf den Verwendungsbegriff der §§ 994 ff. übertragbar. Der Unterschied zwischen einem Schaden und einer Verwendung liege nämlich allein darin, dass es sich bei Schäden um unfreiwillige, bei Verwendungen dagegen um freiwillige Vermögensopfer handele. Somit kann die Arbeitsleistung den Begriff der Verwendungen erfüllen, wenn ihr ein objektiver Marktwert zukomme.

Der Ansicht des *BGH* wird aus den genannten Gründen gefolgt. Eine Arbeitsleistung hat nämlich nicht nur dann einen Vermögenswert, wenn sie von einem Fachmann erbracht wird; vielmehr ist ein solcher auch dann anzunehmen, wenn die Arbeit sachgerecht von einem

---

201 MüKo-*Raff* § 990 Rn. 1 ff.
202 Vgl. MüKo-*Raff* § 994 Rn. 6 m.w.N.
203 MüKo-*Raff* § 994 Rn. 13.
204 *BGH* NJW 1996, 921, 922.

Laien erledigt wird. Danach sind sowohl die Sachkosten, als auch die Arbeitsleistung des B als Verwendungen anzusehen. Allerdings erscheint die Höhe des Entgelts, die sich am Stundensatz eines Handwerkers orientiert, unangemessen. Da die Tätigkeit für B berufsfremd ist, ist als Bemessungsmaßstab der Arbeitslohn eines ungelernten Bauhelfers (ca. 10 €/Std.) heranzuziehen.

(cc) Arbeitskraft dritter Personen

Fraglich ist, ob auch die von F aufgewendete Arbeitszeit dem B als Verwendung zuzurechnen ist.

Nach Ansicht des *BGH* kann dem Besitzer auch die Arbeitskraft Dritter als Verwendung zugerechnet werden, wenn sie dem Besitzer zugutekommen sollte.[205] Der *BGH* begründet das damit, dass der unrechtmäßige Besitzer einer Sache Verwendungen entweder dadurch machen könne, dass er die Sache selbst mit eigener Arbeit und eigenem Material instand setzt, oder dadurch, dass er solche Maßnahmen von einem Dritten (z.B. Werkunternehmer) durchführen lässt. Wenn die Verwendungen nicht von dem unrechtmäßigen Besitzer selbst, sondern von einer ihm nahe stehenden Person gemacht worden sind, so sind sie jedenfalls auch zugunsten des Herausgabepflichtigen erbracht worden, damit dieser den Gebrauchswert der Sache erhalten und die Sache in Zukunft besser nutzen kann. Daher ist es gerechtfertigt, die von dem Dritten erbrachten Leistungen dem unrechtmäßigen Besitzer als Verwendungen zuzurechnen.

Der Ansicht des *BGH* wird aus den genannten Gründen gefolgt. Damit ist auch die von F für B eingesetzte Arbeitszeit als Verwendung des B zu bewerten.

(d) Notwendige Verwendungen

§ 994 Abs. 1 setzt ferner voraus, dass der unrechtmäßige Besitzer „notwendige" Verwendungen gemacht hat. Notwendig sind Verwendungen, deren es bedarf, um die Sache in ihrer Substanz und Nutzbarkeit zu erhalten.[206]

Die Notwendigkeit beurteilt sich aus der objektiven Sicht eines wirtschaftlich denkenden Eigentümers. Ob der Eigentümer die Verwendung für notwendig hält, ob sie also seinem Willen entspricht, oder ob er der Auffassung ist, sie sei überflüssig, ist unerheblich.

Nach der Gesetzessystematik kommt es auf den Willen des Eigentümers nämlich nur dann an, wenn im Rahmen des § 994 Abs. 2 die Ansprüche des verklagten bzw. bösgläubigen Besitzers in Frage stehen. Denn nur für diesen Fall verweist § 994 Abs. 2 auf § 683, wo der Wille des Eigentümers erstmals relevant wird.

Es kommt auch nicht darauf an, ob die Arbeiten dauerhaft zu einer Wertsteigerung oder Werterhaltung geführt haben. Denn die §§ 994 ff. betrachten die Verwendungen – im Gegensatz zum Bereicherungsrecht – nicht unter dem Blickwinkel des dem Sacheigentümer verschafften Vorteils – dieser ergibt nur im Rahmen des § 996 bzw. der §§ 994 Abs. 2, 684, 818 eine zusätzliche Anspruchsbegrenzung –, sondern unter dem Gesichtspunkt, welches Vermögensopfer der Besitzer zum Zwecke der Durchführung einer Erhaltungsmaßnahme auf sich genommen hat.[207]

Es handelt sich also nicht um einen Bereicherungsausgleich, sondern um eine Verlustabwälzung auf den Eigentümer.

Ob die Maßnahmen zu einem bei Herausgabe der Sache noch fortdauernden Nutzen geführt hat oder der Versuch, die Sache zu erhalten oder zu verbessern von Anfang an fehlgeschlagen ist, ist unerheblich.[208] Für die Notwendigkeit der Verwendung gilt die ex-ante Betrachtungsweise. Die Maßnahmen müssen nur **bei Arbeitsbeginn** zur Erhaltung der Funktionstauglichkeit objektiv geboten gewesen sein.

Dass die wirtschaftliche Restlebensdauer des Hauses im Zeitpunkt der Verwendungen bereits abgelaufen war, steht der Notwendigkeit der Verwendungen nicht entgegen, denn das Haus war nicht zum Abbruch bestimmt. Es

---

205 *BGH* NJW 1996, 921, 922.
206 MüKo-*Raff* § 994 Rn. 17.

207 Staudinger-*Gursky* Vorb. §§ 994–1003 Rn. 10.
208 Staudinger-*Gursky* § 994 Rn. 4.

sollte bewohnt werden können und hat somit einen entsprechenden Nutzungswert.

Die Verwendungen des B waren daher objektiv notwendig.

(e) Keine gewöhnlichen Erhaltungskosten

Gem. § 994 Abs. 1 S. 2 sind dem unrechtmäßigen Besitzer für die Zeit, für die ihm die Nutzungen verbleiben, die gewöhnlichen Erhaltungskosten nicht zu ersetzen.

Gewöhnliche Erhaltungskosten sind die der Erhaltung der Sache dienenden, regelmäßig wiederkehrenden Ausgaben.[209] Dagegen stellt die Auswechselung langlebiger Bestandteile der Sache keine gewöhnliche Erhaltungsmaßnahme dar.[210]

Die Einschränkung des § 994 Abs. 2 S. 2 trifft daher auf die von B getätigten Aufwendungen nicht zu.

Ergebnis: Gem. § 994 Abs. 1 S. 1 kann B von E Verwendungsersatz für die bis zur Zustellung der Klage vorgenommenen Verwendungen verlangen. Das Zurückbehaltungsrecht aus § 1000 ist insoweit begründet.

(2) § 994 Abs. 2 ab Klagezustellung

Für die Verwendungen ab Zustellung der Klage kommt als Anspruchsgrundlage § 994 Abs. 2 i.V.m. §§ 683, 670 in Betracht. Danach kommt es darauf an, ob der auf Herausgabe verklagte unrechtmäßige Besitzer Verwendungen gemacht hat, welche dem Interesse und dem wirklichen oder mutmaßlichen Willen des Eigentümers entsprachen (§ 683).

Ferner kommt es darauf an, ob er die Verwendungen den Umständen nach für erforderlich halten durfte (vgl. § 670). Die Fortführung bereits begonnener notwendiger Verwendungen nach Eintritt der Rechtshängigkeit entspricht zumindest dem mutmaßlichen Willen des Eigentümers.[211] Diese Verwendungen durfte B auch für erforderlich halten.

Dem B steht somit ein Zurückbehaltungsrecht nach § 1000 wegen seiner Verwendungen zu.

Zu vergüten sind dem B 3 × 200 Stunden × 10 € für seine Arbeitszeit und die Arbeitszeit der F, also 6000 €, sowie 3 × 4000 €, also 12 000 € für das Material.

b) Zurückbehaltungsrecht B nach § 273 Abs. 1

Wegen der zwei Zahlungen von insgesamt 720 € könnte dem B ein Zurückbehaltungsrecht nach § 273 Abs. 1 haben. § 273 Abs. 1 setzt einen fälligen Gegenanspruch des Schuldners, aus demselben rechtlichen Verhältnis, auf dem seine Verpflichtung beruht, voraus.

Der Gegenanspruch des B auf Rückzahlung der auf das Darlehen des E geleisteten Zahlungen könnte sich aus § 812 Abs. 1 S. 1 Alt. 1 ergeben.

aa) Etwas erlangt

Die monatlichen Zahlungen von 360 € hat E nicht persönlich erhalten. Sie wurden vielmehr durch B an den Darlehensgläubiger gezahlt, der seinerseits einen Anspruch in dieser Höhe aus § 488 gegen E hatte. Der B hat als „Dritter" i.S.v. § 267 auf diese Verbindlichkeit des E gezahlt, womit dieser nach §§ 362, 267 von seiner Verbindlichkeit gegenüber seinem Darlehensgläubiger befreit wurde.

Die Befreiung von einer Verbindlichkeit ist „etwas" i.S.v. §§ 812 ff.

bb) Durch Leistung des B

B wollte, indem er an den Darlehensgläubiger des E zahlte, im Innenverhältnis zu E seiner vermeintlichen Verpflichtung gegenüber E aus dem Kaufvertrag nachkommen und hat somit (auch) an E geleistet.[212]

---

209 MüKo-*Raff* § 994 Rn. 24.
210 MüKo-*Raff* § 994 Rn. 24.
211 *BGH* NJW 1996, 922, 923.

212 B hat, indem er an den Darlehensgläubiger zahlte, sowohl an diesen, als auch an E geleistet. Die Leistung an den Darlehensgläubiger erfolgte als Drittleistung i.S.v. § 267 auf die bestehende Schuld des E aus § 488, also mit Rechtsgrund. Gleichzeitig wollte er damit einer vermeintlichen Verpflichtung gegenüber E nachkommen. Diese Leistung erfolgte ohne Rechtsgrund.

cc) Ohne Rechtsgrund

Da B infolge der Nichtigkeit des Kaufvertrages gegenüber E nicht zur Zahlung an den Darlehensgläubiger verpflichtet war, erfolgte die Leistung an E ohne Rechtsgrund.

dd) Rechtsfolge

Da das Geleistete, hier die Befreiung von einer Verbindlichkeit des E, nicht in Natur herausgegeben werden kann, hat E dem B den Wert zu ersetzen (§ 818 Abs. 2), hier insgesamt 720 €.

Dem B steht damit ein fälliger (vgl. § 271 Abs. 1) Gegenanspruch gegen E i.S.v. § 273 Abs. 1 zu.

Ergebnis: E kann somit von B gem. § 985 die Herausgabe des Grundstücks, Zug um Zug gegen Erstattung von 18 720 € verlangen.

C. Herausgabeanspruch aus § 812 Abs. 1 S. 1 Alt. 1

Der Herausgabeanspruch des E ergibt sich ferner aus § 812 Abs. 1 S. 1 Alt. 1. B hat etwas, nämlich den Besitz an dem Grundstück, durch Leistung des E ohne Rechtsgrund erlangt. Allerdings ist auch dieser Anspruch nur durchsetzbar gegen Erstattung der Verwendungen Zug um Zug und Erfüllung der sonstigen Gegenansprüche des B.

VI. Konkurrenzen zwischen § 985 und anderen Ansprüchen

1. Zu §§ 861, 1007, 812 ff. und §§ 823 ff., 249 Abs. 1

Zwischen § 985 und den Herausgabeansprüchen aus §§ 861, 1007, 812 ff. und §§ 823 ff., 249 Abs. 1 besteht Anspruchsgrundlagenkonkurrenz, d.h., diese Ansprüche sind neben § 985 anwendbar.

188

2. Zu vertraglichen Rückabwicklungsansprüchen

Umstritten ist das Verhältnis zwischen § 985 und vertraglichen Herausgabeansprüchen. Nach der Lehre vom Vorrang des Vertragsverhältnisses[213] wird § 985 durch vertragliche Herausgabeansprüche verdrängt. Der Eigentümer habe durch den Vertrag seine Eigentümerbefugnisse schuldrechtlich beschränkt und sei daher auf Ansprüche aus dem Schuldverhältnis verwiesen.

189

Demgegenüber bleibt der Anspruch aus § 985 nach h.M.[214] von vertraglichen Herausgabeansprüchen unberührt. Mit Wegfall der vertraglichen Rechtsbeziehung entfalle lediglich das Besitzrecht i.S.v. § 986.

Hinweis

Das ist auch nur konsequent im Hinblick auf den oben erarbeiteten Charakter des Anspruchs aus § 985 als dinglicher oder absoluter Anspruch gegen jedermann. Es wäre widersinnig, wenn dieser alleine aufgrund des Bestehens eines Vertragsverhältnisses ausgeschlossen wäre. Daher kann z.B. ein Vermieter vom Mieter nach Beendigung des Mietvertrages die Herausgabe der Mietsache nicht nur nach § 546 Abs. 1, sondern falls er wie im Regelfall Eigentümer ist, auch nach § 985 verlangen, da das Recht des Mieters zum Besitz der Mietsache mit Beendigung des Mietvertrages weggefallen ist.

C. Nutzungsersatzansprüche des Eigentümers

Der unrechtmäßige Besitzer kann die Sache auf verschiedene Weise unbefugt nutzen. So kann er sie z.B. vermieten oder selbst benutzen. Der Besitzer eines Feldes kann das Feld verpachten oder die Früchte selber ernten.

190

---

213 *Raiser* JZ 1958, 681.
214 *BGH* in BGHZ 34, 122, 123; Palandt-*Herrler* § 985 Rn. 2; *Stock* JA 1997, 458 ff.

Für den Fall des Bestehens eines EBV ist der Ausgleich hierfür in den §§ 987, 988, 990, 991 Abs. 1 geregelt. Dabei gilt im Grundsatz Folgendes:

Der unredliche bzw. verklagte **Eigen**besitzer muss dem Eigentümer nach § 987 bzw. §§ 990, 987 ohne Weiteres alle gezogenen Nutzungen ersetzen und außerdem Ersatz für schuldhaft nicht gezogene Nutzungen leisten. Den unredlichen/verklagten Besitzer trifft die Pflicht zur ordnungsgemäßen Bewirtschaftung der Sache, so dass er dem Eigentümer jeden Nutzungs-nachteil zu ersetzen hat, der durch eine ordnungsgemäße Wirtschaft vermieden worden wäre, es sei denn es trifft den Besitzer an der Nichtnutzung kein Verschulden.[215] Ob der Eigentümer die Nutzung selbst gezogen hätte, spielt dagegen keine Rolle.[216]

Soweit die Nutzungen nicht mehr in seinem Vermögen vorhanden sind, muss er Wertersatz leisten. Auf Entreicherung gem. § 818 Abs. 3 kann sich der Anspruchsgegner im Rahmen des § 987 Abs. 1 nicht berufen, da dieser – anders als § 988 – nicht auf das Bereicherungsrecht verweist.[217]

I.   Der Anspruch aus § 987 (ggf. i.V.m. § 990)

191   **Nutzungsherausgabeanspruch aus § 987 (ggf. mit § 990)**

I. Anspruchsentstehung
1. Nutzungsziehung durch den Besitzer oder § 987 Abs. 2
2. Vindikationslage im Zeitpunkt der Nutzungsziehung
3. Besitzer bösgläubig oder auf Herausgabe verklagt
4. Keine Beschränkung durch § 991 Abs. 1

II. Rechtsvernichtende Einwendungen

III. Durchsetzbarkeit

1.   Anspruchsentstehung

a)   Nutzungsziehung durch den Besitzer

192   Nutzungen sind nach § 100 die Früchte (§ 99) und die Gebrauchsvorteile einer Sache. Bei den Früchten unterscheidet § 99 zwischen unmittelbaren – (§ 99 Abs. 1) und mittelbaren Sach-früchten (§ 99 Abs. 3 Alt. 1) sowie zwischen unmittelbaren (§ 99 Abs. 2) und mittelbaren Rechtsfrüchten (§ 99 Abs. 3 Alt. 2). Keine Nutzung ist der Verkaufserlös einer Sache.

---

215   MüKo-*Raff* § 987 Rn. 22.
216   MüKo-*Raff* § 987 Rn. 22.
217   MüKo-*Raff* § 987 Rn. 17 f.

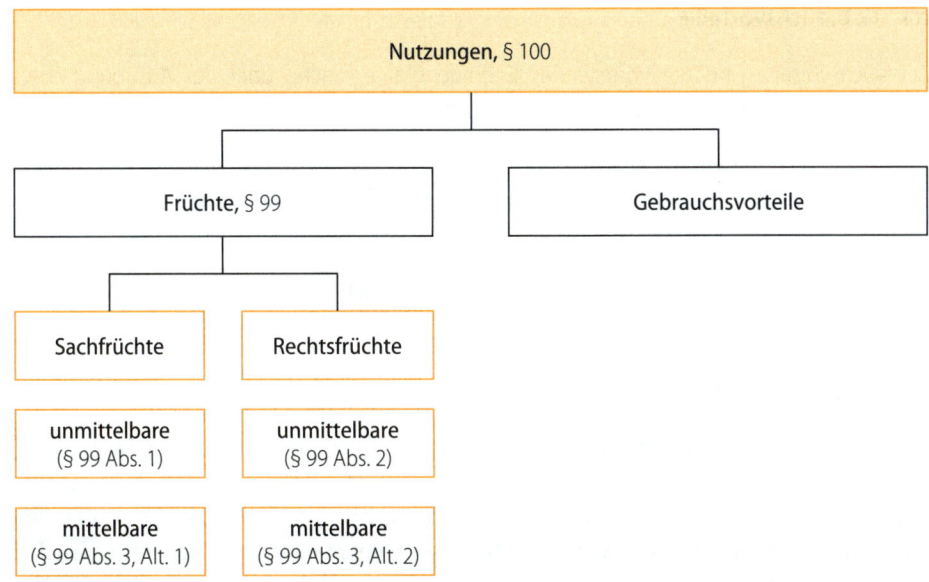

aa) Sachfrüchte

193 Unmittelbare Sachfrüchte gem. § 99 Abs. 1 sind die Erzeugnisse einer Sache und die bestimmungsgemäße Ausbeute, die der Besitzer selbst erzielt. Es handelt sich dabei um alle natürlichen Tier- oder Bodenprodukte wie etwa Eier, Milch, Kälber, Obst, Gemüse, Pflanzen.[218]

Beispiel Der unrechtmäßige Besitzer erntet das Getreide vom Feld. ▪

194 Mittelbare Sachfrüchte sind gem. § 99 Abs. 3 die Erträge, die die Sache aufgrund eines auf Nutzung oder Gebrauch gerichteten Rechtsverhältnisses (z.B. Miet- oder Pachtvertrag) gewährt.

Beispiel Der unrechtmäßige Besitzer hat das Grundstück verpachtet und erhält vom Pächter die Pacht auf sein Konto überwiesen oder in bar. ▪

bb) Rechtsfrüchte

195 Unmittelbare Rechtsfrüchte gem. § 99 Abs. 2 sind die Erträge eines Rechts. Sachfrüchte sind unmittelbare Rechtsfrüchte, wenn sie von einem Nießbraucher oder Pächter aufgrund des Nießbrauchrechts bzw. des Pachtrechts gewonnen werden.[219]

Beispiel Die vom **Pächter** (nicht vom Eigentümer, sonst unmittelbare Sachfrucht!) geernteten Rüben sind Früchte seines Pachtrechts ▪

196 Mittelbare Rechtsfrüchte sind die Erträge, die das Recht vermöge eines auf Nutzung oder Gebrauch gerichteten Rechtsverhältnisses (z.B. Miet- oder Pachtvertrag) gewährt.

Beispiel B hat mit Eigentümer E einen Pachtvertrag über ein dem E gehörendes Feld geschlossen. Dieser ist unwirksam. B unterverpachtet das Grundstück an U und erhält von diesem den Pachtzins. Der von U an B gezahlte Pachtzins ist mittelbare Rechtsfrucht des (vermeintlichen) Pachtrechts des B. ▪

---

218 Palandt-*Ellenberger* § 99 Rn. 2.
219 Palandt-*Ellenberger* § 99 Rn. 3.

cc) Gebrauchsvorteile

197 Gebrauchsvorteile sind die Vorteile des Gebrauchs einer Sache oder der Ausübung eines Rechts, ohne dass es sich dabei um Früchte i.S.d. § 99 handelt.

Beispiele Das Bewohnen einer Wohnung; das Fahren eines Kfz; die erlangten Zinsen von angelegtem Geld, aber auch die ersparten Sollzinsen, wenn mit dem erlangten Geld Schulden getilgt werden sollen.[220] ■

Keine Nutzung ist das, was durch die Verwertung einer Sache erzielt wird (Gewinne, Verkaufserlös).[221]

dd) Unternehmensgewinn als Nutzung?

198 Hinsichtlich des vom unrechtmäßigen Besitzers erzielten Gewinn aus einem Unternehmen, welches er mit der Sache betreibt, wird mit der herrschenden Meinung danach unterschieden, ob der Unternehmensgewinn erstmalig vom Besitzer erzielt wurde oder ob er den Besitz an Sachen eines schon werbend tätigen Unternehmens erlangt hat. Im ersten Fall stellt nach dieser Ansicht der Unternehmensgewinn keine Nutzung dar, da er allein auf dem Einsatz des Unternehmers beruht. In letzterem Fall soll dagegen eine Nutzung vorliegen.[222]

Beispiel B hat vom geisteskranken Bauern E einen Bauernhof erworben, der von E schon längere Zeit nicht mehr bewirtschaftet worden ist. Kaufvertrag und Übereignung sind nichtig. B betreibt inzwischen einen Reitstall auf dem Hof und erzielt von Anfang an einen monatlichen Gewinn von 5000 €. B muss den erzielten Gewinn nicht nach §§ 987 ff. an E herausgeben, da der Gewinn allein auf seinem unternehmerischen Einsatz und nicht auf seinem vermeintlichen Eigentum an der Sache beruht. ■

Nach der Gegenansicht stellt der Unternehmensgewinn keine Nutzung der Sachgesamtheit Unternehmen dar, weil er in erster Linie auf der persönlichen Leistung des Unternehmers und weniger auf der Sache (dem Unternehmen) selbst beruht. Als Nutzung anzusehen ist dann nur der objektive Pachtwert eines Unternehmens.[223]

> **JURIQ-Klausurtipp**
>
> Allein schon mit dem Hinweis auf die bessere Praktikabilität können Sie insoweit der herrschenden Meinung folgen.

ee) Verbrauch keine Nutzung

199 Der Verbrauch einer Sache ist keine Nutzung der verbrauchten Sache, da von einer Nutzung nicht mehr gesprochen werden kann, wenn die Sache nicht erhalten bleibt.[224] Mit anderen Worten setzt eine Nutzung immer voraus, dass die Sachsubstanz, welche die Nutzung ermöglicht, noch erhalten bleibt.

---

220 *BGH* in BGHZ 138, 160; Palandt-*Heinrichs* § 100 Rn. 1.
221 Palandt-*Ellenberger* § 100 Rn. 1.
222 Palandt-*Herrler* § 987 Rn. 3 mit Nw. aus der Rspr.
223 MüKo-*Raff* § 987 Rn. 9 ff. m.w.N., der selbst jedoch auf den Marktwert des Unternehmens abhebt.
224 *BGH* in BGHZ 7, 14; Palandt-*Herrler* § 987 Rn. 7.

Beispiele Keine Nutzung des Heizöls ist dessen Verbrauch beim Heizen; keine Nutzung eines Lebensmittels ist dessen Verzehr. ■

ff) Besonderheit bei Sachfrüchten

Hat der Eigentümer einer Sache, die sich im unrechtmäßigen Besitz eines anderen befindet, das Eigentum an der Sachfrucht erworben, so richtet sich sein Anspruch auf Herausgabe der Sachfrucht nicht nach §§ 987 ff., sondern nach § 985![225]

200

Beispiel Dem Bauern B ist eine Stute von D gestohlen worden. Die Stute gebiert ein Fohlen. Im juristischen Sinne ist das Fohlen unmittelbare Sachfrucht i.S.v. § 99 und damit Nutzung nach §§ 100, 987 ff. Jedoch hat E mit der Geburt des Fohlens nach § 953 kraft Gesetzes Eigentum an diesem erworben, da die Ausnahmen nach §§ 954–957 bei Diebstahl der Muttersache nicht eingreifen. Der Anspruch des E gegen D auf Herausgabe des Fohlens richtet sich nach § 985. ■

>> Alle zitierten Vorschriften bitte lesen![226] «

JURIQ-Klausurtipp

Merken Sie sich im Zusammenhang mit §§ 987 ff. unbedingt die §§ 953 ff., damit Sie nicht die falsche Anspruchsgrundlage durchgreifen lassen. Anders als bei den §§ 987 ff. spielt es nämlich für den Anspruch aus § 985 keine Rolle, ob der Besitzer verklagt oder bösgläubig ist oder den Besitz durch unerlaubte Handlung erlangt hat. Demgemäß kann gegenüber § 985 auch nicht die Beschränkung nach § 991 Abs. 1 eingreifen.

Hat der Besitzer schuldhaft keine Nutzungen gezogen, so ist ergänzend § 987 Abs. 2 zu beachten (dazu Näheres unter Rn. 205).

b) Vindikationslage im Zeitpunkt der Nutzungsziehung

Der Anspruch aus §§ 997, 990 Abs. 1 setzt das Bestehen einer Vindikationslage im Zeitpunkt der Nutzungsziehung voraus.

201

Hinweis

War der Besitzer zunächst besitzberechtigt und ist das Recht zum Besitz später entfallen, so richtet sich die Frage, ob und was er für die Nutzungen bezahlen muss, für die Dauer seines Besitzrechts nach dessen Inhalt, also nach der dem Besitzrecht zugrundeliegenden vertraglichen oder gesetzlichen Regelung. Fällt das Besitzrecht weg, so greifen erst ab diesem Zeitpunkt die §§ 987 ff. ein (anders die h.M. bei **Verwendungen** des Besitzers, s.o.).

---

c) Besitzer bösgläubig oder auf Herausgabe verklagt

Für diese Anspruchsvoraussetzung gilt das unter Rn. 148 f. bereits Gesagte.

202

---

225 Palandt-*Herrler* § 987 Rn. 2.
226 Mehr zu diesen gesetzlichen Erwerbstatbeständen im Skript „Sachenrecht II".

d)   Keine Beschränkung durch § 991 Abs. 1

203   Eine Sonderstellung nimmt der unredliche bzw. verklagte **Fremd**besitzer ein, der **für einen Dritten** besitzt! Bei diesem Fremdbesitzer muss gem. § 991 Abs. 1 als weitere Voraussetzung hinzu kommen, dass **auch der Oberbesitzer** unredlich bzw. verklagt ist.

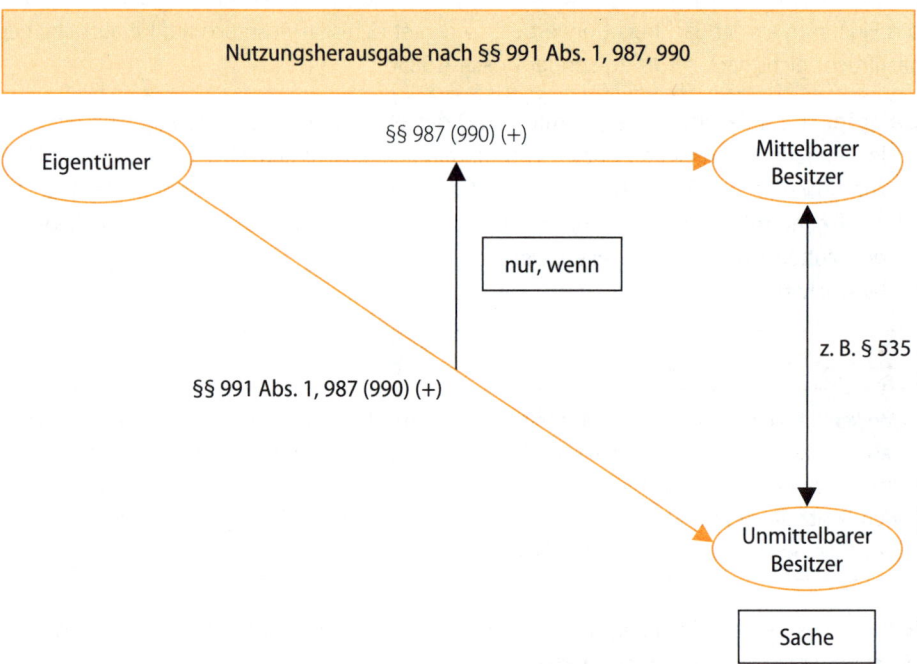

Hinweis

Zweck dieser schwer verständlichen Regelung ist es, den gutgläubigen und unverklagten Dritten (der daher dem Eigentümer nicht haftet) vor Regressansprüchen des Besitzmittlers (hier B) zu schützen.[227]

Beispiel   D hält sich gutgläubig für den Eigentümer einer Harley-Davidson, die er von X entgeltlich erworben hat. In Wirklichkeit gehört das Motorrad dem E, von dem es X gestohlen hat. D vermietet das Motorrad an B, der das Eigentum des E grob fahrlässig verkennt. B fährt mit dem Motorrad 5000 km. E will Nutzungsersatz. B kündigt an, dass er sich im Falle einer Nutzungsersatzpflicht gegenüber E bei D schadlos halten will. Wie ist die Rechtslage?

Von D kann E keinen Nutzungsersatz verlangen: Zwar ist E wegen § 935 Abs. 1 Eigentümer des PKW geblieben und D hat kein Recht zum Besitz. D ist jedoch gutgläubiger, unverklagter und entgeltlicher Besitzer, der daher weder nach §§ 987, 990 noch nach § 988 auf Nutzungsersatz haftet. Andere Nutzungsersatzansprüche sind gemäß § 993 Abs. 1 Hs. 2 ausgeschlossen.

Auch von B kann E keinen Nutzungsersatz verlangen: Zwar hat B das Eigentum des E und damit das von D abgeleitete Recht zum Besitz grob fahrlässig verkannt, so dass die

---

227 Palandt-*Herrler* § 991 Rn. 2.

Voraussetzungen der §§ 987, 990 vorliegen würden. B ist jedoch ein Fremdbesitzer, der für einen Dritten (D) besitzt, so dass zusätzlich die Voraussetzungen des § 991 Abs. 1 gegeben sein müssen. Das ist jedoch nicht der Fall, da der Oberbesitzer D weder bösgläubig noch verklagt ist.

Wäre das anders, so bestünde die Gefahr, dass B von D Schadensersatz gem. § 536a wegen des Rechtsmangels verlangt, was dazu führen würde, dass der eigentlich nach § 993 Abs. 1 Hs. 2 geschützte D im Ergebnis doch haftet. Das will § 991 Abs. 1 verhindern.

Zu beachten ist jedoch, dass ein Schadensersatzanspruch des B gegen D genau genommen gem. § 536b S. 2 ausgeschlossen wäre (B hat den Rechtsmangel grob fahrlässig verkannt, ohne dass D ihn arglistig getäuscht hätte). Teilweise wird § 991 Abs. 1 daher im Hinblick auf seinen Schutzzweck einschränkend dahingehend ausgelegt, dass er auf die Fälle zu beschränken ist, in denen ein Regress des Besitzmittlers beim Oberbesitzer nicht ausgeschlossen ist.[228] Ist ein Regressanspruch des Besitzmittlers (wie hier gem. § 536b) ausgeschlossen, gilt nach dieser Ansicht § 991 Abs. 1 nicht, mit der Folge, dass der Besitzmittler B dem Eigentümer allein nach den Voraussetzungen der §§ 987, 990 haftet. ◾

> **JURIQ-Klausurtipp**
>
> Sofern Sie dieses Problem erkannt haben, ob es zu berücksichtigen ist, dass ein Regressanspruch tatsächlich möglich ist oder aber ausgeschlossen ist, ist es wirklich nicht von Bedeutung, welcher Ansicht Sie sich insofern anschließen. Wer ein solches Problem erkennen und diskutieren kann, hat in jedem Fall beim Korrektor schon „gewonnen".

e)   Anspruchsinhalt

aa)   Tatsächlich gezogene Nutzungen

Der Besitzer hat nach §§ 987 Abs. 1 (990 Abs. 1) dem Eigentümer in jedem Fall die tatsächlich   **204** gezogenen Nutzungen herauszugeben. Können diese ihrer Natur nach nicht gegenständlich herausgegeben werden, so hat er dem Eigentümer ihren Wert zu vergüten.[229]

bb)   Schuldhaft nicht gezogene Nutzungen

Hat der Besitzer nach dem Eintritt der Rechtshängigkeit des Eigentumsherausgabeanspruchs   **205** oder der Bösgläubigkeit im Hinblick auf sein Recht zum Besitz Nutzungen nicht gezogen, die er nach den Regeln einer ordnungsgemäßen Wirtschaft hätte ziehen können, so ist er, falls ihm Verschulden zur Last gelegt werden kann, dem Eigentümer nach § 987 Abs. 2 zum Ersatz verpflichtet.

Beispiel   B erwirbt vom Winzer E zwei Weinberge. E ist wegen eines fortgeschrittenen Korsakow-Syndroms (alkoholbedingte Geisteskrankheit) geschäftsunfähig. Kaufvertrag und Übereignung sind daher nichtig. B weiß, dass E geschäftsunfähig ist. Einen der Weinberge verpachtet B an den Winzer W. In der Traubenlesezeit erntet B die Trauben des anderen Weinbergs aus Faulheit nicht.

---

228 MüKo-*Raff* § 991 Rn. 7; a.A. Palandt-*Herrler* § 991 Rn. 2.
229 Palandt-*Herrler* § 987 Rn. 4.

Nach §§ 990 Abs. 1, 987 Abs. 1 muss B dem E die von W erhaltene Pacht herausgeben. Außerdem muss er für die nicht geernteten Trauben gem. § 987 Abs. 2 Wertersatz leisten. Zur Herausgabe der Weinberge ist er nach § 985 verpflichtet. ■

2. Rechtsvernichtende Einwendungen

206 Insoweit ergeben sich keine Besonderheiten. Es gelten die allgemeinen Regeln.[230]

3. Durchsetzbarkeit

207 Der Anspruch wird gem. § 271 Abs. 1 sofort fällig.

» Lesen Sie an dieser Stelle § 199 bitte noch einmal sorgfältig durch! «

208 Beruht der Anspruch auf Nutzungsherausgabe auf der Nutzung einer beweglichen Sache, so unterliegt er der Regelverjährungsfrist von 3 Jahren nach § 195. Die Frist beginnt nach § 199 Abs. 1 mit dem Schluss des Jahres, in welchem der Anspruch entstanden ist und der Eigentümer Kenntnis von den Anspruch begründenden Tatsachen und der Person des Schuldners Kenntnis erlangt hat. Das Gleiche gilt bei grob fahrlässiger Unkenntnis des Eigentümers von diesen Tatsachen.

> **Hinweis**
>
> **Beachten Sie aber:** Unabhängig von Kenntnis oder grob fahrlässiger Unkenntnis verjährt der Anspruch nach **§ 199 Abs. 4** innerhalb von 10 Jahren nach seiner Entstehung.

209 Beruht der Anspruch aus § 987 (990 Abs. 1) auf der Nutzung eines Grundstücks, als dessen Eigentümer noch der Anspruchsteller eingetragen ist, so unterliegt er nach § 902 Abs. 1 nicht der Verjährung.

II. Der Anspruch aus § 988

210 Nutzungsersatzanspruch aus § 988

I. Anspruchsentstehung
1. Nutzungsziehung durch den Besitzer
2. Vindikationslage
3. Besitzer gutgläubig und unverklagt
4. Unentgeltliche Besitzerlangung
   - Analoge Anwendung bei schuldrechtlichem Nutzungsrecht   Rn. 219
   - Analoge Anwendung bei Selbstverschaffung des Besitzes   Rn. 220
   - Analoge Anwendung bei rechtsgrundlosem Erwerb   Rn. 221

II. Rechtsvernichtende Einwendungen

III. Durchsetzbarkeit

---

230 Siehe dazu ausführlich im Skript „Schuldrecht AT II".

§ 988 trägt dem Umstand Rechnung, dass auch der redlich-unverklagte Besitzer weniger   **211**
schutzwürdig ist, wenn er den Besitz an der Sache unentgeltlich erlangt hat und daher bisher für die Nutzung noch nichts bezahlt hat. Deswegen soll der unrechtmäßige Besitzer in
diesem Fall, auch wenn er redlich und unverklagt ist, für die Nutzung der Sache wenigstens
in dem Umfang, in dem er bereichert ist, dem Eigentümer etwas bezahlen. Dies ist die
Bedeutung des in § 988 enthaltenen Verweises auf das Bereicherungsrecht.

Hinweis

Dabei handelt es sich um einen allgemeinen Grundsatz, der für das gesamte BGB gilt. Wer
eine Sache unentgeltlich erlangt, ist nach Ansicht des Gesetzgebers weniger schutzwürdig
als der entgeltliche Erwerber (vgl. auch §§ 816 Abs. 1 S. 2, 822).

---

1.   Anspruchsentstehung

Die unmittelbar in § 988 geregelte Situation kann allerdings nur dann eintreten, wenn der   **212**
Besitzer die Sache auf Grund eines wirksamen schuldrechtlichen Vertrages **von einem Drit-**
ten erlangt hat, der ihn zur unentgeltlichen Nutzung der Sache berechtigt.

Hierbei darf der Dritte **nicht** zur Überlassung des Besitzes an den Anspruchsgegner berechtigt gewesen sein. Nur dann kann die Konstellation eintreten, dass der Besitzer einerseits kein
Recht zum Besitz gegenüber dem Eigentümer hat (EBV), andererseits eine wirksame schuldrechtliche Absprache besteht, wonach er für die Nutzung der Sache (an den Dritten, seinen
Vertragspartner) nichts bezahlen muss.

a)   Nutzungsziehung durch den Besitzer

Voraussetzung des Anspruchs ist, dass der Besitzer tatsächlich Nutzungen gezogen hat. Die   **213**
in § 987 Abs. 2 enthaltene Erweiterung des Anspruchs auf „schuldhaft nicht gezogene Nutzungen" gilt bei § 988 nicht.

b)   Vindikationslage

Auch für diesen Anspruch muss eine Vindikationslage bestehen. Insoweit gelten die gleichen   **214**
Grundsätze, wie bei dem Anspruch aus §§ 987 (990).

c)   gutgläubiger und unverklagter Besitzer

Anders, als im Fall der §§ 987 (990) ist Voraussetzung, dass der Besitzer gutgläubig und   **215**
unverklagt ist.

d)   Unentgeltliche Besitzerlangung

§ 988 setzt weiterhin die unentgeltliche Besitzerlangung voraus.   **216**

aa)   Unmittelbarer Anwendungsbereich

Nach seinem Wortlaut gilt § 988 nur bei unentgeltlicher Besitzerlangung durch den **Eigenbe-** **217**
sitzer und den Besitzer, dem ein vermeintliches **dingliches** Nutzungsrecht **an der** Sache
zusteht.

> **Eigenbesitzer** ist nach § 872, wer eine Sache als ihm gehörend besitzt.

Die **erste Variante** kommt also dann in Betracht, wenn der Besitzer die Sache unentgeltlich erworben hat und sich dabei gutgläubig **für den Eigentümer** hält.

Beispiel Dem E wird sein Wagen gestohlen. Dieb D fälscht die KFZ-Papiere und verschenkt das Fahrzeug an den gutgläubigen B. In diesem Fall hat B, obwohl er gutgläubig ist, kein Eigentum nach §§ 929 S. 1, 932 Abs. 1 S. 1 an dem Fahrzeug erlangt, da § 935 Abs. 1 S. 1 den gutgläubigen Eigentumserwerb an gestohlenen Sachen grundsätzlich ausschließt. B besitzt und nutzt das Fahrzeug aber als gutgläubiger unentgeltlicher Eigenbesitzer und ist dem E daher nach §§ 988, 818 Abs. 2 verpflichtet, die Nutzungen zu vergüten. ◼

218   Als weitere Alternative kommt nach dem Wortlaut des § 988 der seltene Fall in Betracht, dass der Besitzer den unentgeltlichen Besitz auf Grund eines ihm in Wirklichkeit nicht zustehenden **dinglichen Nutzungsrechts an der Sache** erlangt hat.

Beispiel Bestellung eines unentgeltlichen Nießbrauchs (§§ 1030 ff.) an einer dem Eigentümer gestohlenen beweglichen Sache. Auch in diesem Fall erwirbt der Besitzer gegenüber dem Eigentümer kein Recht zum Besitz, da die wirksame Bestellung eines Nießbrauchs an einer gestohlenen Sache nach §§ 1032 Abs. 1 S. 2, 935 Abs. 1 S. 1 nicht möglich ist. Auch in diesem Fall ist der Besitzer nach §§ 988, 818 Abs. 2 dem Eigentümer zur Herausgabe der Nutzungen verpflichtet. ◼

bb) Analogiefälle

(1)   Analoge Anwendung bei schuldrechtlichem Nutzungsrecht

219   § 988 ist über seinen Wortlaut hinaus analog auch auf den Besitzer anwendbar, der gutgläubig vom Bestehen eines schuldrechtlichen unentgeltlichen Besitzrechts ausgeht.[231]

Beispiel Der Dieb verleiht den von ihm gestohlenen Wagen des Eigentümers E an B. ◼

(2)   Analoge Anwendung bei Selbstverschaffung des Besitzes

220   Darüber hinaus ist § 988 analog auch auf die Fälle anzuwenden, in denen die Besitzverschaffung bereicherungsrechtlich als Eingriffskondiktionen einzuordnen ist. Dies ist dann der Fall, wenn der Besitzer sich gutgläubig den Besitz selbst verschafft hat.[232]

Beispiel B vertauscht sein Mountain-Bike mit dem Mountain-Bike des Eigentümers E. Das Mountain-Bike des E sieht dem Mountain-Bike des B zum Verwechseln ähnlich. B nutzt das Mountain-Bike zwei Monate (Nutzungswert 40 €). Auch in diesem Fall liegt unentgeltlicher Erwerb des Besitzes vor, da B für die Benutzung bisher tatsächlich noch nichts bezahlt hat. ◼

---

231 *BGH* in BGHZ 71, 216, 225.
232 Bamberger/Roth-*Fritzsche* § 988 Rn. 8.

(3) Analoge Anwendung bei rechtsgrundlosem Erwerb

Für den Fall rechtsgrundlosen Erwerbs sieht das Gesetz an sich die Rückabwicklung des **221** Geschäfts nach den §§ 812 ff. vor. Die bereicherungsrechtlichen Ansprüche erstrecken sich nach § 818 Abs. 1 auch auf die gezogenen Nutzungen. Dies ist jedenfalls dann unproblematisch, wenn der Besitzer das Eigentum ohne Rechtsgrund erlangt hat und damit kein EBV vorliegt.

> **Beispiel** E verkauft und übereignet dem B seinen PKW. Der Übereignungsvertrag (§§ 929 ff.) ist wirksam, der Kaufvertrag (§ 433) dagegen unwirksam. B nutzt das Fahrzeug ½ Jahr, bevor sich die Nichtigkeit des Kaufvertrages herausstellt.
>
> Wegen der Wirksamkeit der Übereignung kommen weder ein Herausgabeanspruch des E aus § 985, noch Nutzungsersatzansprüche aus §§ 987 ff. in Betracht. Vielmehr kann E von B nach § 812 Abs. 1 S. 1 Alt. 1 die Rückübereignung und Herausgabe und i.V.m. § 818 Abs. 1, 2 die Zahlung einer Nutzungsvergütung verlangen. ◾

Problematisch ist aber, ob dieser Lösungsweg auch dann gilt, wenn nicht nur das schuld- **222** rechtliche Kausalgeschäft, sondern auch das dingliche Übereignungsgeschäft unwirksam ist und daher eine Vindikationslage i.S.d. §§ 985 ff. vorliegt.

Wie das obige *Beispiel* zeigt, kann E von B nach § 812 Abs. 1 S. 1 Alt. 1 Rückübertragung des Eigentums einschließlich der gezogenen Nutzungen verlangen. Sind dagegen sowohl das Verpflichtungs- als auch das Verfügungsgeschäft nichtig, hat die Rückabwicklung nach den §§ 985 ff. zu erfolgen: E kann von B gem. § 985 Herausgabe der Sache verlangen. Ist aber B redlich, so kann E von ihm vor Rechtshängigkeit gezogene Nutzungen aus der Sache nicht herausverlangen. E steht also schlechter, als wenn er sein Eigentum nicht verloren hat, also nur das Verpflichtungsgeschäft nichtig gewesen wäre.[233] Das erscheint angesichts dessen, dass die Unwirksamkeit der Übereignung dem Schutz des Eigentümers dienen soll, wenig überzeugend.[234]

> **Beispiel** B erwirbt von E ein landwirtschaftliches Gut. Dieses wird dem B übergeben und von ihm bewirtschaftet – insbesondere bringt er die Ernte ein. Einige Zeit danach, noch vor der Auflassung, stellt sich heraus, dass E unerkannt geisteskrank ist. Der Betreuer des E verlangt von B Herausgabe der Ernte.[235]
>
> E, vertreten durch seinen Betreuer, könnte einen Anspruch auf Herausgabe der Ernte haben gem. §§ 990 Abs. 1, 987. Ein Eigentümer-Besitzer-Verhältnis im Sinne der §§ 985 f. liegt vor – mangels Auflassung hatte der E sein Eigentum noch nicht verloren. B war auch unberechtigter Besitzer – der zwischen ihm und E geschlossene Kaufvertrag, der ihm ein Besitzrecht verschafft hätte, war infolge der Geisteskrankheit des E nichtig (§§ 104 Nr. 2, 105 Abs. 1). Jedoch war B bei Besitzerwerb redlich, so dass die Voraussetzungen des § 990 Abs. 1 S. 1 nicht vorliegen. Auch ein Anspruch aus §§ 990 Abs. 1 S. 2, 987 scheitert, weil B die Ernte eingebracht hatte, bevor er von der Geisteskrankheit des E erfuhr. ◾

Dieses Ergebnis wird wohl allgemein als korrekturbedürftig empfunden: Vor allem die **223** Rechtsprechung stellt in diesen Fällen die rechtsgrundlose – der unentgeltlichen Besitzer-

---

233 *Medicus/Petersen* Bürgerliches Recht Rn. 600.
234 *Schreiber* Jura 1992, 533 ff. (534).
235 Nach RGZ (GS) 163, 348 ff.

langung gleich und wendet § 988 analog an.[236] In der Literatur wird dagegen eine andere Lösung favorisiert: Entgegen § 993 Abs. 1 Hs. 2 soll ausnahmsweise die Leistungskondiktion zulässig sein.[237]

> **JURIQ-Klausurtipp**
>
> Die unterschiedlichen Ansichten wirken sich in Zweipersonenverhältnissen nicht aus. Es empfiehlt sich daher, sich einer der Ansichten anzuschließen und lediglich darauf hinzuweisen, dass die Gegenansicht zu identischen Ergebnissen führt.

224   Für die Lösung im obigen *Beispiel* könnte man formulieren:

E könnte aber einen Anspruch auf Herausgabe der Ernte gem. § 812 Abs. 1 S. 1 Alt. 1 haben. Das setzt voraus, dass die Anwendung des Bereicherungsrechts vorliegend überhaupt zulässig ist. Dagegen spricht § 993 Abs. 1 a.E., wonach über die §§ 987 ff. hinausgehende Ansprüche gegen den redlichen, unverklagten Besitzer nicht bestehen.

Fraglich ist aber, ob vorliegend eine Ausnahme von diesem Grundsatz zu machen ist. Das bisherige Ergebnis – kein Anspruch des E auf Herausgabe der Ernte – erscheint äußerst befremdlich, wenn man sich das Ergebnis für den Fall vergegenwärtigt, dass nur das Verpflichtungsgeschäft nichtig gewesen wäre: Hier könnte der Verkäufer ohne Weiteres gem. §§ 812 Abs. 1 S. 1 Alt. 1, 818 Abs. 1 auch die gezogenen Nutzungen herausverlangen. Der Verkäufer kann aber nicht dadurch schlechter stehen, dass auch das Verfügungsgeschäft nichtig gewesen ist – er also sogar Eigentümer der Sache geblieben ist.

Zur Korrektur dieser Ergebnisdiskrepanzen ist deshalb in Fällen wie dem vorliegenden ausnahmsweise die Leistungskondiktion zuzulassen. [Subsumtion §§ 812 Abs. 1 S. 1 Alt. 1, 818 Abs. 1]

Zu demselben Ergebnis kommt man, wenn man mit der Rechtsprechung auf Fälle wie den vorliegenden § 988 analog anwendet. Auf eine Entscheidung zwischen diesen Ansichten kommt es deshalb nicht an.

225   Anderes gilt dagegen für **Dreipersonenverhältnisse**:

Beispiel   Der unerkannt geisteskranke D entwendet das Fahrrad des E und verkauft es an den gutgläubigen B, der den Kaufpreis von 500 € sofort begleicht. Nach 6 Monaten erfährt E durch Zufall, dass B im Besitz seines Fahrrades ist. Er verlangt neben der Herausgabe eine Nutzungsentschädigung in Höhe von 100 €. Die Angemessenheit dieser Nutzungsentschädigung sei hier einmal unterstellt.

Nach Ansicht des *BGH* hätte E einen Anspruch gegen B auf Herausgabe bzw. Wertersatz für gezogene Nutzungen gem. §§ 988 analog, 818 f.

Nach der Gegenansicht könnte E sich dagegen lediglich an D halten: Auch gegen diesen hätte er einen Anspruch auf Ersatz für solche Nutzungen, die er selbst gezogen hätte, §§ 992, 823, 249. Ferner könnte er sich die Ansprüche des D gegen B abtreten lassen. Das hat für B den Vorteil, dass er gem. § 404 dem E die Kaufpreiszahlung entgegen halten kann.[238] ◾

226   Es geht hier letztlich um die Frage, wie ein angemessener Schutz aller Beteiligten erreicht werden kann bzw. welcher Schutz der Beteiligten angemessen erscheint: Teilweise wird hierbei argumentiert, der Vindikationsgegner könne eine bereits erbrachte Gegenleistung gem.

---

236 RGZ (GS) 163, 348 ff.; *BGH* in BGHZ 32, 76 ff. (94) m.w.N.

237 *Roth* JuS 1997, 897 ff. (899 f.).

238 *Schreiber* Jura 1992, 533 ff. (534).

§ 812 Abs. 1 S. 1 Alt. 1 von seinem Vertragspartner zurückfordern. Da er also im Ergebnis kein Opfer für den Erwerb erbringen müsse, erscheine er nicht schutzwürdiger als derjenige, der den Besitz unentgeltlich erlange.

Dem halten Andere entgegen, der Besitzer werde auf diese Weise unangemessen benachteiligt.[239] Als „unentgeltlich" würden zudem im Gesetz regelmäßig solche Vermögensverschiebungen bezeichnet, die in freigiebiger Absicht erfolgten. Das könne man von einem gescheiterten Veräußerungsgeschäft aber nicht behaupten – auch unter diesem Gesichtspunkt erscheine die Gleichsetzung der Unentgeltlichkeit mit der Rechtsgrundlosigkeit zweifelhaft.[240]

Beide Ansichten sind mit entsprechender Begründung vertretbar.

> **JURIQ-Klausurtipp**
>
> Für den Prüfungsaufbau gilt: Zunächst sind Ansprüche auf Nutzungsersatz gem. §§ 987 ff. (d.h. Ansprüche gem. § 987, §§ 987, 990, § 993 Abs. 1) zu prüfen und abzulehnen. Sodann ist zu diskutieren, ob § 988 analog anzuwenden ist. Wer diese Frage verneint, prüft im Anschluss Ansprüche gem. §§ 812 ff. und verweist vorab darauf, dass die Sperrwirkung des § 993 Abs. 1 a.E. aus den oben genannten Gründen hier nicht gilt.

» Hier handelt es sich um ein derart spezielles Problem, dass es nur entscheidend sein wird, dass Sie es erkannt haben und argumentieren, aber nicht, in welcher Weise Sie es lösen. **«**

e) Rechtsfolgenverweis auf §§ 818 ff

Zum Schutz des redlichen Besitzers schränkt § 988 den Anspruchsumfang durch den Rechtsfolgenverweis auf die §§ 818 ff. ein. Danach soll der unentgeltliche Besitzer dem Eigentümer den Betrag zahlen, den er sonst ohne die unentgeltliche Überlassung ohnehin aufgewendet hätte, soweit er also durch die unentgeltliche Nutzung tatsächlich bereichert ist.

227

Beispiel B möchte eine Geschäftsreise machen. Da sein Wagen wegen eines Unfalls für eine Woche nicht zur Verfügung steht, überlegt er, sich für die Geschäftsreise einen VW Golf zu mieten. Dies würde Kosten in Höhe von 200 € verursachen. F, ein Freund des B, der den Wagen seiner Mutter E, die sich im Krankenhaus befindet, einen Mercedes S 500, derzeit benutzt, aber ihn nicht unbedingt braucht, überlässt dem B für die Dauer der Geschäftsreise den Wagen unentgeltlich. B geht den Umständen nach gutgläubig davon aus, dass es sich um den Wagen des F handelt. E hatte dem F nicht gestattet, den Wagen an Dritte zu verleihen. Der Nutzungswert des Mercedes für die Dauer der Geschäftsreise beträgt 500 €. E verlangt von B Zahlung von 500 €.

Der Anspruch könnte sich aus §§ 988, 818 ff. ergeben. E ist Eigentümerin und B ist zur Zeit der Benutzung Besitzer des Mercedes. Der Leihvertrag zwischen F und B ist wirksam, da sich F schuldrechtlich ohne Weiteres zur leihweisen Überlassung des Fahrzeugs an B verpflichten konnte. Angesichts des erheblichen Wertes des Wagens und des erkennbaren Interesses an der Überlassung kann auch nicht davon ausgegangen werden, dass es sich nur um eine reine Gefälligkeit im außerrechtsgeschäftlichen Bereich handelte. Dennoch verschafft der Leihvertrag dem B kein Recht zum Besitz gegenüber E, da hierfür das erforderliche Einverständnis der E fehlt.

---

239 *Schreiber* Jura 1992, 533 ff. (534); *Medicus/Petersen* Bürgerliches Recht Rn. 600.
240 *Schreiber* Jura 1992, 533 ff. (534).

B war zur Zeit der Benutzung gutgläubig, da er ohne grobe Fahrlässigkeit vom Eigentum des F und damit von seinem Besitzrecht ausging. Dennoch kann E nach §§ 988, 818 Abs. 2 von B Zahlung einer Nutzungsvergütung in Höhe des Betrages verlangen, den B für die Benutzung eines Wagens ohnehin aufwenden wollte. Hätte B gewusst, dass F zur Überlassung des Wagens nicht berechtigt war, hätte er einen Golf für 200 € gemietet, keinesfalls aber einen Mercedes für 500 €. B ist durch die Benutzung des Mercedes daher nur in Höhe von 200 € bereichert (§ 818 Abs. 3).

Der Anspruch besteht somit nach §§ 988, 818 Abs. 2 in Höhe von 200 €. ▪

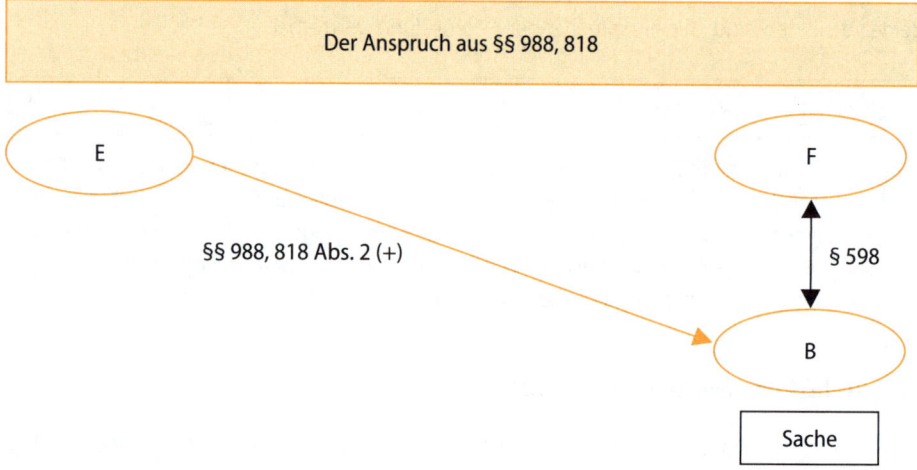

2. Rechtsvernichtende Einwendungen/Durchsetzbarkeit

228 Hinsichtlich der rechtsvernichtenden Einwendungen und der Durchsetzbarkeit gelten die Ausführungen zu §§ 987 (990) entsprechend.

III. Der Anspruch aus § 993

229 Soweit der unrechtmäßige Besitzer dem Eigentümer nicht nach §§ 987, 988, 990 Abs. 1 zur Herausgabe von Nutzungen verpflichtet ist, hat er dem Eigentümer nach § 993 Abs. 1 Hs. 1 nur eventuell gezogene „Übermaßfrüchte" herauszugeben.

Beispiel B ist unrechtmäßiger gutgläubig unverklagter Besitzer eines dem E gehörenden Waldgrundstücks, das er von einem Dritten gekauft hatte. Da B Geld braucht, lässt er gleich den ganzen Wald abholzen und verkauft das Holz. Hierbei handelt es sich um Ziehung sog. Übermaßfrüchte, die B dem E auch als redlich/unverklagter entgeltlicher Besitzer nach § 993 Abs. 1 Hs. 1 herauszugeben hat. ▪

IV. Konkurrenzen

230 Die in den §§ 987 ff. geregelten Nutzungsersatzansprüche werden wegen § 993 Abs. 1 Hs. 2 als abschließende Sonderregelung angesehen. Daraus folgt, dass andere Ansprüche auf Nutzungsersatz grundsätzlich verdrängt werden.

1. Verhältnis zum Bereicherungsrecht

Die §§ 812 ff. werden grundsätzlich durch die §§ 987 ff. verdrängt. Voraussetzung ist jedoch, dass eine Nutzung tatsächlich vorliegt, da andernfalls die §§ 987 ff. nicht anwendbar sind und keine Sperrwirkung entfalten können. Daraus folgt: **231**

§ 816 Abs. 1 ist ohne Weiteres anwendbar, weil die Veräußerung keine Nutzung der Sache darstellt.

Die §§ 812 ff. sind uneingeschränkt anwendbar, soweit es um Ansprüche wegen des Verbrauchs der Sache selber geht, da der Verbrauch ebenfalls keine Nutzung der Sache an sich darstellt. Das Gleiche gilt für Bereicherungsansprüche auf Herausgabe der Sache.

2. Verhältnis zur GoA

Es ist anerkannt, dass § 687 Abs. 2 nicht durch die §§ 987 ff. verdrängt wird, da die Vorschrift Vorsatz voraussetzt und der vorsätzlich Handelnde nicht schutzwürdig ist.[241]   **232**

Im Falle der angemaßten Eigengeschäftsführung des Besitzers hat dieser dem Eigentümer gezogene Nutzungen gem. §§ 687 Abs. 2, 681 S. 2, 667 herauszugeben und nicht gezogene Nutzungen gem. §§ 687 Abs. 2, 678 zu ersetzen. Diese Ansprüche sind dann ausnahmsweise neben den §§ 987 ff. anwendbar.

---

241 Bamberger/Roth-*Fritzsche* § 987 Rn. 48.

D. Schadensersatzansprüche im EBV, §§ 989–992

I. Problemstellung und Konkurrenzfragen

>> Beachten Sie aber bitte unbedingt, dass dieses gesetzliche Schuldverhältnis erst die Folge der Entstehung des Anspruchs auf Herausgabe nach § 985 ist. <<

233 Der Schadensersatzanspruch nach den Regeln der §§ 989 ff. überschneidet sich mit zwei allgemeinen Haftungssystemen:

Die Verwirklichung einer Vindikationslage nach §§ 985, 986 löst kraft Gesetzes den Herausgabeanspruch des § 985 aus. Dabei handelt es sich um ein auf Herausgabe gerichtetes (gesetzliches) Schuldverhältnis. Jede Pflichtverletzung im Rahmen dieses Schuldverhältnisses könnte eigentlich nach §§ 280 ff. behandelt werden.

Beispiel Wenn der unberechtigte Besitzer die Sache nicht zurückgibt, obwohl er dies kann, läge eine Leistungsverzögerung vor. Zerstört er die Sache, läge eine Nichtleistung wegen Leistungsbefreiung (§ 275 Abs. 1) vor. Beschädigt er sie, wäre eine Rücksichtspflichtverletzung nach § 241 Abs. 2 gegeben. Es fragt sich daher, wie sich die Ansprüche aus §§ 989 ff. zu den in §§ 280 ff. geregelten Ansprüchen verhalten. Der Anwendbarkeit der §§ 280 ff. im EBV könnte § 993 entgegen stehen. ■

1. Verhältnis der §§ 280 ff. zu den Schadensersatzansprüchen aus §§ 989 ff.

a) Anwendbarkeit der §§ 280 Abs. 1, 2, 286 im EBV

234 Verzögert der unrechtmäßige Besitzer trotz Mahnung die Herausgabe der Sache und entsteht dem Eigentümer dadurch ein Schaden, so müsste er diesen dem Eigentümer nach §§ 280 Abs. 1, 2, 286 ersetzen, falls dieser Anspruch – trotz § 993 – im EBV anwendbar ist.

235 **Beispiel** B ist bösgläubiger unrechtmäßiger Besitzer eines im Eigentum des E stehenden PKW. Da E den PKW dringend für berufliche Fahrten benötigt, fordert er den B zur unverzüglichen Herausgabe auf. Da B den Wagen erst nach 10 Tagen heraus gibt, muss E sich für diese Zeit einen Wagen mieten. Er verlangt daher von B Ersatz der Mietwagenkosten.

Diese Frage ist in § 990 Abs. 2 geregelt, wonach eine weiter gehende Haftung des **bösgläubigen** Besitzers wegen Verzuges unberührt bleibt. Da E den B zur Herausgabe angemahnt hat (vgl. § 286 Abs. 1 S. 1) und B bösgläubig ist, hat B dem E die Mietwagenkosten zu ersetzen.[242] Die Verzugsregeln sind daher im EBV auf den bösgläubigen Besitzer anwendbar. Zu beachten ist dabei, dass § 990 Abs. 2 auch auf § 287 verweist. Sollte der Wagen bei B durch Zufall zerstört werden, so käme es bei Prüfung des einschlägigen Anspruchs aus §§ 989, 990 Abs. 1 wegen der Zufallshaftung nach § 287 S. 2 nicht auf das nach §§ 989, 990 Abs. 1 an sich erforderliche Verschulden des B an. ■

b) Anwendbarkeit des § 281 im EBV

236 Ob § 281 im EBV analog anwendbar ist, ist im Hinblick auf **§ 993** umstritten.

---

242 Nach den Grundsätzen des Vorteilsausgleichs ist der Anspruch aber um die ersparte Eigenabnutzung des PKW durch E zu mindern.

Beispiel B ist bösgläubiger unrechtmäßiger Besitzer eines im Eigentum des E stehenden PKW. Da E den PKW dringend für berufliche Fahrten benötigt, fordert er den B **unter Fristsetzung** zur Herausgabe auf. Da B den Wagen bis zum Ablauf der Frist nicht an E heraus gibt, kauft sich E ein vergleichbares anderes Fahrzeug. E verlangt von B Ersatz der Kosten für die Ersatzbeschaffung.

Nach §§ 989, 990 wären dem E diese Kosten nicht zu ersetzen, da danach der Besitzer dem Eigentümer nur für den Schaden verantwortlich ist, der dem Eigentümer dadurch entsteht, dass infolge seines Verschuldens die Sache **verschlechtert** wird, **untergeht** oder **aus einem anderen Grunde von ihm nicht herausgegeben werden kann**.

In § 989 ist also nur der Fall geregelt, dass der Besitzer die Sache zwar (eventuell) herausgeben will, aber **nicht** (zumindest nicht unbeschädigt) **kann**.

Nicht geregelt ist in dieser Vorschrift der umgekehrte Fall, nämlich dass der Besitzer die Sache zwar herausgeben könnte, aber **nicht will**.

Diesen Fall regelt § 281. Es fragt sich somit, ob die Schadensersatzansprüche des EBV für diesen Fall eine planwidrige Regelungslücke enthalten. Diese Frage ist äußerst umstritten. ■

Nach verbreiteter Ansicht in der Literatur ist die Anwendbarkeit des § 281 im EBV grundsätzlich abzulehnen[243]. **237**

Der vindikatorische Herausgabeanspruch aus § 985 habe eine andere Funktion als schuldrechtliche Ansprüche. Er diene der Rechtsverwirklichung nur insoweit, als er Eigentum und Besitz zusammenführen solle.

Würde man ihn mit § 281 verbinden, würde er der Verwertung der Sache dienen. Dies liefe bei wirtschaftlicher Betrachtungsweise auf einen „Zwangsverkauf" an den unrechtmäßigen Besitzer hinaus Dies sei mit dem Zweck des § 985 nicht zu vereinbaren.

Auch könne das Eigentum nicht wie ein sonstiger Erfüllungsanspruch zu Gunsten der Wahl von Schadensersatz wegfallen.

Die Anwendung des § 281 im EBV gefährde zudem den Schutz des redlichen Besitzers, den die §§ 989 ff. sicherstellen sollen.

Nach der Gegenansicht ist § 281 im EBV uneingeschränkt analog anwendbar[244].

Da **§ 989** nur den Schaden **aus der Unmöglichkeit** der Herausgabe ersetzt, aber keine Regelung für den Fall enthält, dass die Herausgabe möglich ist, jedoch trotz Fristsetzung unterbleibt, bestehe eine der Analogie zugängliche Regelungslücke.

Nach einer vermittelnden Ansicht ist § 281 auf den dinglichen Herausgabeanspruch des Eigentümers gegen den unrechtmäßigen Besitzer mit Einschränkungen analog anwendbar.

Bei der analogen Anwendung des § 281 müssen im Hinblick auf § 993 die gesetzlichen Wertungen aus §§ 987 ff. beachtet werden.

---

243 Palandt-/*Herrler* Vorb. v. § 987 Rn. 19; *MüKo* § 985 Rn. 83 ff.; *Staudinger* § 985 Rn. 82; *Erman* Vorbem. zu §§ 997 – 993 Rn. 90; *Soergel/Stadler* § 985 Rn. 18, 24; *Jauernig/Stadler* § 281 Rn. 2; *Wilhelm* Sachenrecht Rn. 1188; *Kohler* NZM 2014, 729, 738; *Gursky* Jura 2004, 433 ff.

244 *Viehweg/Werner* Sachenrecht § 7 VI. Rn. 36; *Brehm/Berger* Sachenrecht § 7 Rn. 70 a.E.

Das Gesetz will den gutgläubig-unverklagten (sonst §§ 989, 990), nicht deliktischen (sonst § 992) Eigenbesitzer (sonst § 991 Abs. 2) vor Schadensersatzansprüchen des Eigentümers schützen. Daher sei § 281 im EBV auch nur auf den verschärft haftenden Besitzer analog anwendbar[245].

Einschränkend wird teilweise vertreten, dass § 281 in Analogie zu § 990 Abs. 2 nur auf den **bösgläubigen** Besitzer analog anzuwenden sei[246].

> ### Hinweis
>
> Beachten Sie als Gegenargument zu diesem Einschränkungsvorschlag aber auch die Parallele im Bereicherungsrecht in §§ 819, 818 Abs. 4, wonach sowohl der **bösgläubige** als auch der **verklagte** Bereicherungsschuldner ohne Unterschied nach den Vorschriften des allgemeinen Schuldrechts haften. Im EBV führt der Schuldnerverzug des Besitzers gem. **§ 287 S. 2**, entgegen § 989, zu einer verschuldensunabhängigen **Zufallshaftung**. Die Beschränkung der Verzugshaftung in § 990 Abs. 2 auf den **bösgläubigen** Besitzer lässt sich auch damit erklären, dass dieser besonders wenig schutzwürdig ist und seine Zufallshaftung für Sachverlust daher wertungsmäßig gerechtfertigt ist. Dieser Gedanke ist aber auf **§ 281** nicht ohne Weiteres übertragbar, da sich dort die Frage einer Zufallshaftung wegen Sachverlusts gerade nicht stellt.

238 Der *BGH* folgt in seiner Entscheidung vom 18.3.2016 der vermittelnden Ansicht, wonach § 281 auf den verschärft haftenden unrechtmäßigen Besitzer analog anzuwenden ist, ohne dabei zwischen dem verklagten und dem bösgläubigen Besitzer zu differenzieren[247].

Schon unter Geltung des alten Schuldrechts konnte der Eigentümer dem Besitzer nach § 283 a.F. – allerdings erst nach dessen rechtskräftiger Verurteilung zur Herausgabe der Sache – eine Frist zur Herausgabe **mit Ablehnungsandrohung** setzen und anschließend zum Schadensersatzanspruch übergehen.

Die Anwendung dieser Vorschrift des allgemeinen Schuldrechts auf den dinglichen Anspruch aus § 985 stützte sich auf die Motive zu dem Entwurf des BGB, in denen davon ausgegangen wurde, dass die allgemeinen Vorschriften des Schuldrechts, insbesondere diejenigen über die Folgen der Nichterfüllung, auf den Eigentumsherausgabeanspruch anwendbar seien, da dieser einen obligationsähnlichen Charakter habe.[248] An die Stelle des § 283 a.F. ist mit der Schuldrechtsreform § 281 getreten. Anhaltspunkte dafür, dass durch die Neuregelung ein Übergang des Eigentümers zum Schadensersatzanspruch nicht mehr möglich sein soll, finden sich in den Gesetzesmaterialien zum neuen Schuldrecht nicht.

Vielmehr sollten durch § 281 n.F. die Gläubigerrechte gestärkt werden, was sich anhand von zwei Unterschieden zur früheren Rechtslage zeigt: Zwar verlangt § 281 ebenfalls eine Fristsetzung, jedoch **keine Ablehnungsandrohung**. Auch ist eine vorherige **rechtskräftige Verurteilung des Besitzers zur Herausgabe** nicht mehr erforderlich. Vielmehr kann der Gläubiger nach Fristablauf **sofort** zum Schadensersatzanspruch übergehen.

---

245 *OLG Rostock* NJW-RR 2012, 222 (223), Palandt-/*Herrler* § 985 Rn. 14, insoweit aber im Widerspruch zur Kommentierung in Vorb. v. § 987 Rn. 19, Palandt-/*Grüneberg* § 281 Rn. 4 m.w.N.
246 Z.B. *Gruber/Lösche* NJW 2007, 2815 (2817).
247 *BGH* Urteil vom 18.3.2016 – V ZR 89/15.
248 *Mugdan* Materialien zum BGB, Band 3, S. 221.

Auch werde der Besitzer über § 281 analog nicht zum Zwangskauf verpflichtet, da er es ja in der Hand habe, die Sache innerhalb der vom Eigentümer gesetzten Frist an diesen herauszugeben.

Verlangt der Eigentümer nach Fristablauf von ihm Schadensersatz statt der Leistung, so **239** erlischt der Anspruch des Eigentümers aus § 985 gem. **§ 281 Abs. 4 analog**. Der Besitzer kann den Schadenersatzanspruch dann nicht mehr durch Herausgabe der Sache abwenden. Hierin liegt zwar eine Schlechterstellung des Schuldners, die aber durch das Verstreichenlassen der ihm gesetzten Herausgabefrist gerechtfertigt ist.

Würde man dem Eigentümer den Übergang vom Herausgabeanspruch zum Schadensersatzanspruch nach Fristsetzung versagen, so müsste er erst gem. § 985 auf Herausgabe der Sache klagen.

Zum Schadensersatzanspruch nach § 989, 990 Abs. 1 könnte er erst dann übergehen, wenn fest steht, dass der Besitzer zur Herausgabe nicht in der Lage ist.

Selbst dies wäre ihm dann versagt, wenn dem Besitzer – wie im vorliegenden Fall – die Herausgabe zwar möglich ist, er aber die Sache nicht herausgeben will.

> **Hinweis**
>
> § 989 Alt. 2 und 3 erfasst nur den Fall „der Besitzer **will zwar**, aber *er kann nicht*", nicht aber den umgekehrten Fall, „der Besitzer *kann zwar*, aber er *will nicht*".

Dies wäre ein für den Eigentümer sehr umständlicher und auch riskanter Weg und er stände **240** ohne einleuchtenden Grund schlechter als der Gläubiger eines obligatorischen Herausgabeanspruchs.

Zu folgen ist der Ansicht des *BGH*. Für den Fall, dass der Besitzer die Herausgabe verweigert, obwohl ihm diese möglich wäre, enthalten die §§ 989, 990 eine planwidrige Regelungslücke, die eine analoge Anwendung des § 281 rechtfertigt. Dies hat der *BGH*, insbesondere unter Hinweis auf die Gesetzesmaterialien zum BGB, überzeugend dargelegt.[249]

Auch entstände ein Wertungswiderspruch, wenn der Eigentümer, dem immerhin der stärkere Anspruch zusteht, schlechter stände als der Inhaber eines schwächeren, lediglich obligatorischen Herausgabeanspruchs (**argumentum a minori ad maius**[250]).

Wertungswidersprüche zu §§ 989 ff. lassen sich dadurch vermeiden, dass man die analoge Anwendung des § 281 auf den verschärft haftenden unrechtmäßigen Besitzer beschränkt.

c) Anwendbarkeit des § 283 im EBV

Unstreitig ist § 283 im EBV **nicht** anwendbar, da die Rechtsfolgen der Unmöglichkeit der **241** Herausgabe in §§ 989, 990 abschließend geregelt sind (vgl. § 993)[251].

---

249 Vgl. *OLG Karlsruhe* NJW 1978, 274; MüKo-*Raff* § 1004 Rn. 46.

250 Der Schluss **„argumentum a minori ad maius"** kennzeichnet in der juristischen Methodenlehre den Schluss vom Kleineren auf das Größere: In einer enger gefassten Regelanordnung ist die weitergehende Anordnung enthalten. Im vorliegenden Fall: Wenn schon dem weniger berechtigten Obligationsgläubiger die Rechte aus § 281 zustehen, dann muss dies erst Recht für den besser berechtigten Eigentümer gelten.

251 Palandt-/*Herrler* § 985 Rn. 13.

d) Anwendbarkeit des § 284 im EBV

242 Nach § 284 kann der Gläubiger an Stelle des Schadensersatzanspruchs statt der Leistung Ersatz der Aufwendungen verlangen die er im Vertrauen auf den Erhalt der Leistung gemacht hat und billigerweise machen durfte und deren Zweck infolge des Ausfalls der Leistung ihren Zweck verfehlt haben. Hierzu liegt noch keine höchstrichterliche Entscheidung vor.

Für die Anwendung im EBV – zumindest als Alternative zu § 281 sprechen 2 Gründe:
- Die §§ 989 ff. enthalten nur eine Regelung für die Anspruchsziele Schadensersatz, Nutzungsersatz und Verwendungsersatz. § 284 betrifft dieses Anspruchsziel nicht.
- Außerdem erscheint es als konsequent, wenn man die Anwendung des § 281 im EBV bejaht, dass man auch § 284 im EBV als Alternative zu § 281 anwenden kann.

e) Anwendbarkeit des § 285 im EBV

243 Erlangt der Schuldner infolge des Umstands, der ihm die Leistung unmöglich macht, einen Ersatz oder Ersatzanspruch (sog. stellvertretendes commodum), so ist er nach § 285 verpflichtet, dem Gläubiger das erlangte stellvertretende commodum herauszugeben.

Beispiel B ist gutgläubiger unrechtmäßiger Besitzer eines im Eigentum des E stehenden E-Bikes im Wert von 2000 €, welches dem E von D gestohlen wurde. B veräußert das E-Bike für 2500 € an den gutgläubigen X. E verlangt von B Herausgabe des Verkaufserlöses von 2500 € und von X Herausgabe des E-Bikes.

Ausgangspunkt ist, dass weder B noch X Eigentum erwerben konnten, da das E-Bike dem E gestohlen wurde (§ 935). Im Zeitpunkt der Veräußerung an X war B somit unrechtmäßiger Besitzer und X ist es nunmehr. E kann daher von X gem. § 985 die Herausgabe verlangen. Könnte er zusätzlich von B die Herausgabe des Erlöses nach § 285 verlangen, so wäre er ohne einleuchtenden Grund doppelt begünstigt. Umgekehrt wäre B, obwohl er gutgläubig war, doppelt belastet, da er dem X wegen Nichtverschaffung des Eigentums den Kaufpreis zurück erstatten müsste. § 285 ist daher nach fast einhelliger Ansicht auf den dinglichen Herausgabeanspruch nach § 985 nicht anwendbar[252]. ■

2. Anwendbarkeit der §§ 823 ff. im EBV

244 Das Eigentum ist bereits durch die unberechtigte Vorenthaltung des Besitzes beeinträchtigt. Jede weitere Verletzung der Herausgabepflicht durch Beschädigung oder Zerstörung der Sache stellt begrifflich eine neue Eigentumsverletzung dar. Somit bestehen begriffliche Überschneidungen zwischen den §§ 989 ff. und §§ 823 ff.

a) Grundsatz: Sperrwirkung des § 993

245 Da es nun aber der Sinn der §§ 987 ff. ist, den redlichen unberechtigten Besitzer gegenüber dem Eigentümer vor den allgemeinen Haftungsregeln abzuschirmen, ist die Anwendung der §§ 823 ff. im EBV grundsätzlich durch § 993 Abs. 1 a.E. gesperrt.

---

252 Palandt-/*Grüneberg* § 285 Rn. 4 m.w.N.

b)   Gesetzliche Ausnahme § 992

Eine Ausnahme hiervon macht § 992. Hat sich der Besitzer den Besitz durch verbotene Eigen- **246**
macht i.S.v. § 858 Abs. 1 oder durch eine Straftat verschafft, so haftet er dem Eigentümer
nach den Vorschriften der unerlaubten Handlungen (Näheres hierzu später).

Beispiel   Dem Eigentümer E wird von D sein Fahrrad gestohlen. Ohne Verschulden des D
   wird das Fahrrad zerstört. Über § 992 finden die §§ 823 ff. Anwendung und damit auch
   § 848, wonach der Dieb auch für **Zufall** haftet. Das gleiche Ergebnis ergibt sich auch aus
   § 287 S. 2. der über § 990 Abs. 2 anwendbar ist, da der Dieb, auch ohne Mahnung, immer
   im Verzug ist (fur semper in mora)[253]. ▪

c)   Nicht geregelte Ausnahme Fremdbesitzerexzess

Im Falle eines Fremdbesitzerexzesses wendet die h.M.[254] trotz § 993 die §§ 823 ff. direkt an. **247**
Ein Fremdbesitzerexzess liegt vor, wenn der unrechtmäßige Fremdbesitzer sein vermeintliches Besitzrecht überschreitet[255] (Näheres hierzu später).

Beispiel   Eigentümer E hat eine Wohnung an M vermietet. Der Mietvertrag ist nichtig. M
   beschädigt fahrlässig die Wohnung. ▪

> **Hinweis**
>
> Merken Sie sich an dieser Stelle den oft zitierten Satz: „Die Regelungen des EBV dienen im
> Grundsatz, mit der Sperrwirkung des § 993 Abs. 1 a.E. in Bezug auf andere Ansprüche, der Pri-
> vilegierung des redlichen Besitzers".

II.   Anspruch aus § 989

Schadensersatzanspruch aus § 989   **248**

I. Anspruchsentstehung

  1. Vindikationslage zur Zeit des haftungsbegründenden Ereignisses

  2. Rechtshängigkeit der Vindikationsklage zur Zeit des haftungsbegründenden
    Ereignisses

  3. Verschlechterung/Untergang der Sache oder sonstige Herausgabeunmöglichkeit

  4. Verschulden des unrechtmäßigen Besitzers
    ▸ Maßgeblicher Verschuldensmaßstab   **Rn. 256**
    ▸ Haftungsmilderungen   **Rn. 259**
    ▸ Haftungsverschärfungen   **Rn. 260**

  5. Schaden des Eigentümers

  6. Art und Umfang des Schadensersatzes, §§ 249 ff.

II. Rechtsvernichtende Einwendungen

III. Durchsetzbarkeit

PRÜFUNGSSCHEMA

---

253 Palandt-/*Grüneberg* § 286 Rn. 25.
254 Palandt-/*Herrler* § 993 Rn. 4 m.w.N.
255 Palandt-/*Herrler* a.a.O.

1. Anspruchsentstehung

a) Vindikationslage zur Zeit des haftungsbegründenden Ereignisses

249   Zur Zeit des haftungsbegründenden Ereignisses muss zwischen dem Eigentümer und dem Besitzer eine Vindikationslage **bestanden haben**. Es ist nicht erforderlich, dass sie im Zeitpunkt der Anspruchsgeltendmachung noch besteht. Insbesondere entfällt die Vindikationslage nachträglich im Falle der Zerstörung oder der Weiterveräußerung der Sache durch den Besitzer. Dies ändert aber selbstverständlich am Bestehen des Anspruchs nichts, sondern stellt gerade eine Möglichkeit seiner Entstehung dar.

> **JURIQ-Klausurtipp**
>
> Da das haftungsbegründende Ereignis selbst erst unter Punkt 3) und 4) des Schemas geprüft wird, stellen Sie an dieser Stelle zunächst nur dar, welches Ereignis (potentiell) den Anspruch ausgelöst haben könnte, und prüfen Sie, ob zu diesem Zeitpunkt eine Vindikationslage vorgelegen hat.

b) Rechtshängigkeit der Vindikationsklage zum Zeitpunkt des haftungsbegründenden Ereignisses

>> Merken Sie sich diese hinter der Regelung des § 989 stehende gesetzliche Wertung! <<

250   Wer vom Eigentümer auf Herausgabe der Sache aus § 985 verklagt wird, darf nicht mehr davon ausgehen, selber zum Besitz der Sache berechtigt zu sein. Er kann die Gründe in der ihm zugestellten Klageschrift nachlesen. Liest er die Klageschrift des Eigentümers nicht durch oder hält er die Klage für unbegründet, handelt er auf eigenes Risiko. Er ist jetzt nicht mehr schutzwürdiger als jeder andere, der mit der Sache in Berührung kommt und bei Beeinträchtigung des Eigentums nach den allgemeinen Regeln haftet. Deswegen lässt § 989 den durch den „Schutzschild" des § 993 Abs. 1 a.E. gewährten Schutz des unberechtigten Besitzers entfallen, wenn dem Besitzer eine Klage des Eigentümers auf Herausgabe aus § 985 zugestellt wurde und der Herausgabeanspruch damit nach §§ 253 Abs. 1, 261 Abs. 1 ZPO „rechtshängig" geworden ist.

251   Dieselbe Warnung ist mit der Klage aus § 894 auf Zustimmung zur Berichtigung der Eigentumsposition im Grundbuch verbunden, wenn sie gegen den unberechtigten Eigenbesitzer gerichtet ist, also gegen denjenigen, der fälschlicherweise im Grundbuch als Eigentümer eingetragen ist und sich selber für den Eigentümer hält (§ 872).[256] Denn aus der Klagebegründung ergibt sich ebenfalls notwendigerweise, warum der Eigenbesitzer nach Ansicht des Klägers nicht der wahre Eigentümer ist. Anders verhält es sich in den (seltenen) Fällen, wenn der Besitzer selbst bei fehlendem Eigentum aus besonderen, insbesondere gesetzlichen Gründen zum Besitz berechtigt sein könnte. Denn ob auch diese Gründe kein Besitzrecht geben, ergibt sich aus einer Klage nach § 894 nicht.[257] Denn auf ein besonderes Besitzrecht des Buchberechtigten kommt es bei § 894 nicht an.

252   Nicht ausreichend ist zudem die Klage aus § 861 oder § 1007, da es dort auf das Eigentum des Anspruchsstellers nicht ankommt und dem beklagten Besitzer eine Vindikationslage nach §§ 985, 986 in der Klageschrift nicht vor Augen geführt wird.

---

256 MüKo-*Raff* § 987 Rn. 7.
257 Urteil des *BGH* vom 11.3.2005 (AZ: V ZR 160/04) = NJW-RR 2005, 965 ff. zu einem Besitzrecht aus Art. 233 § 2a EGBGB in einer Restitutionssache in den neuen Bundesländern.

JURIQ-Klausurtipp

Sie sehen, dass Sie mit der oben dargestellten Wertung (man kann aus der Klageschrift herauslesen, dass man nicht zum Besitz berechtigt ist) alle denkbaren Varianten in der Klausur zutreffend lösen können.

c) Verschlechterung/Untergang der Sache oder sonstige Herausgabeunmöglichkeit

Der Anspruch aus § 989 erfasst nicht sämtliche Fälle von Eigentumsverletzungen, sondern nur die Verschlechterung der Sache, deren Untergang oder die anderweitige Unmöglichkeit der Herausgabe. **253**

Beispiel § 989 ist z.B. einschlägig, wenn der unrechtmäßige Besitzer eines Autos dieses gegen einen Zaun (Verschlechterung) oder mit 100 km/h gegen eine Eiche fährt (Untergang) oder an einen Dritten weiter veräußert (anderweitige Unmöglichkeit der Herausgabe). ▪

Die Unfähigkeit zur Herausgabe i.S.d. § 989 meint nicht Unmöglichkeit i.S.d. § 275 Abs. 1, sondern ist als jeder die Vindikation aus § 985 vereitelnder Besitzverlust des Anspruchsgegners zu verstehen.[258] Es spielt also keine Rolle, ob der Anspruchsgegner sich den Besitz wieder beschaffen könnte oder nicht. Dies ist interessengerecht, da die Besitzaufgabe durch den Anspruchsgegner für den Eigentümer mit weiteren Gefahren verbunden ist, die sich außerhalb seiner Risikosphäre befinden und die der verklagte Besitzer hätte vermeiden können. Vor einer ungerechtfertigten Bevorzugung des Eigentümers schützt § 255.

Beispiel Dem E wurde seine wertvolle Uhr gestohlen, die anschließend der gutgläubige C vom Dieb D geliehen hat. Nach Zustellung der Herausgabeklage des E gegen C verlangt der D die Uhr von C zurück und spiegelt dem C vor, bei E handele es sich um einen bekannten Betrüger, von dem man sich nicht einschüchtern lassen dürfe. C glaubt dem D und gibt diesem die Uhr zurück. D verschwindet spurlos mit der Uhr.

E kann von C nach §§ 989, 251 Abs. 1 Wertersatz für die Uhr verlangen, da C seine eigene Herausgabe selbst zumindest fahrlässig vereitelt hat. Zwar war C auch dem D zur Herausgabe verpflichtet, nämlich aus § 604 Abs. 1. Diese Pflichtenkollision hätte C pflichtgemäß aber durch § 76 ZPO (bitte lesen) lösen müssen. Indem er den Angaben des D blind vertraute, ließ er die erforderliche Sorgfalt außer acht.

Aus § 255 folgt, dass bei der Schadensermittlung (Differenzhypothese) die Ansprüche des E gegen D wegen Eigentumsverletzung außer Betracht bleiben. Allerdings kann C gem. §§ 255, 273, 274 die Schadensersatzleistung davon abhängig machen, dass ihm der E Zug-um-Zug seine Ansprüche aus Eigentumsverletzung (§§ 989, 990, §§ 992, 823, 826, § 812 Abs. 1 S. 1 Var. 2) abtritt. C kann dann aus abgetretenem Recht des E von D Herausgabe bzw. Schadensersatz verlangen. ▪

In objektivem Sinne ist erforderlich, dass die genannten negativen Einwirkungen auf die Sache vom unrechtmäßigen Besitzer adäquat ursächlich herbeigeführt worden sind. **254**

---

258 MüKo-*Raff* § 989 Rn. 6.

255 Nicht unter § 989 fällt die Vorenthaltung der Sache gegenüber dem Eigentümer, obwohl es sich auch dabei um eine Eigentumsverletzung handelt. Diese wird aber nicht als haftungsbegründendes Ereignis im Rahmen des § 989 aufgezählt (dazu sogleich mehr).

> **Beispiel** Eigentümer E hat B mit Erfolg auf Herausgabe verklagt. Während der Zeit, in der B die Sache in Besitz hatte, hätte E sie anderweitig vermieten können. Der Mietausfallschaden wird dem E nicht nach § 989 ersetzt. ◾

d) Verschulden des unrechtmäßigen Besitzers

256 Die negative Einwirkung auf die Sache muss vom Besitzer „verschuldet" sein.

aa) Eigenverschulden

(1) Maßgeblicher Verschuldensmaßstab

257 Nach herrschender Meinung gilt im Rahmen des § 989 der allgemeine Verschuldensmaßstab der §§ 276 ff., da der Besitzer während einer bestehenden Vindikationslage als Schuldner (nämlich als Herausgabeschuldner) und damit im Rahmen eines gesetzlichen Schuldverhältnisses handelt.[259]

> **Beispiel** Dem E wurde vom Dieb D seine wertvolle Uhr gestohlen, die anschließend der gutgläubige B vom D erworben hat. B lässt seinen Namen und sein Geburtsdatum eingravieren (in einer Weise, die noch keine eigentumsbegründende Verarbeitung i.S.d. § 950 darstellt!). Ein Schadensersatzanspruch wegen Verschlechterung aus § 989 auf Beseitigung der Gravur (§ 249 Abs. 1) bzw. Ersatz der dafür erforderlichen Kosten (§ 249 Abs. 2) scheidet aus, da B noch nicht auf Herausgabe verklagt worden war. Sonstige Schadensersatzansprüche scheitern an § 993 Abs. 1.
>
> Wäre B hingegen vor Veranlassung der Gravur auf Herausgabe verklagt worden, musste er mit einer Verurteilung auf Herausgabe rechnen und konnte damit zumindest die Möglichkeit erkennen, mit der Gravur fremdes Eigentum zu verletzen. Er handelte dann zumindest fahrlässig i.S.d. § 276 Abs. 2, wenn er das Klageverfahren nicht abwartet, sondern ungefragt die Uhr des E bearbeiten lässt. ◾

258 Wie das vorstehende *Beispiel* zeigt, reicht es für die Fahrlässigkeit des Besitzers bereits aus, wenn er in Kenntnis der Herausgabeklage des Eigentümers weiter auf die Sache einwirkt. Fraglich ist, ob auch eine nicht zwingend gebotene Benutzung der Sache ein Verschulden i.S.v. § 276 darstellt. Nach h.M. kann ein Verschulden i.S.d. § 989 bereits in einem nicht zur Erhaltung der Sache notwendigen Gebrauch der Sache gesehen werden, wenn hierdurch die Eigentumsverletzung – Verschlechterung, Untergang, Unmöglichkeit – adäquat verursacht worden ist.[260]

> **Beispiel** Der unrechtmäßige Besitzer B ist vom Eigentümer E auf Herausgabe des gelieferten Autos verklagt worden. Dennoch benutzt B das Auto weiter. An dem Auto entsteht ein Schaden, weil ein anderer Verkehrsteilnehmer dem B grob verkehrswidrig die Vorfahrt nimmt. B hat sich entsprechend den Verkehrsregeln verhalten.

---

259 Palandt-*Herrler* § 989 Rn. 4 m.w.N.
260 Palandt-*Herrler* § 989 Rn. 5 m.w.N.

Nach h.M. hat B die Beschädigung dennoch i.S.v. § 989 „verschuldet", weil allein schon die nicht zwingend gebotene Weiterbenutzung des Fahrzeugs das Risiko einer Beschädigung mit sich bringt. Dies führt auch nicht zu einer Zufallshaftung des Besitzers (diese sieht das Gesetz in §§ 990 Abs. 2, 287 S. 2 nur für den bösgläubigen Verzugsbesitzer vor). Der Verschuldensvorwurf bezieht sich hier darauf, dass der auf Herausgabe verklagte Besitzer die Sache ohne zwingenden Grund weiter benutzt, und dadurch unnötigerweise weiteren Gefahren ausgesetzt hat. ◾

(2) Haftungsmilderungen

Ist der Eigentümer mit der Annahme der Sache im Gläubigerverzug, so haftet der Besitzer nach § 300 Abs. 1 aber nur noch für Vorsatz und grobe Fahrlässigkeit.   **259**

Beispiel   Der unrechtmäßige Besitzer B ist vom Eigentümer E auf Herausgabe des gelieferten Autos verklagt worden. Dennoch benutzt B das Auto weiter. Da B aber befürchtet, dass E den Prozess gewinnt, setzt er sich mit E in Verbindung und bietet ihm die Rückgabe an, womit E einverstanden ist. Zum vereinbarten Rückgabetermin erscheint E nicht.

Auf dem Rückweg beachtet B leicht fahrlässig die Vorfahrt eines anderen Verkehrsteilnehmers nicht. An dem Auto des E entsteht ein erheblicher Schaden. Hierfür schuldet B dem E keinen Schadensersatz nach § 989, weil sich E nach §§ 293, 294 im Annahmeverzug befand und B ab diesem Zeitpunkt nach § 300 Abs. 1 nur noch für Vorsatz und grobe Fahrlässigkeit haftet. ◾

(3) Haftungsverschärfungen?

Nach § 990 Abs. 2 bleibt eine weitergehende Haftung „des Besitzers" wegen Schuldnerverzugs unberührt. Dies bedeutet, dass der Besitzer im Falle des Schuldnerverzugs nicht nur für Verschulden, sondern nach § 287 S. 2 auch für Zufall, sowie nach §§ 280 Abs. 1, 2, 286 auch für den Vorenthaltungsschaden[261] haftet.   **260**

> #### Hinweis
>
> Aus der systematischen Stellung des § 990 Abs. 2 ergibt sich aber, dass die Vorschrift nur für den **bösgläubigen**, nicht aber für den auf Herausgabe verklagten Besitzer gilt![262] Die Herausgabeklage allein macht den Besitzer noch nicht bösgläubig.[263]

bb) Zurechenbares Fremdverschulden

Hat der Besitzer Hilfspersonen eingeschaltet, kommt eine Zurechnung des Verschuldens dieser Personen gem. § 278 in Betracht. Bedenken hiergegen bestehen, weil § 278 eine bereits bestehende schuldrechtliche Sonderverbindung der Parteien im Zeitpunkt des schuldhaften Verhaltens voraussetzt (vgl. Wortlaut des § 278 „Der Schuldner …") und ein Nichtbesitzer sich über § 831 Abs. 1 S. 2 entlasten könnte, während dies dem unrechtmäßigen Besitzer bei Anwendung des § 278 nicht möglich ist.   **261**

---

261   Urteil des *BGH* vom 19.9.2003 (AZ: V ZR 360/02) = NJW 2003, 3621.

262   *BGH* NJW 1993, 389, 392.

263   *BGH* NJW 1993, 389, 392.

Nach h.M. ist aber § 278 anwendbar, weil durch die Vindikationslage eine Sonderverbindung zwischen Eigentümer und Besitzer begründet wird, wonach der Besitzer dem Eigentümer die Herausgabe der Sache schuldet. Die im Vergleich zu § 831 strengere Haftung des Besitzers im Rahmen der durch §§ 985, 986 begründeten Sonderverbindung entspricht einer Grundsatzentscheidung des Gesetzgebers.[264] Das Verschulden von Erfüllungsgehilfen wird dem Besitzer somit nach § 278 – **ohne** Exkulpationsmöglichkeit – zugerechnet.

e)   Schaden des Eigentümers

262   Dem Eigentümer muss weiterhin ein Schaden i.S.d. §§ 249 ff. entstanden sein.

aa)   Ersatzfähige Schäden

263   „Haftungsbegründendes" Ereignis i.S.d. § 249 ist die Verschlechterung, der Untergang oder der Grund, der die Vindikation beim Anspruchsgegner vereitelt hat. Darauf ist bei der Schadensermittlung nach der Differenzhypothese abzustellen.

Beispiel Dem E wurde seine wertvolle Uhr gestohlen, die der Dieb D anschließend an den gutgläubigen B veräußerte. E verklagt den B auf Herausgabe der Uhr. Trotz Zustellung der Klageschrift meint B, der E habe sich bestimmt geirrt und D werde die Sache zu seinen Gunsten aufklären. Er lässt deshalb seinen Namen und sein Geburtsdatum in die Uhr gravieren. Zum selben Zeitpunkt fragt der Sammler X den E nach der Uhr (Wert: 10 000 €), weil er sie ihm für 15 000 € abkaufen wolle. Nachdem E dem X mitteilt, er klage gerade auf Herausgabe eben dieser Uhr, springt X ab und besorgt sich die gleiche Uhr woanders.

Nach § 989 kann E von B aus den bereits oben genannten Gründen aus §§ 989, 249 Abs. 1 die Entfernung der Gravur bzw. nach § 249 Abs. 2 die dafür erforderlichen Kosten verlangen. Anders verhält es sich beim entgangenen Gewinn in Höhe von 5000 € aus dem geplatzten Geschäft mit X:

Hätte B die Gravur und damit die „Verschlechterung" der Sache nicht vorgenommen, hätte er sie später eben unversehrt zurückgegeben. Aber dann wäre X ebenfalls bereits abgesprungen, so dass insoweit zwischen hypothetischer Lage und realer Lage kein Unterschied besteht. Damit liegt insoweit kein nach § 989 ersatzfähiger Schaden vor. ■

Der Schaden in Form des entgangenen Gewinns wurde im *Beispiel* dadurch verursacht, dass B die Uhr nicht sofort herausgegeben hat. Die bloße Nichtherausgabe (= **Vorenthaltung**) der Sache ist aber in § 989 nicht als haftungsbegründendes Ereignis aufgeführt.

264   Eine Haftung wegen verzögerter Herausgabe kann sich aus anderen Ansprüchen (z.B. §§ 687 Abs. 2, 678) ergeben. Eine Haftung aus §§ 280 Abs. 1, Abs. 2, 286 wegen Herausgabeverzuges kommt aber nur unter den Voraussetzungen des § 990 in Betracht, wie sich aus § 990 Abs. 2 ergibt.[265] Der Vorenthaltungsschaden kann auch im Falle **deliktischen** Besitzes (dazu sogleich mehr) unter den Voraussetzungen der §§ 992, 823 ersetzt werden, da die Besitzvorenthaltung eine Eigentumsverletzung i.S.v. § 823 Abs. 1 darstellt.

Das bedeutet indes nicht, dass entgangener Gewinn keinesfalls gem. § 989 zu ersetzen ist: Beruht diese Schadensposition auf dem Untergang oder Verlust der Sache, ist sie zu ersetzen.[266]

---

264 MüKo-*Raff* § 989 Rn. 11 m.w.N.; zweifelnd *Baur/Stürner* Sachenrecht § 5 II 1c bb, a.E.

265 *BGH* NJW 1993, 389, 392 unter Ziff. III. 2a bb.

266 *Raff* a.a.O.

Beispiel Fortsetzung von eben:

Nach Rechtshängigkeit veräußert B die Uhr an den Y, der später nicht mehr zu ermitteln ist. Bei E meldet sich nun der Z, der die Uhr gerne für 15 000 € haben will und auch bereit ist, den Prozess gegen B abzuwarten.

Hier kann E auch den entgangenen Gewinn in Höhe von € 5000 € aus § 989 ersetzt verlangen, da er den Gewinn realisiert hätte, wenn B die Uhr spätestens nach Abschluss des Prozesses herausgegeben hätte. Dies ist ihm nun aber nicht mehr möglich, so dass der Schaden auf der Veräußerung an den Y und damit auf dem in § 989 aufgeführten Grund beruht, der ihn zur Herausgabe außerstande setzt. ■

bb) Art und Umfang des Schadensersatzes

Art und Umfang des Schadensersatzes richten sich nach den allgemeinen Regeln der **265** §§ 249 ff. Deswegen schuldet der Anspruchsgegner nach § 249 Abs. 1 zunächst die Herstellung der hypothetischen Lage in Natur (Naturalrestitution).[267] Solange diese nicht aus Gründen des § 275 ausgeschlossen ist, kann der Eigentümer bis zur Grenze des § 251 Abs. 2 wahlweise auch die Zahlung des zur Herstellung erforderlichen Geldbetrages verlangen (§ 249 Abs. 2). Ist die Naturalrestitution nach § 275 Abs. 1 oder wegen Verweigerung des Schädigers aus Gründen des § 251 Abs. 2 ausgeschlossen, ist Wertersatz durch Ausgleich des wirtschaftlichen Wertverlustes nach § 251 Abs. 1 zu leisten. Nach wohl h.M. stellt auch die Lieferung einer gleichartigen und gleichwertigen Ersatzsache eine Form der Naturalrestitution dar, so dass ein Ausschluss der Naturalrestitution und der Weg über § 251 Abs. 1 erst in Betracht kommt, wenn auch dieser Weg dem Schädiger unmöglich oder nach § 251 Abs. 2 unzumutbar ist.[268]

Beispiel 1 Dem E wird ein Ölgemälde gestohlen, dass der ahnungslose B vom Dieb erwirbt. Nach Rechtshängigkeit der Herausgabeklage beschädigt B das Gemälde infolge eigener Fahrlässigkeit beim Abhängen. Das Gemälde hatte einen Wert von 12 000 €. Mit der „Macke" ist es nur noch für 9000 € verkäuflich. Die Kosten einer Restauration betragen 12 000 €.

B schuldet nach §§ 989, 249 Abs. 1 die Reparatur des Gemäldes auf eigene Kosten, da eine Unzumutbarkeit i.S.d. § 251 Abs. 2 regelmäßig erst angenommen wird, wenn die Herstellungskosten 30 % des Zeitwertes (vor Schädigung!) übersteigen. Hier decken sie sich jedoch mit dem Zeitwert. Wahlweise kann E eine Zahlung der Herstellungskosten in Höhe von 12 000 € verlangen. Den Umsatzsteueranteil des Restaurators kann E nach § 249 Abs. 2 S. 2 aber nur verlangen, wenn E die Restauration auch tatsächlich durchführen lässt, wozu er aber nicht verpflichtet ist. Wäre eine Restauration nicht möglich (selten) oder mit Kosten in Höhe von über 16 000 € verbunden, könnte B den E nach § 251 Abs. 1, Abs. 2 auf eine Entschädigung in Höhe des bloßen Wertverlustes in Höhe von 3000 € verweisen. Eine Naturalrestitution durch Lieferung eines anderen Gemäldes kommt bei Kunstwerken mangels Austauschbarkeit regelmäßig nicht in Betracht.[269] ■

267 *Lorenz* NJW 1994, 173 unter Ziff. II: „Der Schuldner hat im Wege des Schadensersatzes alles ihm Mögliche zu tun, damit der Gläubiger seine Sache wiedererlangt."
268 Palandt-*Herrler* § 989 Rn. 5; MüKo-*Raff* § 989 Rn. 13 m.w.N.
269 Denkbar allenfalls bei Serienwerken (z.B. Lithographien eines Künstlers mit einer Auflage von mehreren Stücken).

Beispiel 2 Dem Händler E werden CDs im Verkaufswert von 3000 € (Einkaufspreis: 2000 €) gestohlen, die der ahnungslose B vom Dieb erwirbt. Nach Rechtshängigkeit der Herausgabeklage des E veräußert der B die CDs an den ahnungslosen X.

Nach §§ 989, 249 Abs. 1 kann E von B Wiederbeschaffung der CDs verlangen. Dieser Anspruch entfällt erst, wenn X nicht mehr zur Herausgabe bereit ist. Nach wohl h.M. stellt auch die Lieferung einer gleichwertigen Ersatzsache eine Form der Naturalrestitution dar, so dass E sogar die Lieferung gleichartiger CDs verlangen kann. Solange dies möglich und dem B nicht nach § 251 Abs. 2 unzumutbar ist, scheidet eine Entschädigung nach § 251 Abs. 1 aus. Alternativ kann E entsprechend § 249 Abs. 2 Zahlung der Wiederbeschaffungskosten in Höhe von 2000 € verlangen, da die Sachentziehung wertungsmäßig der Beschädigung gleichgestellt werden muss, um eine Ungleichbehandlung der verschiedenen Schädigungen des Eigentums zu vermeiden.[270] Der aus den CDs erzielbare Gewinn in Höhe von 1000 € ist hingegen noch nicht endgültig entfallen, sondern kann bei Verwendung neuer CDs noch erzielt werden. Um eine ungerechtfertigte Gewinnverdoppelung zu vermeiden, kann wegen des schadensrechtlichen Bereicherungsverbots diese Position nicht erstattet verlangt werden.

B kann von seinem Zurückbehaltungsrecht aus §§ 255, 273 Gebrauch machen und den Schadensersatz von der Zug-um-Zug erfolgenden Abtretung der Ansprüche des E gegen den D aus Eigentum (§§ 989, 990, 823, 812 Abs. 1 S. 1 Var. 2) abhängig machen (Ansprüche gegen den gutgläubigen X bestehen nur aus § 985, der aber nicht isoliert abgetreten werden kann!). ■

2. Rechtsvernichtende Einwendungen/Durchsetzbarkeit

266 Hierfür gelten die gleichen Grundsätze, wie für die bereits besprochenen Anspruchsgrundlagen zum Nutzungsersatz (siehe unter Rn. 206).

III. Anspruch nach §§ 990, 989

267 **Schadensersatzanspruch aus §§ 990, 989**

I. Anspruchsentstehung
1. Vindikationslage zur Zeit des haftungsbegründenden Ereignisses
2. Bösgläubigkeit des Besitzers zur Zeit des haftungsbegründenden Ereignisses
   Zurechnung der Bösgläubigkeit von Hilfspersonen   Rn. 272
   Bösgläubigkeit beim Aufschwingen vom Fremd- zum Eigenbesitzer   Rn. 274
3. Verschlechterung / Untergang der Sache oder sonstige Herausgabeunmöglichkeit
4. Verschulden des unrechtmäßigen Besitzers
5. Schaden des Eigentümers
6. Art und Umfang des Schadensersatzes, §§ 249 ff.

II. Rechtsvernichtende Einwendungen

III. Durchsetzbarkeit

PRÜFUNGSSCHEMA

---

270 Palandt-*Grüneberg* § 249 Rn. 15 a.E.

1. Anspruchsentstehung

a) Vindikationslage zur Zeit des haftungsbegründenden Ereignisses

Für diese Anspruchsvoraussetzung gelten die gleichen Grundsätze wie für den Anspruch aus **268**
§ 989.

b) Bösgläubigkeit zum Zeitpunkt des haftungsbegründenden Ereignisses

In § 990 Abs. 1 trägt das Gesetz dem Umstand Rechnung, dass ein Besitzer in der Praxis meis- **269**
tens viel früher erfährt oder erfahren könnte, dass er nicht zum Besitz berechtigt ist als durch
eine ihm zugestellte Klage des Eigentümers auf Herausgabe. Der Zeitpunkt, ab dem der
Besitzer für eine Verletzung der Eigentümerinteressen haftet, wird daher in § 990 gegenüber
der Rechtshängigkeit in § 989 in differenzierter Weise vorverlagert.

aa) Bösgläubigkeit bei Besitzerwerb, § 990 Abs. 1 S. 1

Der Besitzer ist von vornherein nicht schutzwürdig, wenn er bereits bei Besitzerwerb **270**
wusste, dass er nicht zum Besitz berechtigt ist. § 990 Abs. 1 S. 1 geht aber noch einen Schritt
weiter, indem er den Besitzer bereits dann haften lässt, wenn dieser in Bezug auf seine
Besitzberechtigung „nicht in gutem Glauben war". Damit ist auf die Definition des § 932
Abs. 2 Bezug genommen, die analog anzuwenden ist.[271] Danach ist der Besitzer nicht in
gutem Glauben (also bösgläubig), wenn ihm bekannt war oder infolge grober Fahrlässigkeit
unbekannt ist, dass er zum Besitz der Sache nicht berechtigt ist.

> **Hinweis**
>
> Der Gesetzgeber erwartet also bei Inbesitznahme einer Sache bei eindeutigen Anhaltspunk-
> ten eine Überprüfung der eigenen Besitzberechtigung.

Beispiel   Der Dieb weiß, dass er nicht zum Besitz der gestohlenen Sache berechtigt ist.

> Derjenige, der einen gestohlenen PKW erwirbt, ohne sich den Fahrzeugbrief vorlegen zu
> lassen, bleibt über die bestehende Vindikationslage infolge grober Fahrlässigkeit in
> Unkenntnis, wenn sich der Dieb nicht als Halter aus dem Brief ergeben hat. Denn es
> gehört zu den auf der Hand liegenden Gepflogenheiten, in den Brief Einsicht zu nehmen,
> um sich Klarheit über die Berechtigung des Verkäufers zu verschaffen. Anders mag es
> beim Neuwagenkauf vom Händler liegen.[272]
>
> Wer dagegen gutgläubig einen gestohlenen PKW mietet, ohne sich den Brief vorlegen zu
> lassen, handelt in der Regel nicht grob fahrlässig, da es beim Abschluss von Mietverträ-
> gen keine solche Gepflogenheit geben dürfte.[273]

Bezugspunkt des guten Glaubens ist bei § 990 nicht das Eigentum, sondern die Besitzberechtigung und damit die Vindikationslage!

---

271 Palandt-*Herrler* § 990 Rn. 3 f.
272 Palandt-*Herrler* § 932 Rn. 13.
273 Palandt-*Herrler* § 990 Rn. 4.

> **Hinweis**
>
> Fällt die Besitzberechtigung infolge einer Anfechtung weg, ist unbedingt § 142 Abs. 2 zu beachten, der die Kenntnis der Anfechtbarkeit des Rechtsgeschäfts mit der Kenntnis der Nichtigkeit des Rechtsgeschäfts gleichsetzt.

bb) Bösgläubigkeit nach Besitzerwerb, § 990 Abs. 1 S. 2

» Kommentieren Sie sich also, falls in ihrem Bundesland zulässig, die Vorschrift des § 932 Abs. 2 neben § 990 Abs. 1 S. 1 und die Vorschrift des § 892 neben § 990 Abs. 1 S. 2, um an die unterschiedlichen Maßstäbe der Bösgläubigkeit zu denken. **«**

271 Gemäß § 990 Abs. 1 S. 2 haftet auch derjenige Besitzer, der erst im Nachhinein von seinem mangelnden Besitzrecht erfährt, von diesem Zeitpunkt an. Erforderlich ist aber in diesem Fall aber die Erlangung **positiver Kenntnis** (!). Grob fahrlässige Unkenntnis schadet **nach** Besitzerwerb dagegen nicht mehr. Wer einmal den Besitz gutgläubig erworben hat, muss ihn nicht mehr ständig hinterfragen, sondern darf auf seine Berechtigung weiter vertrauen.

Die Anforderungen an die Kenntnis i.S.d. § 990 Abs. 1 S. 2 formuliert der *BGH* wie folgt: „Die Kenntnis der Nichtberechtigung zum Besitz muss dann als erlangt gelten, wenn der Besitzer über den Mangel seines Rechts in einer Weise aufgeklärt worden ist, dass ein redlich und vom eigenen Vorteil nicht beeinflusst Denkender sich der Überzeugung seiner Nichtberechtigung nicht verschließen würde".[274]

> **Hinweis**
>
> Diese erhöhten Anforderungen sind auch durchaus einleuchtend. Denn wer eine Sache gutgläubig erworben hat, muss sich nicht ständig Gedanken machen, ob er auch wirklich in berechtigter Weise im Besitz der Sache ist oder nicht.

Geht es in diesem Zusammenhang um eine nicht ohne Weiteres zu entscheidende Rechtsfrage, kann ein Rechtsirrtum die Kenntnis im Sinn von § 990 Abs. 1 S. 2 ausschließen.[275]

cc) Bösgläubigkeit unredlicher Hilfspersonen

272 Ein Problem entsteht, wenn nicht der Besitzer selbst, sondern eine Hilfsperson den Besitz erworben hat und nur diese Hilfsperson unredlich war: Dann stellt sich die Frage, unter welchen Voraussetzungen sich der Besitzer diese Bösgläubigkeit seines Gehilfen im Rahmen der §§ 987 ff. zurechnen lassen muss?

Beispiel Angestellte des E hatten in dessen Unternehmen laufend Messgeräte entwendet und diese an D verkauft. B, der einen Großhandel für Elektrogeräte betreibt, erwarb diese Messgeräte von D. Vorgenommen wurde dieses Geschäft von dem langjährigen und (bislang) äußerst zuverlässigen Einkaufsleiter A des B. A hätte angesichts der Umstände und des niedrigen Preises „hellhörig" werden müssen, B selbst dagegen war gutgläubig. Der Gesamtwert der von B erworbenen Messgeräte beläuft sich laut Listenpreis auf 50 000 €. B veräußerte die Messgeräte schließlich im Rahmen eines Sonderangebotes an diverse Kunden. Sein Gewinn beträgt 45 000 €. Kann E von B die Differenz zwischen dem Listen-

---

274 *BGH* in BGHZ 26, 256 ff. (256 – Leitsatz); 32, 76 ff. (92).
275 *BGH* in BGHZ 26, 256 ff. (258); 32, 76 ff. (92).

preis und dem erzielten Gewinn verlangen?[276] (Dass er selbst die Geräte zum Listenpreis hätte veräußern können, ist zu unterstellen)

Ein Anspruch auf die Differenz zwischen dem Listenpreis und dem von B erzielten Gewinn könnte sich aus §§ 990 Abs. 1 S. 1, 989 ergeben. Das setzt zunächst eine Vindikationslage zum Zeitpunkt der schädigenden Handlung – hier der Veräußerung durch B – voraus. E hat das Eigentum an den Messgeräten nicht verloren – wegen § 935 scheidet ein gutgläubiger Erwerb sowohl des D als auch des B aus. Zum Zeitpunkt der Veräußerung war B auch unberechtigter Besitzer. Ein Eigentümer-Besitzer-Verhältnis zwischen B und E lag also zum maßgeblichen Zeitpunkt vor. Ein Schadensersatzanspruch gem. §§ 990 Abs. 1 S. 1, 989 setzt weiterhin voraus, dass B bei Erwerb des Besitzes unredlich war. B selbst hatte keine Kenntnis von den Vorgängen. Anderes gilt dagegen für seinen Einkaufsleiter A. Dass dieser hätte „hellhörig" werden müssen, besagt nichts anderes, als dass er sich der Erkenntnis, dass die Herkunft der Geräte zweifelhaft war, grob fahrlässig verschlossen hat. Fraglich ist indes, ob B sich diese grob fahrlässige Unkenntnis seines Einkaufsleiters zurechnen lassen muss.

Teilweise wird die Ansicht vertreten, in diesen Fällen sei § 166 analog anzuwenden.[277] Andere wollen dagegen die deliktsrechtlichen Regeln anwenden, den redlichen Besitzer also nur nach § 990 haften lassen, wenn er sich nicht gem. § 831 für seinen Gehilfen exkulpieren kann.[278] ◼

Für den *Beispielsfall* bedeutet das: Nach einer Ansicht wäre dem B die Unredlichkeit des **273** A ohne Weiteres zuzurechnen. Die andere Ansicht würde eine Zurechnung und damit die Haftung gem. §§ 990 Abs. 1 S. 1, 989 ablehnen, wenn B sich für A exkulpieren kann. Da A bislang äußerst zuverlässig gearbeitet hatte und seit langen Jahren bei B beschäftigt war, wird man von einer Entlastungsmöglichkeit des B gem. § 831 Abs. 1 S. 2 ausgehen müssen.[279]

Die erste Ansicht argumentiert, es gehe im Rahmen des § 990 nicht um die Zurechnung eines Verhaltens, sondern von Kenntnis. Hierfür passe § 166 besser als § 831.[280] Auch passe die ratio legis des § 166 – wer sich im Rechtsverkehr fremder Hilfe bedient, hat auch die Nachteile daraus zu tragen – zu § 990.[281] Nur so sei weiterhin ein Gleichlauf mit dem gutgläubigen Erwerb nach § 932 zu erreichen.[282] Bei § 831 gehe es um ein eigenes (Überwachungs-)Verschulden, bei § 166 letztlich um die hier entscheidende Frage der Zurechnung fremden Wissens.[283]

Das bezweifeln die Vertreter der Gegenauffassung: Konkret gehe es bei der Frage nach der Zurechnung des Gehilfenwissens im Rahmen des § 990 um die Bestimmung der Qualität des Besitzes als redlich oder unredlich. Das sei aber etwas völlig anderes als die „rechtlichen Folgen einer Willenserklärung", mit denen sich § 166 beschäftigt. Die Anwen-

---

276   Nach BGHZ 32, 53 ff.

277   *BGH* in BGHZ 32, 53 ff. (56 ff.); *Wolff-Raiser* Sachenrecht § 13 II; *Westermann* Sachenrecht § 14, 3; *Kiefner* JA 1984, 189 ff. (192 f.); *Schreiber* Jura 1992, 356 ff. (361); Staudinger-*Gursky* § 990 Rn. 42 f.

278   *Roth* JuS 1997, 710 ff. (711).

279   Zu den Einzelheiten vgl. im Skript „Schuldrecht BT IV" (Deliktsrecht).

280   *BGH* in BGHZ 32, 53 ff. (58).

281   *Schreiber* Jura 1992, 356 ff. (361), der eine Zurechnung gem. § 166 Abs. 1 BGB aber nur bei stellvertreterähnlicher Freiheit des Besitzdieners vornehmen will.

282   *Westermann* Sachenrecht § 14, 3.

283   *Schreiber* Jura 1992, 356 ff. (361).

dung von § 831 liege näher, zumal §§ 987 ff. Sonderregeln zum Deliktsrecht enthielten.[284] Ferner entspreche die Weisungsabhängigkeit des Besitzdieners eher der des Verrichtungsgehilfen als der des Vertreters. Für die Anwendung des § 831 wird ferner ein Vergleich mit § 992 angeführt: Der deliktische Besitzer habe – infolge der Anwendbarkeit des Deliktsrechts – jedenfalls die Möglichkeit, sich gem. § 831 zu exkulpieren. Wollte man im Rahmen des § 990 dagegen § 166 anwenden, könne dies im Einzelfall zu einer strengeren Haftung des „nur" bösgläubigen Besitzers im Vergleich zum deliktischen Besitzer führen. Das sei mit der Intention des § 992 als Haftungssteigerung gegenüber § 990 nicht zu vereinbaren.[285] ■

JURIQ-Klausurtipp

Welcher Ansicht man folgt, ist letztlich Geschmackssache. Für die Lösung über § 831 spricht folgender Gesichtspunkt: Im Zeitpunkt der Besitzerlangung durch die Hilfsperson wird das EBV und damit das gesetzliche Schuldverhältnis erst begründet. Vorher stehen sich die Parteien als Fremde gegenüber, was für die Anwendung des § 831 spricht. Für die Lösung über § 166 analog spricht, dass es bei der Bösgläubigkeit um die Frage des „Wissens oder Wissenmüssens" geht und § 166 hierfür die sachnähere Vorschrift ist.

---

dd) Bösgläubigkeit beim Aufschwingen vom Fremd- zum Eigenbesitzer

274 Wie schon bei § 994 behandelt, ist nach Ansicht des *BGH* die Umwandlung von Fremdbesitz in Eigenbesitz, wegen der Wesensverschiedenheit dieser Besitzarten, wie eine völlig neue Besitzbegründung zu behandeln.[286] Instruktiv ist im Zusammenhang mit der Parallelproblematik bei §§ 990, 989 auch der berühmte „Feldbahnlokomotivenfall":[287]

Beispiel   Die Reichsbahn hatte eine dem A gehörende Lokomotive als berechtigte Geschäftsführerin ohne Auftrag abtransportiert. In der Folgezeit wurde die Lokomotive des A von Mitarbeitern der Reichsbahn grob fahrlässig für Eigentum der Reichsbahn gehalten und verkauft. A verlangte Schadensersatz gem. §§ 990, 989.[288]

Ein Anspruch des A aus §§ 990, 989 setzt zunächst voraus, dass die Mitarbeiter der Reichsbahn „bei Erwerb des Besitzes" unredlich waren.[289] Als die Reichsbahn erstmals die tatsächliche Sachherrschaft über die Lokomotive erlangte – bei Abtransport von der Front – war sie noch berechtigte Besitzerin. Unredlichkeit bezüglich eines mangelnden Besitzrechts kam zu diesem Zeitpunkt also nicht in Betracht. Die Mitarbeiter der Reichsbahn hatten den berechtigten Fremdbesitz aber später aufgrund grober Fahrlässigkeit in unberechtigten Eigenbesitz umgewandelt. Fraglich ist, ob auch eine solche Umwandlung von berechtigtem Fremd- in unberechtigten Eigenbesitz „Erwerb des Besitzes" im Sinne von § 990 Abs. 1 S. 1 ist. ■

---

284 Vgl. *Roth* JuS 1997, 710 ff. (71).
285 *Roth* JuS 1997, S. 710 ff. (711).
286 *BGH* in BGHZ 31, 129, 132.
287 *BGH* in BGHZ 31, S. 129 ff.
288 *BGH* in BGHZ 31, S. 129 ff.
289 § 990 Abs. 1 S. 2 hilft hier dagegen nicht weiter, da die Mitarbeiter der Reichsbahn laut Sachverhalt keine positive Kenntnis von dem fehlenden Eigentum hatten, sondern „nur" grob fahrlässig handelten. Letzteres reicht aber im Rahmen des § 990 Abs. 1 S. 2 nicht aus, vgl. bereits oben unter 3a bb (1).

Diese Frage nach der richtigen Interpretation des Begriffs des „Besitzerwerbs" im Rahmen **275**
des § 990 Abs. 1 S. 1 ist umstritten: Einige wollen bei § 990 Abs. 1 S. 1 ausschließlich auf den
erstmaligen Erwerb der tatsächlichen Sachherrschaft abstellen.[290] Die unberechtigte Veräußerung durch den (an sich) berechtigten Fremdbesitzer sei eine Überschreitung seines
Besitzrechts – ein Fall des „nicht so berechtigten" Besitzers. In derartigen Fällen fehle es
aus den genannten Gründen bereits an der für Ansprüche aus §§ 987 ff. erforderlichen Vindikationslage.[291]

Nach dieser Ansicht hat A im Feldbahnlokomotivenfall keinen Anspruch aus §§ 990, 989.
Allerdings besteht ein solcher aus GoA wegen Unmöglichkeit der Herausgabe des aus der
Geschäftsführung Erlangten gem. §§ 677, 681 S. 2, 667, 280 Abs. 1, 3, 283, den der *BGH* in sei-
ner Entscheidung wohl übersehen hatte. Die Vertreter dieser Ansicht argumentieren mit dem
Wortlaut des § 990 Abs. 1 S. 1: „Besitzerwerb" könne nur dasselbe meinen wie im Rahmen des
§ 854 Abs. 1 – die erstmalige Erlangung von Sachherrschaft.

Die wohl herrschende Meinung[292] ist dagegen anderer Ansicht: Das Gesetz kenne und **276**
unterscheide mit dem Eigen- und dem Fremdbesitz zwei Besitzarten. Deshalb sei es mit
dem Wortlaut des § 990 Abs. 1 S. 1 durchaus zu vereinbaren, auch die Umwandlung von
Eigenbesitz in Fremdbesitz als „Besitzerwerb" zu qualifizieren.[293] Das liege auch angesichts
dessen nahe, dass die §§ 987 ff. gerade auf den unberechtigten Eigenbesitzer zugeschnit-
ten seien.[294] Schließlich überzeuge das Ergebnis auch unter folgendem Aspekt: Die
§§ 987 ff. beinhalten die Entscheidung, dass der Besitzer nicht verpflichtet sein soll, nach
dem Erwerb des Besitzes Nachforschungen bezüglich seiner Besitzberechtigung anzustel-
len. Diese Privilegierung des Besitzers erscheine aber nur gerechtfertigt, so lange dieser
unverändert an den Rechtsgrund glaube, auf den er schon beim Erwerb des Besitzes ver-
traut hatte. Genau daran fehle es aber bei der Umwandlung von Eigen- in Fremdbesitz. In
den Worten von *Medicus*[295]: „Wessen Besitz nur unverändert fortdauert, von dem kann
man nicht erwarten, dass er sich ständig Gedanken über die Berechtigung dieses Besitzes
macht. Wer dagegen seinem Besitz einen neuen Grund geben will, dem sind solche
Gedanken ebenso zumutbar wie dem Besitzerwerber."[296] Nach dieser Ansicht hat A im Beispiel einen Schadensersatzanspruch gem. §§ 990, 989.

JURIQ-Klausurtipp

Bei diesem Problem sollten Sie unter Anführung der dargestellten Argumente der h.M. folgen.

---

290 *Schreiber* Jura 1992, 356 ff. (364).

291 So z.B. *Roth* JuS 2003, 937 ff. (939); *ders.* JuS 1997, 518 ff. (521); *Schreiber* Jura 1992, 356 ff. (364).

292 Vgl. Palandt-*Herrler* Vorb. v. § 987 Rn. 13 m.w.N.; *BGH* in BGHZ 31, 129 ff. (134); *Ebenroth/Frank*
     JuS 1996, 794 ff. (801 f.) m.w.N.

293 *BGH* in BGHZ 31, 129 ff. (134).

294 So Staudinger-*Gursky* § 990 Rn. 28.

295 MüKo-*Raff* § 990 Rn. 7.

296 Staudinger-*Gursky* § 990 Rn. 28, weist zudem auf Folgendes hin: In diesem Fall führe die Exzesshand-
     lung des berechtigten Besitzers ausnahmsweise zum Wegfall des Besitzrechts. Das ergebe sich aus
     dem Recht der GoA: Die Besitzberechtigung gründe auf dem Umstand, dass die Reichsbahn berech-
     tigte Geschäftsführerin ohne Auftrag sei. Mit der Ergreifung des Eigenbesitzes entfalle aber der für die
     berechtigte GoA erforderliche Fremdgeschäftsführungswille (§ 687 Abs. 1), so dass zugleich das Besitz-
     recht entfalle. Von „nicht so berechtigtem" Besitz könne hier also nicht die Rede sein.

ee) Bösgläubigkeit Minderjähriger

277 Umstritten ist, unter welchen Voraussetzungen ein Minderjähriger als bösgläubig behandelt werden kann. Ein uneingeschränktes Abstellen auf den Minderjährigen selbst könnte mit dem Gedanken des Minderjährigenschutzes nicht zu vereinbaren sein. Denkbar wäre es, **analog § 166 Abs. 1** nur auf eine eventuelle Bösgläubigkeit **des gesetzlichen Vertreters** abzustellen (an der es meistens fehlt!) oder nach dem Rechtsgedanken des § 828, bei gegebener Einsichtsfähigkeit des Minderjährigen, allein auf seine Bösgläubigkeit abzustellen.

Die wohl h.M.[297] differenziert danach, ob der Minderjährige den Besitz durch unerlaubte Handlung (z.B. Betrug – dann § 828) oder in sonstiger Weise (dann § 166) erlangt hat.

Beispiel Der 17-jährige B mietet vom Autovermieter E unter Vorlage des Führerscheins seines älteren, ihm ähnlich sehenden Bruders, ein Auto für eine Spritztour mit seiner Freundin. B sagt davon seinen Eltern nichts. Bei einem von B verschuldeten Unfall wird das Auto erheblich beschädigt. Muss B dem E den Schaden ersetzen?

Die Beantwortung der Frage hängt nach §§ 989, 990 davon ab, ob B im Zeitpunkt der Beschädigung bösgläubig war. Dies wäre nach h.M. analog § 828 Abs. 3 nach seiner eigenen Bösgläubigkeit zu beurteilen, wenn er den (wegen Unwirksamkeit des Mietvertrages nach § 108) unrechtmäßigen Besitz durch eine unerlaubte Handlung (z.B. Betrug, § 263 StGB) erlangt hätte. Dies ist hier der Fall, da B dem E durch Vorlage des Führerscheins vorgespiegelt hatte, volljährig zu sein. ■

> **JURIQ-Klausurtipp**
>
> Behalten Sie bei Anwendung der §§ 987 ff. auf Minderjährige den Minderjährigenschutz im Auge. Die Differenzierung der h.M. ist sachgerecht, da der Minderjährigenschutz seine Grenze in deliktischen Handlungen des Minderjährigen zu finden hat.

c) Verschlechterung/Untergang/Herausgabeunmöglichkeit/Verschulden

278 § 990 Abs. 1 enthält eine (partielle) Rechtsgrundverweisung auf § 989 – auch der unredliche Besitzer muss mithin die Verschlechterung, den Untergang bzw. die sonstige Herausgabeunmöglichkeit verschuldet haben.[298] Insoweit kann auf die Ausführungen zu § 989 verwiesen werden.

d) Schaden des Eigentümers

279 Hinsichtlich Art und Umfang des Schadensersatzes gelten erst einmal die Ausführungen zu § 989 entsprechend.

§ 990 Abs. 2 bestimmt aber zusätzlich, dass eine **weitergehende Haftung** des unredlichen Besitzers wegen **Verzuges** mit der Herausgabepflicht aus § 985 nicht ausgeschlossen ist. Das bedeutet insbesondere, dass der bösgläubige Besitzer im Falle des Verzuges auch **Vorenthaltungsschäden** zu ersetzen hat und dass er in diesem Falle auch für **zufällig** entstandene Schäden (vgl. § 287 S. 2) haftet.

---

297 MüKo-*Gitter* vor § 104 Rn. 29 m.w.N.
298 *Roth* JuS 1997, 710 f. (710).

> **JURIQ-Klausurtipp**
>
> Achten Sie insoweit auch auf die beliebte Klausurfalle, wenn als Schaden entstandene Rechtsanwaltskosten geltend gemacht werden. Die den Verzug herbeiführende Mahnung selber (sogenannte Erstmahnung) durch den Rechtsanwalt ist nicht ersatzfähig, da sie die Voraussetzungen des Verzugs erst herbeiführt. Rechtsanwaltskosten (insbesondere für von diesem verfasste Korrespondenz) sind also nur dann ersatzfähig, wenn sich der Schuldner im Zeitpunkt der Tätigkeit des Rechtsanwalts bereits im Verzug befand.

2. Rechtsvernichtende Einwendungen/Durchsetzbarkeit

Hier gelten die Ausführungen zu den bisher besprochenen Ansprüchen entsprechend. **280**

IV. Anspruch aus § 992 i.V.m. §§ 823 ff.

Gem. § 992 haftet der deliktische Besitzer dem Eigentümer auf Schadensersatz nach §§ 823 ff. **281**
Dabei handelt es sich um einen Rechtsgrundverweis.[299]

Schadensersatzanspruch aus §§ 992, 823 ff.

I. Anspruchsentstehung

1. Voraussetzungen des §§ 992
   a) Erlangung des unrechtmäßigen Besitzes durch Straftat **oder**
   b) verbotene Eigenmacht
      🕭 Muss verbotene Eigenmacht schuldhaft sein?   **Rn. 285**
2. Tatbestand des § 823 Abs. 1
   a) Eigentumsverletzung
   b) Durch ein Verhalten des Anspruchsgegners verursacht
   c) Rechtswidrigkeit
   d) Schuld
      🕭 Zufallshaftung nach § 848?   **Rn. 290**
   e) Schaden
   f) Art und Umfang des Schadensersatzes, §§ 249 ff.

II. Rechtsvernichtende Einwendungen

III. Durchsetzbarkeit

PRÜFUNGSSCHEMA

---

1. Anspruchsentstehung

Die Entstehung des Anspruchs aus §§ 992, 823 setzt eine Doppelprüfung voraus. Zunächst **282**
müssen die Voraussetzungen des § 992 erfüllt sein. Anschließend sind die Voraussetzungen
des § 823 Abs. 1 zu prüfen.

---

299 Palandt-*Herrler* § 992 Rn. 4.

> ### JURIQ-Klausurtipp
>
> § 992 eröffnet also quasi den Zugriff auf die Regelung des § 823, der in der Folge dann eigenständig geprüft werden muss und dessen Voraussetzungen ebenfalls erfüllt sein müssen. § 992 enthält daher einen Rechts**grund**verweis auf §§ 823 ff.

a)   Voraussetzungen des §§ 992

283   § 992 nennt zwei alternative Arten des Besitzerwerbs des Anspruchsgegners, nämlich die Straftat und die verbotene Eigenmacht.

aa)   Erlangung des unrechtmäßigen Besitzes durch Straftat

284   Als mögliche Straftaten kommen dabei in Betracht: Nötigung (§ 240 StGB), Diebstahl (§ 242 StGB), Raub (§§ 249–252 StGB), Erpressung (§ 253 StGB), Hehlerei (§ 259 StGB) und Betrug (§ 263 StGB).

Eine Unterschlagung (§ 246 StGB) und Untreue (§ 266 StGB) sind nach h.M. nur dann Straftaten i.S.v. § 992, wenn der Besitz durch diese Straftat erworben wurde.[300]

Wegen § 15 StGB ist diesen Straftaten gemeinsam, dass sie nur **vorsätzlich** verwirklicht werden können.

bb)   Verbotene Eigenmacht

285   Gleich behandelt wird in § 992 die Besitzerlangung durch verbotene Eigenmacht.

Besitzerlangung durch verbotene Eigenmacht begeht nach § 858 Abs. 1 derjenige, der dem unmittelbaren Besitzer ohne dessen Willen und ohne gesetzliche Gestattung den Besitz entzieht.

 Der Wortlaut des § 858 Abs. 1 setzt an sich kein Verschulden voraus. Im Hinblick darauf, dass die Besitzerlangung durch Straftat Vorsatz voraussetzt, ist die Gleichstellung beider Alternativen deshalb problematisch.

Dies berücksichtigt die h.M., wonach die Besitzverschaffung durch verbotene Eigenmacht nur dann unter § 992 fällt, wenn sie **verschuldet** ist.[301] Der Besitzer muss also bei Besitzergreifung wissen oder fahrlässig nicht wissen, dass er dem unmittelbaren Besitzer ohne dessen Willen und ohne gesetzliche Gestattung den Besitz entzieht. Dabei reicht, anders als bei § 990 Abs. 1 S. 1, bereits einfache Fahrlässigkeit aus. Andere halten ein Verschulden in Bezug auf die verbotene Eigenmacht für die Anwendung des § 992 nicht für erforderlich. § 992 enthalte eine Rechtsgrundverweisung, zudem erfordere die Haftung nach §§ 823 ff. ein Verschulden. Das reiche aus, um eine verschuldensunabhängige Delikthaftung des Besitzers zu verhindern.[302]

Die geschilderten Ansichten führen dann zu unterschiedlichen Ergebnissen führen, wenn die Besitzergreifung selbst keine **schuldhafte** verbotene Eigenmacht darstellt, die spätere Eigentumsverletzung aber verschuldet ist.

---

300 Palandt-*Herrler* § 992 Rn. 3 m.w.N.
301 Palandt-*Herrler* § 992 Rn. 2 m.w.N.; *Schreiber* Jura 1992, 356 ff. (360).
302 MüKo-*Raff* § 992 Rn. 5 m.w.N.

Beispiel B vertauscht schuldlos seinen Mantel mit dem identisch aussehenden Mantel des E. Später erkennt B sein Versehen und beschädigt den Mantel fahrlässig an einem frisch gestrichenen Treppengeländer.

In diesem Fall haftet der Besitzer nur nach der anderen Ansicht. Diese führt vor allem den Wortlaut des § 992 ins Feld, der ein Verschulden der verbotenen Eigenmacht nicht voraussetzt.[303] Die h.M. hält dagegen das Nebeneinander der beiden Alternativen des § 992 ohne die einschränkende Voraussetzung des Verschuldens der verbotenen Eigenmacht für kaum zu rechtfertigen.[304] Nach h.M. haftet B mangels verschuldeter verbotener Eigenmacht nicht nach § 823 Abs. 1 i.V.m. § 992. ■

b) Tatbestand des § 823 Abs. 1

Zusätzlich muss der Besitzer einen der Tatbestände der §§ 823 ff. erfüllen.

286

> **Hinweis**
>
> Es muss also nicht unbedingt (nur) der Tatbestand des § 823 Abs. 1 einschlägig sein. Bei Besitzverschaffung durch Straftat kommt insbesondere auch noch § 823 Abs. 2 in Betracht. Hat der Besitzer einen Besitzdiener (§ 855) eingeschaltet und erfüllt dieser den objektiven Tatbestand einer unerlaubten Handlung, so kommt auch eine Haftung des Besitzers nach § 831 in Betracht, da der Besitzdiener gleichzeitig auch Verrichtungsgehilfe ist. Die Problematik wird nachfolgend nur am Beispiel des § 823 Abs. 1 dargestellt.

aa) Eigentumsverletzung

Als Eigentumsverletzung kommt die nachteilige Einwirkung auf die Sachsubstanz, die Beeinträchtigung oder Entziehung des Eigentumsrechts, sowie Einwirkungen auf die Sache, die deren Gebrauch verhindern oder erschweren insbesondere der Entzug der Sache – oder die sonst in Disposition oder Dispositionsbefugnis des Eigentümers störend eingreifen, in Betracht.[305]

287

Die Eigentumsverletzung muss der Besitzerlangung nicht unbedingt zeitlich nachfolgen, sondern kann mit ihr Zusammenfallen. Insofern stellt allein schon die verbotene Eigenmacht, legt man das Verschuldenserfordernis der h.M. zu Grunde, i.d.R. gleichzeitig eine rechtswidrige und schuldhafte Eigentumsverletzung dar.

---

303 MüKo-*Raff* § 992 Rn. 5.
304 *Schreiber* Jura 1992, 356 ff. (360).
305 MüKo-*Mertens* § 823 Rn. 67.

bb) Rechtswidrigkeit

288 Fallen Eigentumsverletzung und verbotene Eigenmacht zeitlich zusammen, ergibt sich die Rechtswidrigkeit bereits aus der **verbotenen** Eigenmacht. Folgt die Eigentumsverletzung der verbotenen Eigenmacht nach, so ist die Rechtswidrigkeit nach umstrittener Ansicht des *BGH* allein bereits durch die Tatbestandsverwirklichung indiziert und nur bei Eingreifen von Rechtfertigungsgründen ausgeschlossen.[306]

cc) Schuld

289 Grundsätzlich setzt § 823 Abs. 1 die vorsätzliche oder fahrlässige Verletzung des Eigentums voraus. Dazu ist erforderlich, dass der Besitzer entweder weiß, dass die Sache nicht in seinem Eigentum steht oder es fahrlässig nicht weiß.

> **Beispiel** B nimmt dem E ein Fahrrad eigenmächtig weg, weil er sich schuldlos für den Eigentümer hält. Er ist der Ansicht, als Eigentümer zur Wegnahme befugt gewesen zu sein. Später stellt B fest, dass er nicht Eigentümer ist und will dem E das Rad zurückbringen. Unterwegs verursacht B fahrlässig einen Unfall, bei dem das Fahrrad beschädigt wird.
>
> Die Besitzerlangung durch B erfüllt den Tatbestand des § 992, da B gegenüber E verbotene Eigenmacht (§ 858 Abs. 1) begangen hat. Dies ist nach der Ansicht, die hierfür kein Verschulden verlangt, ohne Weiteres der Fall. Aber auch nach der h.M., die **schuldhafte** verbotene Eigenmacht verlangt, hat B den Tatbestand des § 992 erfüllt, da er wissen konnte, dass er den Besitz nicht eigenmächtig an sich nehmen durfte, auch wenn er sich für den Eigentümer hielt. Zwar erfüllt die Besitzbegründung allein noch nicht den Tatbestand einer schuldhaften Eigentumsverletzung, da B sich schuldlos für den Eigentümer hielt; jedoch stellt die spätere Beschädigung des Fahrrads eine schuldhafte Eigentumsverletzung dar. B ist somit dem E nach §§ 992, 823 Abs. 1 zum Schadensersatz verpflichtet. ■

290 Erfüllt in diesem Rahmen bereits die Besitzbegründung als solche sowohl den Tatbestand des § 992 als auch den des § 823 Abs. 1, so kommt es nach § 848 zur Zufallshaftung.

» „Lesen Sie die Vorschrift des § 848!" «

> **Beispiel** B hätte im vorigen *Beispiel* schon bei der Wegnahme des Fahrrads wissen können, dass er nicht der Eigentümer ist. Das Fahrrad wird ihm später ohne sein Verschulden entwendet. Hier kommt es nach § 848 nicht mehr darauf an, ob den B ein Verschulden am Diebstahl des Fahrrads trifft, da bereits die Besitzerlangung durch verbotene Eigenmacht den Tatbestand einer schuldhaften Eigentumsverletzung erfüllt. ■

dd) Schaden und Zurechnungszusammenhang zwischen Eigentumsverletzung und Schaden

291 Zu ersetzen ist der gesamte, aus der Eigentumsverletzung entstandene Schaden. Dazu zählt, anders als bei § 989, nicht nur der Substanzschaden, sondern auch der **Vorenthaltungs**schaden, da bereits die Vorenthaltung des Besitzes eine Eigentumsverletzung darstellt.

---

306 *BGH* NJW 1996, 3205, näher zu dieser Problematik auch im Skript „Schuldrecht BT III" (Deliktsrecht).

Beispiel Einbrecher B entwendet aus dem Antiquitätengeschäft des E eine wertvolle Vase. E verlangt von B neben der Herausgabe nach § 985 Zahlung weiterer 500 € mit der Begründung, er hätte die Vase in der Zwischenzeit zu diesem Preis für eine Ausstellung vermieten können. Dieser Anspruch des E ergibt sich aus §§ 992, 823 Abs. 1, 249, 252. Zwar liegt keine Substanzverletzung des Eigentums vor. Der Besitzentzug durch E stellt aber ebenfalls eine Eigentumsverletzung i.S.d. § 823 Abs. 1 dar. ■

> **Hinweis**
>
> Im Hinblick auf die Ersatzfähigkeit (auch) des Vorenthaltungsschadens enthalten die §§ 992, 823 also eine Haftungsverschärfung für den deliktischen Besitzer.

2. Rechtsvernichtende Einwendungen

Für das Erlöschen des Anspruchs gelten zunächst die allgemeinen Grundsätze. Hat der Deliktsbesitzer **vorsätzlich** gehandelt, wie z.B. im Falle der Besitzerlangung durch Straftat, ist das Aufrechnungsverbot des **§ 393** zu beachten, wonach die Aufrechnung gegen einen Anspruch aus einer vorsätzlich begangenen unerlaubten Handlung unzulässig ist. Dem deliktischen Besitzer ist es in diesem Fall auch nach Rückgabe der Sache an den Eigentümer also verwehrt, mit einem Verwendungsersatzanspruch aus § 994 Abs. 2 gegenüber dem Schadensersatzanspruch des Eigentümers aus §§ 992, 823 aufzurechnen.   **292**

> **Hinweis**
>
> Beachte dazu auch den Parallelfall des § 1000 S. 2 beim Zurückbehaltungsrecht des Besitzers gegenüber dem Eigentumsherausgabeanspruch aus § 985.

3. Durchsetzbarkeit

Für diesen Prüfungspunkt gelten die gleichen Grundsätze, wie bei den bisher behandelten Ansprüchen.   **293**

V. Ansprüche gegen den redlichen und unverklagten Besitzer

Ein Schadensersatzanspruch gegen den redlichen unverklagten Besitzer besteht grundsätzlich nicht, vgl. § 993 Abs. 1 a.E. Zwei Sonderfälle sind jedoch insoweit zu beachten.   **294**

1. Sonderfall: Deliktischer Besitzer

Wie Sie bereits gesehen haben, muss der deliktische Besitzer nicht unbedingt bösgläubig sein. Bösgläubigkeit setzt nämlich zumindest **grobe** Fahrlässigkeit des Besitzers voraus, während deliktischer Besitz nach einer Ansicht bereits durch eine schuldlos begangene verbotene Eigenmacht, nach anderer Ansicht bei jeder Form der schuldhaft begangenen verbotenen Eigenmacht (also auch bei **einfacher** Fahrlässigkeit) begründet werden kann.   **295**

2.   Sonderfall: Fremdbesitzerexzess des Besitzmittlers

296   Eine weitere Ausnahme macht das Gesetz mit § 991 Abs. 2 für den redlichen Besitzmittler (also unmittelbaren Besitzer). Dieser soll dem Eigentümer haften, soweit er mit einer Haftung gegenüber dem mittelbaren Besitzer rechnen musste. Denn insoweit erscheint er nicht schutzwürdig.[307]

Beispiel   D entwendet das Mountain-Bike des E. In der Folgezeit vermietet D das Rad an den nichts ahnenden B. Dieser erleidet aufgrund leichter Fahrlässigkeit einen Unfall, bei dem das Fahrrad leicht beschädigt wird. B gibt dem D das beschädigte Fahrrad zurück und zahlt an ihn 200 € Schadensersatz für die Beschädigungen. Nunmehr wird D als Dieb des Mountain-Bikes ermittelt. E erhält das beschädigte Rad zurück. Auch er verlangt von B Schadensersatz i.H.v. 200 €. Zu Recht?

Im Fall ist die Eigentumsherausgabe des Rades an E ohne gerichtliche Hilfe erfolgt, so dass ein Schadensersatzanspruch gem. § 989 von vornherein ausscheidet. Weiterhin wusste B nicht, dass D das Rad gestohlen hatte und ihm dementsprechend kein Besitzrecht verschaffen konnte; auch fehlte es dem B an grober Fahrlässigkeit, so dass auch ein Schadensersatzanspruch des E gem. § 990 Abs. 1 nicht in Betracht kommt. E könnte aber einen Anspruch auf Schadensersatz gegen B gem. § 991 Abs. 2 haben.

E war zum Zeitpunkt der Beschädigung Eigentümer, B unmittelbarer Fremdbesitzer des Rades. Denn B wollte den Besitz aufgrund des Mietvertrages dem D mitteln (vgl. § 868). Schließlich war B nach dem Dargelegten gutgläubig hinsichtlich seiner Besitzberechtigung aus dem Mietvertrag. Demzufolge haftet er dem D gem. §§ 991 Abs. 2, 989, soweit er dem mittelbaren Besitzer D gegenüber ebenfalls verantwortlich war. B hatte dem D den an dem Fahrrad entstandenen Schaden gem. §§ 280 Abs. 1, 241 Abs. 2 (Verletzung seiner Sorgfaltspflicht aus dem Mietvertrag) zu ersetzen. Nach alledem liegen die Voraussetzungen für eine Schadensersatzpflicht des B gegenüber dem E aus §§ 991 Abs. 2, 989 vor. Dieses Ergebnis erscheint aber angesichts der Tatsache, dass B bereits an D Schadensersatz geleistet hat, wenig überzeugend. In solchen Fällen ist dem redlichen Besitzer nach ganz herrschender Ansicht mit einer analogen Anwendung von § 851 (bzw. § 893 bei unbeweglichen Sachen) zu helfen.[308] ▪

3.   Sonstiger Fremdbesitzerexzess

297   Der Rechtsgedanke des § 991 Abs. 2 ist nach herrschender Meinung auch auf andere Fälle des Fremdbesitzerexzesses zu übertragen.

Beispiel   V vermietet seine Wohnung an M. V ist unerkannt geisteskrank. M beschädigt/zerstört die Mietsache.[309] ▪

Die Besonderheit dieser Fallgestaltung liegt darin, dass V als vermeintlich berechtigter Fremdbesitzer in den „Genuss" der Privilegierung des § 993 Abs. 1 a.E. kommen könnte. Es ist aber nicht einzusehen, warum der Umstand, dass der Vertrag, der ihm dieses Besitzrecht tatsächlich gegeben hätte, unwirksam ist, zu einer Besserstellung des M führen sollte.

---

307   Palandt-*Herrler* § 991 Rn. 4; *Roth* JuS 2003, 937 ff. (940).
308   Palandt-*Herrler* § 991 Rn. 4.
309   *Roth* JuS 2003, 937 ff. (942).

Bei Wirksamkeit des Mietverhältnisses würde M gem. §§ 280 ff., 823 ff. haften. Nach den §§ 989 ff. bestünde dagegen keine Schadensersatzpflicht, weil M weder bösgläubig noch verklagt ist.

Die herrschende Meinung formuliert deshalb – unter Berufung auf den Rechtsgedanken des § 991 Abs. 2 – folgende Regel: Der unberechtigte Fremdbesitzer haftet dem Eigentümer entgegen § 993 Abs. 1 a.E. insoweit aus §§ 823 ff., als er auch bei Gültigkeit des Vertrages gehaftet hätte.[310]

JURIQ-Klausurtipp

Im Rahmen einer Klausur empfiehlt sich folgende Vorgehensweise: Zunächst werden eventuelle Ansprüche aus §§ 989 ff. geprüft und dann in der Folge wegen § 993 Abs. 1 abgelehnt. Sodann werden die Ansprüche aus §§ 823 ff. geprüft. Dabei ist vorab darauf hinzuweisen, dass der redliche unverklagte Besitzer gem. § 993 Abs. 1 a.E. grundsätzlich nicht nach Deliktsrecht haftet und sodann – mit den oben genannten Argumenten – die Frage nach einer Ausnahme für den Fremdbesitzerexzess zu diskutieren.

VI. Zusammenfassung zu den Konkurrenzen

Wie aus § 993 folgt, sind die Schadensersatzansprüche des Eigentümers gegen den unrechtmäßigen Besitzer grundsätzlich abschließend in den §§ 989–992 geregelt. Anerkannt sind aber folgende Ausnahmen, wobei die bisher angesprochenen Fälle in die Gesamtaufstellung nochmals mit einbezogen werden sollen: **298**

1. Zusätzliche Anspruchsgrundlagen bei Vorsatz

Schadensersatzansprüche, die **nur vorsätzlich** erfüllt werden können (§§ 826, 687 Abs. 2, 678) sind ebenfalls anwendbar, weil der vorsätzlich Handelnde als nicht schutzwürdig zu erachten ist.[311]   **299**

2. Anwendung des § 823 bei Fremdbesitzerexzess

Wie Sie gesehen haben, ist § 823 bei Fremdbesitzerexzess unmittelbar anwendbar.   **300**

3. Analoge Anwendung des § 991 Abs. 2

Umstritten ist, ob der Fremdbesitzer dem Eigentümer daneben auch nach § 991 Abs. 2 analog haftet, wenn er den Besitz nicht, wie es § 991 Abs. 2 verlangt, von einem Dritten, sondern auf Grund eines unwirksamen Vertrages von dem Eigentümer erlangt hat.   **301**

Nach e.A. soll § 991 Abs. 2 in diesem Fall analog anwendbar sein.[312] Folgt man dieser Ansicht, so hätte dies, da § 991 Abs. 2 auf § 989 verweist, für den Eigentümer den Vorteil, dass sich der Besitzer – anders, als bei bloßer Anwendung der §§ 823 ff. – das Verschulden

---

310 Palandt-*Herrler* Vorb. v. § 987 Rn. 8.
311 Palandt-*Herrler* vor §§ 987 ff. Rn. 18 m.w.N.
312 Soergel-*Mühl* § 991 Rn. 1, vor § 987 Rn. 15.

seiner Hilfspersonen nach § 278 (ohne Exkulpationsmöglichkeit) zurechnen lassen müsste, da § 278 im Rahmen des § 989 anwendbar ist. Allerdings ist der zu ersetzende Schaden im Rahmen dieser Anspruchsgrundlage, anders als nach § 823 Abs. 1, auf den in § 989 bezeichneten (Substanz)Schaden beschränkt.

Nach a.A. ist die analoge Anwendung abzulehnen.[313] Die Haftung des unmittelbaren Besitzers aus § 991 Abs. 2 knüpfe an die Haftung aus einem wirksamen Vertrag mit einem Dritten an, an dem es gerade fehle, wenn der unmittelbare Fremdbesitzer die Sache aufgrund unwirksamen Vertrages vom Eigentümer erhalten hat.

Für die analoge Anwendung sprechen ähnliche Gründe, wie für die direkte Anwendung des § 823 beim Fremdbesitzerexzess. Auch wenn der unrechtmäßige Fremdbesitzer gutgläubig ist, so weiß er doch, dass es nicht seine Sache ist und dass er sie nicht beschädigen darf. Tut er dies dennoch, so besteht kein Grund, ihn zu schützen. § 991 Abs. 2 ist Ausdruck dieses Rechtsgedankens. § 991 Abs. 2 ist daher richtigerweise analog anzuwenden.

4. Problemfall: Anwendung des § 823 auf den (nur) bösgläubigen Besitzer?

302 Umstritten ist, ob die §§ 823 ff. auch auf den bösgläubigen Besitzer direkt (d.h. auch ohne § 992) anwendbar sind. Dies wäre für den Eigentümer insoweit günstig, als er nach §§ 823 ff. auch Ersatz des Vorenthaltungsschadens verlangen könnte.

Nach einem Teil der Lit.[314] sollen die §§ 823 ff. in diesem Fall anwendbar sein, weil der bösgläubige Besitzer nicht schutzwürdig ist. Außerdem schließe § 993 nach seinem Wortlaut andere Schadensersatzansprüche nur aus, wenn die Voraussetzungen der §§ 989–992 nicht vorliegen. Beim bösgläubigen Besitzer liegen sie aber gerade vor. Auch der Vergleich mit dem Fremdbesitzerexzess wird zur Begründung angeführt: Wenn schon der gutgläubige Fremdbesitzer bei Fremdbesitzerexzess direkt nach den §§ 823 ff. hafte, dann müsse das erst Recht für den bösgläubigen (Eigen- oder Fremd-)besitzer gelten.

Die h.M.[315] lehnt aber nach wie vor die Anwendung der §§ 823 ff. auf den bösgläubigen Besitzer ab. Nach dem Willen des Gesetzgebers soll der bösgläubige Besitzer grundsätzlich nur auf Ersatz des Sachschadens, nicht aber auf Ersatz des Vorenthaltungsschadens haften. Diesen soll er nur in zwei Fällen ersetzen, nämlich wenn er sich im Verzug befindet (§§ 990 Abs. 2, 280 Abs. 1, 2, 286) oder wenn er den Besitz deliktisch erlangt hat (§§ 992, 823 ff.). Würde man die §§ 823 ff., auch ohne die Sperre des § 992, auf den bösgläubigen Besitzer direkt anwenden, so hätte er auch den Vorenthaltungsschaden immer zu ersetzen.

---

313 Staudinger-*Gursky* Vorbem. zu §§ 987 ff. Rn. 28.
314 *Müller* JuS 1983, 516, 519.
315 *BGH* WM 1989, 1756, 1758 m.w.N.; *Roth* JuS 1997, 710.

Hinweis

Die Analyse der Argumente beider Ansichten zeigt, dass die besseren systematischen Argumente und auch der Wille des Gesetzgebers für die h.M. sprechen. Die besseren Wertungsgesichtspunkte sprechen für die Gegenansicht. Warum will man den bösgläubigen Besitzer (bei dem zumindest grobe Fahrlässigkeit vorliegt) davor schützen, dem Eigentümer den Vorenthaltungsschaden zu ersetzen? Warum soll der deliktische Besitzer, der schließlich auch gutgläubig sein kann, den Vorenthaltungsschaden ersetzen, der bösgläubige Besitzer dagegen nicht? Warum soll der redliche Fremdbesitzer bei Fremdbesitzerexzess direkt nach §§ 823 ff. haften, der unredliche dagegen nur nach §§ 989, 990?

JURIQ-Klausurtipp

In der Klausur ist es nicht ganz ungefährlich, sich der Mindermeinung anzuschließen, da insbesondere die Rechtsprechung die Sperrwirkung des § 993 insoweit nicht in Frage stellt. Sie sollten daher das Problem und die Argumente ansprechen und im Zweifel Ihrer Lösung die h.M. zu Grunde legen.

Online-Wissens-Check

Wann haftet der unberechtigte Besitzer nach allgemeinem Deliktsrecht?

Überprüfen Sie jetzt online Ihr Wissen zu den in diesem Abschnitt erarbeiteten Themen. Unter **www.juracademy.de/skripte/login** steht Ihnen ein Online-Wissens-Check speziell zu diesem Skript zur Verfügung, den Sie mit dem Zugangscode auf der letzten Seite kostenlos nutzen können.

5. Zusammenfassende Übersicht zur Anwendbarkeit der allgemeinen Vorschriften im EBV

303

In §§ 989 – 993 geregelt

I. **§ 989:** Haftung des <u>verklagten</u> Besitzers für <u>Sachbeschädigung</u> oder <u>Sachverlust</u>

II. **§§ 989, 990 Abs. 1:** Haftung des <u>bösgläubigen</u> Besitzers für <u>Sachbeschädigung</u> oder <u>Sachverlust</u>

III. **§§ 990 Abs. 2, 280 Abs. 1, 2, 286:** Haftung des bösgläubigen (i.d.R. gemahnten) Besitzers auf Ersatz des Verzugsschadens

IV. **§ 991 Abs. 2:** Haftung des (auch gutgläubigen) <u>Fremd</u>besitzers für <u>Sachbeschädigung</u> oder <u>Sachverlust</u>

V. **§§ 992, 823:** Haftung des <u>deliktischen</u> Besitzers für <u>alle</u> Schäden aus Eigentumsverletzung (nicht nur Sachschaden, sondern auch Verzögerungsschaden)

Unstreitig trotz § 993 anwendbar

I. **§ 823 direkt** für <u>alle</u> Schäden aus Eigentumsverletzung bei <u>Fremdbesitzerexzess</u>

II. **§ 826 direkt** (da nur bei <u>Vorsatz</u> erfüllt)

III. **§§§ 687 Abs. 2, 678** (da nur bei <u>Vorsatz</u> erfüllt)

Anwendbarkeit der §§ 280 ff. auf § 985

§ 280 I	§ 281	§ 282	§ 283	§ 284	§ 285	§ 286
Nicht (isoliert) anwendbar, soweit Sache **nur beschädigt oder nicht mehr herausgegeben werden kann. Arg:** RF der Beschädigung und der **Unmöglichkeit** der Herausgabe in §§ 989, 990, 991 II, 992) abschließend geregelt. (vgl. § 993)	Nach BGH **analog anwendbar,** falls Besitzer **verklagt** oder **bösgläubig** Arg u.a. Regelungslücke in §§ 989 ff für den Fall, dass Besitzer die Sache zwar **herausgeben kann,** aber trotz Fristsetzung **nicht will.**	**Nicht** analog anwendbar, **Arg:** Herausgabepflicht nach § 985 ist **Leistungs**pflicht, nicht Rücksichtsnahmepflicht.	**Nicht** analog anwendbar, **Arg:** Folgen der **Unmöglichkeit** der Herausgabe sind in §§ 989, 990, 991 II abschließend geregelt. (vgl. § 993)	Keine Entscheidung, aber wohl **analog anwendbar. Arg:** § 284 ist Alternative zu § 281	Nach h.M. nicht analog anwendbar. **Arg:** Doppelte Begünstigung des Eigentümers und doppelte Belastung des Besitzers	Nur auf den **bösgläubigen** Besitzer über § 990 Abs. 2 **entsprechend** anwendbar (s.o.)

E. Der Grundbuchberichtigungsanspruch (§ 894)

Wer mit seinem Recht an einem Grundstück nicht im Grundbuch eingetragen ist, läuft **304** Gefahr, sein Recht gem. § 892 an einen gutgläubigen Erwerber zu verlieren. Ebenso erweist sich eine relative Verfügungsbeschränkung (z.B. nach § 2211) dem gutgläubigen Erwerber gegenüber als in der Praxis wirkungslos, wenn sie nicht im Grundbuch eingetragen ist (vgl. § 892 Abs. 1). Der dinglich Berechtigte und der durch die relative Verfügungsbeschränkung Geschützte haben deshalb ein erhebliches Interesse daran, dass das unrichtige Grundbuch berichtigt und die richtige Rechtslage im Grundbuch eingetragen wird. Diesem Interesse dient der Grundbuchberichtigungsanspruch aus § 894.

Voraussetzung dafür, dass der wirklich Berechtigte ins Grundbuch eingetragen wird, ist insbesondere, dass der von der Berichtigung Betroffene diese Eintragung bewilligt (§§ 19, 28, 29 GBO). § 894 gewährt dem wirklichen, aber nicht eingetragenen Berechtigten hierzu einen Anspruch auf Abgabe der nach § 19 GBO erforderlichen Bewilligung.

Für den Eigentümer (und alle anderen Inhaber von Grundstücksrechten) kann sich die **305** unrichtige Eintragung eines Grundstücksrechts im Hinblick auf den gutgläubigen Erwerb nach §§ 873, 892 als gefährlich erweisen. Sie bekommen mit § 894 einen besonderen Abwehranspruch, der als spezielle Regelung die allgemeine Regelung des § 1004 verdrängt.[316] Bis zur Durchsetzung des Anspruchs aus § 894 hilft dem Berechtigten die vorläufige Sicherung aus § 899.

Die Voraussetzungen im Einzelnen:

Grundbuchberichtigungsanspruch aus § 894

I. Anspruchsentstehung
  1. Unrichtigkeit des Grundbuchs
  2. Unmittelbare Beeinträchtigung des Anspruchstellers
  3. Anspruchsgegner Verpflichteter

II. Rechtsvernichtende Einwendungen

III. Durchsetzbarkeit

I.   Anspruchsentstehung

1.   Unrichtigkeit des Grundbuchs

Der Anspruch aus § 894 setzt zunächst die Unrichtigkeit des Grundbuchs voraus.   **306**

> Eine **Unrichtigkeit** des Grundbuchs besteht, wenn die durch den Grundbuchinhalt dargestellte Rechtslage bzgl. Eigentum, beschränkter dinglicher Grundstücksrechte (z.B. Grundpfandrechte), nicht eingetragener oder eingetragener Verfügungsbeschränkungen, gelöschter oder eingetragener Vormerkung oder eingetragenem Widerspruch, nicht mit der wirklichen Rechtslage übereinstimmt.[317]

---

316 Palandt-*Herrler* § 1004 Rn. 3.
317 Palandt-*Herrler* § 894 Rn. 2.

Aus dieser Definition folgt: Unrichtigkeit ist sowohl gegeben, wenn ein bestehendes Recht, z.B. das dem Eigentümer zustehende Eigentumsrecht nicht eingetragen oder zu Unrecht gelöscht ist, als auch dann, wenn ein Recht eingetragen ist, das in Wirklichkeit nicht oder nicht mehr besteht.

2. Unmittelbare Beeinträchtigung des Anspruchstellers

307 Gläubiger des Anspruch ist nach § 894 derjenige, dessen Recht nicht oder nicht richtig eingetragen oder durch die Eintragung einer nicht bestehenden Belastung oder Beschränkung beeinträchtigt ist.

Beispiel Der Eigentümer kann sich also mit § 894 dagegen wehren, dass sein Eigentum nicht oder unrichtig eingetragen ist oder dass fälschlicherweise ein Grundpfandrecht, eine Dienstbarkeit oder eine Vormerkung eingetragen wurde.

Ist bei einer an sich bestehenden Grundschuld dagegen (nur) ein falscher Inhaber der Grundschuld eingetragen, so kann aus § 894 nicht der Eigentümer, sondern nur der wahre Inhaber der Grundschuld die Berichtigung des Grundbuchs fordern.[318] ◼

> **Hinweis**
>
> Innerhalb dieses Prüfungspunktes des Schemas ist ggf. näher zu untersuchen, ob der Anspruchsteller das von ihm behauptete Recht erworben und eventuell wieder verloren hat (z.B. durch gutgläubigen Erwerb eines Dritten).[319]

3. Verpflichteter

308 Der Anspruch richtet sich auf die Zustimmung zur Grundbuchberichtigung. Verpflichtet zur Abgabe dieser Erklärung ist nach § 894 derjenige, dessen Mitwirkung nach dem Grundbuchverfahrensrecht notwendig ist, um die Änderung herbeizuführen.[320] Das ist wegen § 19 GBO regelmäßig der zu Unrecht im Grundbuch Eingetragene, also der Bucheigentümer bzw. der Buchberechtigte. Zustimmung zur Berichtigung bedeutet dabei Abgabe der Eintragungsbewilligung i.S.d. § 19 GBO in der Form von §§ 28, 29 GBO.[321]

II. Rechtsvernichtende Einwendungen

309 Als rechtsvernichtende Einwendung kommt insbesondere die **Verwirkung** nach § 242 in Betracht. Dies soll beispielsweise der Fall sein, wenn der Anspruchsteller gegenüber dem Anspruchsgegner während zwanzigjähriger widerspruchsloser Duldung den Eindruck erweckt hat, dass er mit einem zustimmungsbedürftigen Hofübergabevertrag, dem die Zustimmung der zuständigen Behörde fehlte, einverstanden war.[322]

---

318 Urteil des *BGH* vom 14.3.2000 (AZ: XI ZR 14/99) = NJW 2000, 2021.
319 Ausführlich zu Erwerb und Verlust des Eigentums im Skript „Sachenrecht II".
320 *BGH* NJW 1996, 1890; Palandt-*Herrler* § 894 Rn. 7.
321 Palandt-*Herrler* § 894 Rn. 8.
322 OGHZ 1, 279 ff.

Dagegen ist ein **Verzicht** auf den Anspruch nach § 397 nach allg. Ansicht unzulässig.[323]

III. Durchsetzbarkeit

1. Verjährung

Die Einrede der Verjährung kann gegenüber dem Anspruch aus § 894 nicht geltend gemacht werden, da der Anspruch nach § 898 nicht der Verjährung unterliegt. **310**

2. Zurückbehaltungsrechte

Zurückbehaltungsrechte gegenüber dem Grundbuchberichtigungsanspruch, die bei einer Geltendmachung zu einer Verurteilung Zug um Zug nach § 274 führen, sind aus mehreren Gründen denkbar. **311**

a) Zurückbehaltungsrecht aus § 273

Das Zurückbehaltungsrecht nach § 273 steht dem Verpflichteten wegen eventueller, konnexer und fälliger Gegenansprüche zu. **312**

Beispiel Der Anspruch des zu Unrecht im Grundbuch als Inhaber einer Vormerkung eingetragenen Käufers auf Rückzahlung des Kaufpreises.[324]

b) Zurückbehaltungsrecht aus § 1000 analog

Auf den zu Unrecht eingetragenen Bucheigentümer sind nach allgemeiner Meinung aufgrund der vergleichbaren Interessenlage die §§ 987 ff. analog anzuwenden. Ihm können daher auch Verwendungsersatzansprüche analog §§ 994 ff. zustehen, von deren Erfüllung er seine Zustimmung zur Grundbuchberichtigung abhängig machen kann.[325] **313**

Hinweis

Soweit der Buchberechtigte zu Unrecht als Eigentümer im Grundbuch eingetragen ist und zugleich auch Besitzer des Grundstücks ist, bedarf es der analogen Anwendung der §§ 987 ff. nicht, da diese dann bereits direkt gelten. Aufgrund des Besitzes des Buchberechtigten besteht ein EBV.

---

323 Palandt-*Herrler* § 892 Rn. 5.
324 *BGH* NJW 2000, 278.
325 Palandt-*Herrler* § 894 Rn. 10.

Relevant wird die **analoge Anwendung der §§ 987 ff. zwischen dem Eigentümer des Grundstücks und dem Buchberechtigten** dagegen in folgenden Fällen:

- Der zu Unrecht als Eigentümer eingetragene (Buchberechtigter) ist nicht zugleich Besitzer des Grundstücks; hier besteht kein EBV, aufgrund der trotzdem gegebenen vergleichbaren Interessenlage ist aber auf die §§ 987 ff. in analoger Anwendung zurückzugreifen.
- Der zu Unrecht Eingetragene (Buchberechtigter) ist nicht als Eigentümer im Grundbuch eingetragen, sondern als Inhaber eines anderen (grundbuchfähigen) Rechts, dass kein Recht auf den Besitz an dem Grundstück vermittelt (beispielsweise Hypothek oder Grundschuld); auch in diesem Fall kommt es aufgrund der vergleichbaren Interessenlage zu einer analogen Anwendung der §§ 987 ff.

Insoweit greift nach allgemeiner Meinung § 1000 analog ein. Die analoge Anwendung ist in jedem Fall erforderlich, da § 1000 ein Zurückbehaltungsrecht gegenüber dem Anspruch auf Herausgabe gewährt und im vorliegenden Fall aber ein Zurückbehaltungsrecht gegenüber dem Anspruch auf Grundbuchberichtigung geltend gemacht werden soll.

3. Arglisteinwand

314   Nach § 242 kann dem Anspruch der „dolo-agit-Einwand" (Verbot widersprüchlichen Verhaltens) entgegen gehalten werden, wenn dem Anspruchsgegner ein schuldrechtlicher Anspruch auf Herstellung des dem Buchstand entsprechenden Rechtszustands gegen den Anspruchsteller zusteht.

Beispiel   Erblasser X ist gestorben. Y wird als vermeintlicher Erbe als Eigentümer in das Grundbuch eingetragen. Nunmehr findet sich ein Testament des Erblassers, in dem er E als Alleinerben eingesetzt hat. Allerdings enthält das Testament auch ein Vermächtnis zu Gunsten des Y, wonach E verpflichtet ist, dem Y das Eigentum am Grundstück zu übertragen.

Der Anspruch des E gegen Y auf Zustimmung zur Grundbuchberichtigung aus § 894 ist zwar entstanden, da E mit dem Tode des X nach § 1922 Eigentümer des Grundstücks geworden ist und Y daher zu unrecht als Eigentümer eingetragen ist; der Anspruch ist aber gem. § 242 nicht durchsetzbar, da dem Y gegen E aus dem Vermächtnis ein Anspruch aus § 2174 auf Übereignung des Grundstücks zusteht.[326] ▪

IV. Konkurrierende Ansprüche

❯❯ Überlegen Sie kurz, ob Sie die oben dargestellten Ausführungen zur analogen Anwendung der §§ 987 ff. auf das Verhältnis zwischen Eigentümer und Buchberechtigten verinnerlicht haben. ❮❮

315   Der Anspruch aus § 894 konkurriert mit anderen Ansprüchen, die inhaltlich auf Grundbuchberichtigung gerichtet sein können. Nach allgemeiner Meinung wird eine analoge Anwendung der §§ 989 ff. auf das Verhältnis Buchberechtigter und Eigentümer bejaht, so dass sich ein Berichtigungsanspruch auch aus §§ 989, 990, 249 Abs. 1 und aus §§ 992, 823, 249 Abs. 1 ergeben kann.[327]

Außerdem stellt die Buchposition eine Bereicherung i.S.d. § 812 dar, so dass auch ein Anspruch aus § 812 in Betracht kommt.[328]

---

326   MüKo-*Kohler* § 894 Rn. 30.
327   Palandt-*Herrler* § 894 Rn. 10, 13.
328   Palandt-*Herrler* § 894 Rn. 13.

Hinweis

Bei dem Anspruch aus § 812 spricht man auch vom sogenannten schuldrechtlichen Grundbuchberichtigungsanspruch.

F. Grundbuchverfahren nach § 22 GBO

Kann der Berechtigte die Unrichtigkeit des Grundbuchs anhand formgerechter Urkunden (§ 29 GBO) nachweisen oder liegt eine formgerechte Eintragungsbewilligung vor (§§ 19, 28, 29 GBO), muss der Berechtigte im Grundbuchverfahren nach § 22 GBO die Änderung durchsetzen. Für eine klageweise Durchsetzung des Anspruchs aus § 894 fehlt ihm dann das Rechtsschutzbedürfnis.[329] Dies ist allerdings nur selten der Fall. Das Rechtsschutzbedürfnis für eine Klage nach § 894 besteht bereits dann, wenn Zweifel an einem lückenlosen Nachweis in der Form des § 29 GBO bestehen.[330]

316

》》 Hierbei handelt es sich um ein Problem mit sehr hohem Schwierigkeitsgrad, auf dass Sie in jedem Fall im Sachverhalt mit entsprechenden Hinweisen aufmerksam gemacht werden würden. **《《**

G. Widerspruch gegen die Richtigkeit des Grundbuchs (§ 899)

Häufig ist die Rechtslage nicht so eindeutig und klar, dass der Berichtigungsanspruch aus § 894 schnell genug durchgesetzt werden könnte. Um in der Zwischenzeit Rechtsnachteile abzuwenden, die sich für den wahren Berechtigten aus dem redlichen Erwerb eines Dritten ergeben können, bedarf es insoweit einer vorläufigen Sicherung, um den zwischenzeitlichen gutgläubigen Erwerb des Eigentums durch einen Dritten zu verhindern. Hierfür stellt das Gesetz das Instrument des Widerspruchs zur Verfügung.

317

Der Widerspruch wird nach § 899 Abs. 2 S. 1 entweder aufgrund einer einstweiligen Verfügung oder aufgrund einer Bewilligung des Betroffenen in das Grundbuch eingetragen.

Hinweis

Der Widerspruch weist auf eine mögliche Unrichtigkeit des Grundbuchs hin und bewahrt den wahren Berechtigten vor der Gefahr des Rechtsverlustes durch gutgläubigen Erwerb (vgl. § 892 Abs. 1 S. 1).

---

329 Palandt-*Herrler* § 894 Rn. 1.
330 Palandt-*Herrler* § 894 Rn. 1.

H. Übungsfall Nr. 3

318 Geschäftsunfähiger Eigentümer

» Nehmen Sie sich bei diesem Übungsfall viel Zeit für eine Skizzierung der Personenverhältnisse und überlegen Sie genau, welche Ansprüche insgesamt in Betracht kommen und wo die jeweiligen Probleme liegen. «

Der 80-jährige Erwin Eigendorff (E) war Eigentümer eines Mietshauses. Er litt seit einigen Jahren an Altersdemenz und war deswegen geschäftsunfähig.

E, der von seiner Verwandtschaft annahm, dass diese es nur auf die Erbschaft abgesehen hatten, beschloss, das Mietshaus zu verkaufen und sich von dem Geld noch ein paar schöne Jahre zu machen.

Am 1.2. verkaufte er das Haus formgerecht an Dagobert Drossel (D). Zu Gunsten des D wurde eine Auflassungsvormerkung in das Grundbuch eingetragen. Besitz und Lasten gingen nach dem Vertrag sofort auf D über.

D zahlte am 1.3. die fällige Grundsteuer und bezahlte die Notarkosten. Außerdem ließ er durch ein Fachunternehmen die defekte Zentralheizung für 7000 € reparieren. Die Penthaus-Wohnung bezog er selbst.

Durch Unachtsamkeit des D entstand gleich nach dem Einzug des D ein Schaden i.H.v. 3000 € an dieser Wohnung. Der Schaden ist noch nicht repariert.

Die Wohnung im Erdgeschoss vermietete D an Tamara Terror (T). T ließ die Wohnung neu tapezieren. Bei einem Budenzauber in der Wohnung der T verursachte diese einen Brandschaden. Die Kosten für die Reparatur belaufen sich auf 2500 €.

Bevor D den Kaufpreis an E überweisen konnte, meldete sich der Betreuer des E bei ihm und teilte ihm mit, dass E beim Verkauf der Wohnung geschäftsunfähig gewesen sei. Er verlangte von D die Zustimmung zur Löschung der Vormerkung, die Herausgabe des Grundstücks und die von T erhaltene Miete sowie Ersatz des Schadens an der Penthaus-Wohnung. Von T verlangte er die sofortige Herausgabe der Wohnung, eine Nutzungsentschädigung und Ersatz der Schäden an der Mietwohnung.

D ist zur Herausgabe des Hauses und zur Zustimmung zur Löschung der Vormerkung allenfalls bereit gegen Ersatz seiner sämtlichen Kosten. Für den Schaden an der Penthaus-Wohnung sei er nicht verantwortlich, weil er gutgläubig gewesen sei.

Auch T beruft sich auf ihre Gutgläubigkeit und will weder Schadensersatz noch eine Nutzungsentschädigung leisten. Zur Herausgabe der Wohnung sei sie nur gegen Erstattung der Tapezierkosten bereit.

Kann E, vertreten durch seinen Betreuer, seine Ansprüche uneingeschränkt durchsetzen?

319 Lösung

A. Ansprüche des E gegen D

I. Auf Zustimmung zur Löschung der Vormerkung

1. Anspruch auf Zustimmung zur Löschung nach § 894

Der Anspruch auf Zustimmung zur Löschung der Vormerkung könnte sich zunächst aus § 894 ergeben.

a) Anspruchsvoraussetzungen

Voraussetzung hierfür ist zunächst, dass das Grundbuch unrichtig ist. Dies ist der Fall, da die Bestellung der Vormerkung nach § 105 Abs. 1 wegen Geschäftsunfähigkeit des E nichtig ist und es wegen der Nichtigkeit des Kaufvertrags nach § 105 Abs. 1 auch an einem zu sichernden Anspruch i.S.v. § 883 Abs. 1 (Akzessorietät der Vormerkung!) fehlt. Ein gutgläubiger Erwerb der Vormerkung durch D nach §§ 893 Alt. 2, 892 kommt nicht in Betracht, da

§ 892 nur die mangelnde Berechtigung des Verfügenden, nicht aber seine fehlende Geschäftsfähigkeit überwinden kann.

Zwischenergebnis: Ein Anspruch auf Zustimmung zur Grundbuchberichtigung nach § 894 ist demnach grundsätzlich gegeben.

b) Zurückbehaltungsrecht des D nach § 1000

Dem D könnte aber wegen der ihm entstandenen Kosten ein Zurückbehaltungsrecht nach § 1000 zustehen. § 1000 ist aufgrund der vergleichbaren Interessenlage und mangels einer vorhandenen Regelung auf den Buchberechtigten analog anwendbar.[331]

Nach § 1000 kann der unberechtigte Besitzer einer Sache die Herausgabe der Sache – entsprechendes gilt für die Zustimmung zur Grundbuchberichtigung – verweigern, bis er wegen der ihm zu ersetzenden Verwendungen (gemäß §§ 994 ff.) befriedigt wird.

In diesem Fall würde der Anspruch auf Zustimmung zur Grundbuchberichtigung nur Zug um Zug gegen Verwendungsersatz bestehen.

Entscheidend ist somit, ob dem D ein Anspruch auf Verwendungsersatz nach §§ 994 ff. zusteht.

aa) Anspruch des D aus § 994 Abs. 1

Der Verwendungsersatzanspruch des D könnte sich aus § 994 Abs. 1 ergeben. Die Voraussetzungen hierfür sind:

(1) Eigentümer-Besitzer-Verhältnis (Vindikationslage)

E ist Eigentümer des Grundstücks, da das Grundstück bisher noch nicht an D übereignet worden ist. D ist Besitzer.

Da auch der zugrunde liegende Kaufvertrag nach § 105 Abs. 1 nichtig ist, steht dem D auch kein Recht zum Besitz an dem Grundstück zu.

(2) Verwendungen

D müsste **Verwendungen** auf das Grundstück gemacht haben. Verwendungen sind Aufwendungen auf die Sache, also freiwillige Vermö-

gensopfer, welche der heraus verlangten Sache zugutekommen sollen.[332]

(a) Grundsteuer

Nach § 995 zählen auch die Lasten des Grundstücks, hier die von D gezahlte Grundsteuer, zu den (notwendigen) Verwendungen.

(b) Notarkosten

Die Notarkosten kommen nicht dem Grundstück zugute und sind daher keine Verwendungen.

(c) Heizungsreparatur

Die Kosten der Reparatur der Heizung kommen dem Haus zugute und sind daher Verwendungen.

(3) Notwendigkeit der Verwendungen

(a) Grundsteuer

Nach § 995 zählen auch die Grundsteuern zu den **notwendigen** Verwendungen.

(b) Heizungsreparatur

Bei den Reparaturkosten muss es sich um **notwendige** Verwendungen gehandelt haben. Notwendig ist eine Verwendung, wenn sie zur Erhaltung oder ordnungsgemäßen Bewirtschaftung der Sache nach objektivem Maßstab zur Zeit der Vornahme der Verwendung erforderlich ist.[333] Es muss sich also um Aufwendungen handeln, die der Eigentümer sonst hätte machen müssen und die nicht nur den Sonderzwecken des Besitzers dienen.[334] Für die Notwendigkeit der Verwendungen ist es nicht erforderlich, dass diese zu einer Wertsteigerung, zu einem fortdauernden Nutzen oder Erfolg geführt haben.[335] Es handelt sich somit bei den Kosten der Reparatur der Heizung um notwendige Verwendungen i.S.v. § 994 Abs. 1.

(4) Keine gewöhnlichen Erhaltungskosten

Gem. § 994 Abs. 1 S. 2 sind die „gewöhnlichen" Erhaltungskosten dem Besitzer jedoch für die Zeit für welche ihm die Nutzungen verbleiben nicht zu ersetzen.

---

331 Palandt-*Herrler* § 894 Rn. 10.

332 MüKo-*Raff* § 994 Rn. 6 m.w.N.
333 *BGH* NJW 1996, 921.
334 *BGH* NJW RR 1996, 336.
335 *BGH* NJW 1996, 921.

Gewöhnliche Erhaltungskosten sind die der Erhaltung der Sache dienenden regelmäßig wiederkehrenden Ausgaben.[336]

Dagegen stellt die Auswechslung langlebiger Bestandteile der Sache keine gewöhnliche Erhaltungsmaßnahme dar.

Der Verwendungsersatzanspruch des D ist somit nicht nach § 994 Abs. 1 S. 2 ausgeschlossen.

(5) Gutgläubigkeit des D

Im Zeitpunkt der Verwendungen war D auch im Hinblick auf sein Recht zum Besitz gutgläubig, da er bis dahin von der Geschäftsunfähigkeit des E noch nichts wusste oder wissen musste.

Gem. §§ 1000; 994 Abs. 1 kann D daher die Zustimmung zur Grundbuchberichtigung davon abhängig machen, dass ihm die soeben genannten Kosten ersetzt werden.

bb) Weitere Gegenansprüche des D

Sonstige Anspruchsgrundlagen (z.B. §§ 812 ff.) auf Verwendungsersatz werden durch die Spezialregelung der §§ 994 ff. verdrängt.[337]

Zwischenergebnis: Der Anspruch des E gegen D auf Zustimmung zur Grundbuchberichtigung besteht daher nur Zug um Zug gegen Erstattung der Verwendungen.

2. Anspruch auf Zustimmung zur Löschung aus § 812 Abs. 1 S. 1 Alt. 1

Der Anspruch könnte sich des Weiteren auch aus § 812 Abs. 1 S. 1 Alt. 1 ergeben.

a) Anwendbarkeit

Der schuldrechtliche Grundbuchberichtigungsanspruch nach § 812 Abs. 1 S. 1 Alt. 1 ist neben § 894 anwendbar.[338]

b) Anspruchsvoraussetzungen

Es müssten die Voraussetzungen dieser Anspruchsgrundlage erfüllt sein.

---

336 MüKo-*Raff* § 994 Rn. 23.
337 Palandt-*Herrler* Vorbem. vor §§ 994 ff. Rn. 2 m.w.N.
338 Palandt-*Herrler* § 894 Rn. 15 m.w.N.

aa) Etwas erlangt

D hat etwas, nämlich die Eintragung der Vormerkung in das Grundbuch (Buchposition), erlangt.

bb) Durch Leistung des E

Fraglich ist, ob dies durch Leistung des E oder in sonstiger Weise auf dessen Kosten erfolgte, da man infolge der Geschäftsunfähigkeit des E an einer „Leistung" des E zweifeln könnte. Die Frage kann aber offen bleiben, da dann in jedem Fall die Eingriffskondiktion zur Anwendung käme, da in diesem Falle eine Erlangung in sonstiger Weise auf Kosten des E vorliegt, da aufgrund dessen Eigentum an dem Grundstück durch die Eintragung der Vormerkung zugunsten des D in dessen Zuweisungsgehalt eingegriffen wurde.

cc) Ohne Rechtsgrund

Der Erwerb der Buchposition durch D erfolgte ohne Rechtsgrund, da der zugrunde liegende Kaufvertrag nach § 105 Abs. 1 nichtig war.

c) Rechtsfolge

D muss gem. § 812 Abs. 1 S. 1 Alt. 1 der Löschung der Vormerkung zustimmen. Gem. § 1000 besteht dieser Anspruch jedoch nur Zug um Zug gegen Erstattung seiner Verwendungen.

3. Anspruch auf Zustimmung zur Löschung als Naturalrestitution gemäß §§ 992, 823 Abs. 1 i.V.m. § 249 Abs. 1

Ein Anspruch auf Zustimmung zur Grundbuchberichtigung aus §§ 823, 249 Abs. 1 besteht dagegen nicht, da D die Grundbuchposition nicht durch Straftat oder schuldhafte verbotene Eigenmacht (vgl. § 992) erlangt hat.

Ob § 993 einer direkten Anwendung des § 823 auch bei Bösgläubigkeit des Besitzers entgegen steht, kann dahin stehen, weil D bei Erwerb der Buchposition gutgläubig war.

4. Anspruch auf Zustimmung zur Löschung nach § 1004

Zwar handelt es sich bei der Buchposition zugunsten des D auch um eine Beeinträchtigung des Eigentums des E. Im Verhältnis zu

§ 894 ist die Regelung des § 1004 aber als generelle Norm subsidiär, § 894 ist lex specialis.[339]

II. Herausgabeansprüche des E gegen D

1. Anspruch auf Herausgabe nach § 985

Ein Herausgabeanspruch des E gegen D könnte sich aus § 985 ergeben.

Die Voraussetzungen dieses Anspruchs liegen vor, da die Übereignung an D noch nicht stattgefunden hat und D infolge der Nichtigkeit des Kaufvertrages (§ 105 Abs. 1) auch kein Recht zum Besitz zusteht (siehe oben).

Jedoch kann D gem. § 1000 die Herausgabe des Grundstücks von der Erstattung der o.g. Verwendungen abhängig gemacht werden (siehe oben).

2. Anspruch auf Herausgabe nach § 861

Ein Anspruch auf Herausgabe nach § 861 besteht dagegen nicht, da D gegenüber E keine verbotene Eigenmacht i.S.v. § 858 Abs. 1 begangen hat.

3. Anspruch auf Herausgabe nach § 1007 Abs. 1 und/oder § 1007 Abs. 2

Die Ansprüche auf Herausgabe nach § 1007 sind auf **Grundstücke** nicht anwendbar; nach dem eindeutigen Wortlaut beanspruchen sie nur bei beweglichen Sachen Geltung.

4. Anspruch auf Herausgabe nach § 812

Der aufgrund des nichtigen Kaufvertrages bestehende Herausgabeanspruch aus § 812 Abs. 1 S. 1 Alt. 1 (zum Parallelfall der Grundbuchberichtigung s.o.) kann ebenfalls nur Zug um Zug gegen Erstattung der Verwendungen geltend gemacht werden.

Ergebnis: D ist daher gegenüber E sowohl verpflichtet der Löschung der Vormerkung zuzustimmen, als auch das Grundstück an diesen herauszugeben. Diese Verpflichtungen bestehen aber jeweils nur Zug um Zug gegen Erstattung der von ihm geltend gemachten Verwendungen.

III. Ansprüche auf Herausgabe der Miete

1. Anspruch auf Herausgabe der Miete aus §§ 987, 990 Abs. 1

Ein Anspruch auf Herausgabe der Miete aus §§ 987, 990 Abs. 1 scheidet aus. Dieser setzt nach § 990 Abs. 1 die Bösgläubigkeit des D voraus; D war jedoch gutgläubig.

2. Anspruch auf Herausgabe der Miete nach § 988

Der Anspruch auf Herausgabe der Miete könnte sich aber aus § 988 ergeben. Danach ist auch der redliche Besitzer zur Herausgabe der Nutzungen an den Eigentümer verpflichtet, wenn er den Besitz an der Sache unentgeltlich erlangt hat.

a) Anspruch aus direkter Anwendung des § 988

aa) Anspruchsgegner hat Sachnutzungen i.S.d. § 100 gezogen

Nutzungen i.S.d. §§ 987 ff. sind **nur Sachnutzungen** (unmittelbare oder mittelbare Sachfrüchte sowie Gebrauchsvorteile aus dem Sachgebrauch), da die §§ 987 ff. an den Herausgabeanspruch gem. § 985 anknüpfen, der ausschließlich auf die Herausgabe von Sachen gerichtet ist.[340]

Bei der Miete handelt es sich um mittelbare Sachfrüchte i.S.v. § 99 Abs. 3 Alt. 1.

bb) EBV (Vindikationslage) im Zeitpunkt der Nutzungsziehung

Zwischen E und D bestand im Zeitpunkt der Nutzungsziehung ein EBV.

cc) Der Anspruchsgegner hat den Besitz unentgeltlich erlangt

Das ist zunächst unproblematisch der Fall, wenn der Anspruchsgegner den Besitz aufgrund eines **unentgeltlichen Rechtsgeschäfts** erlangt hat. Dies ist hier nicht der Fall, weil E und D einen, wenn auch unwirksamen, Kaufvertrag abgeschlossen haben.

Dem gleich gestellt wird der Fall, dass sich der Anspruchsgegner den Besitz der Sache ver-

---

339 Palandt-*Herrler* § 894 Rn. 13.

340 MüKo-*Raff* § 987 Rn. 5.

schafft hat, **ohne** hierfür **Aufwendungen** zu tätigen, sofern die Besitzverschaffung nicht auf einer verbotenen Eigenmacht oder einer Straftat beruht.

Dieser Fall liegt hier nicht vor. Eine direkte Anwendung des § 988 scheidet somit aus.

b) Anspruch aus analoger Anwendung des § 988

Umstritten ist, ob § 988 auf den „**rechtsgrundlosen**" unrechtmäßigen Besitzer analog anwendbar ist, dieser also **einem „unentgeltlichen" Besitzer gleichzustellen** ist.

Dies wird vom *BGH* mit Hinweis auf die sonderrechtliche Natur der §§ 987 ff. im Hinblick auf die Nutzungen bejaht,[341] von der Literatur dagegen mit dem Argument verneint, dass der Gesetzgeber für rechtsgrundlos erworbene Vorteile (wozu auch die Nutzungen zählen, vgl. § 818 Abs. 1) die Bereicherungsvorschriften geschaffen habe, verneint.

Die Frage kann hier unentschieden bleiben, weil beide Ansichten zum selben Ergebnis kommen. Nach Ansicht des *BGH* muss D analog § 988 i.V.m. §§ 818 ff. (§ 988 = Rechtsfolgenverweis) dem E die Nutzungen ersetzen. Nach Ansicht der Literatur folgt die Nutzungsherausgabepflicht aus §§ 812, 818 direkt.

Ergebnis: D ist verpflichtet, die von T erhaltene Miete an E herauszugeben.

IV. Ansprüche auf Ersatz des Schadens an der Wohnung

1. Anspruch auf Schadensersatz nach §§ 989, 990

Ein Schadensersatzanspruch aus §§ 989, 990 scheidet aus, weil D gutgläubig war (siehe bereits oben).

2. Andere Anspruchsgrundlagen

Andere Anspruchsgrundlagen scheiden aus, weil D redlich-unverklagter Eigenbesitzer ist und damit nach § 993 Abs. 1 a.E. die Sperrwirkung der Regelungen der §§ 989 ff. (auch) hinsichtlich des Schadensersatzes eingreifen.

---

341 *BGH* NJW 1995, 2627.

B. Ansprüche des E gegen T

I. Anspruch auf Herausgabe der Wohnung aus § 985

1. Anspruchsvoraussetzungen

T ist Besitzerin der Wohnung. E ist Eigentümer. Der Mietvertrag mit D gewährt der T kein Besitzrecht gegenüber dem E (Grundsatz der Relativität der Schuldverhältnisse).

2. Zurückbehaltungsrecht nach § 1000

Der T könnte ein Zurückbehaltungsrecht nach § 1000 zustehen, wenn ihr wegen der Tapeten ein Verwendungsersatzanspruch nach §§ 994 ff. zustehen sollte.

a) Anspruch auf Verwendungsersatz aus § 994 Abs. 1

T war im Zeitpunkt des Tapezierens der Wohnung gutgläubige unrechtmäßige Besitzerin.

Jedoch ist nicht ersichtlich, dass es sich um eine notwendige Verwendung handelte. Darunter fallen nur solche Verwendungen, die zur Erhaltung der Sache objektiv erforderlich sind. Dies wäre nur dann der Fall gewesen, wenn im Sachverhalt angegeben wäre, dass die vorhandenen Tapeten erneuerungsbedürftig waren.

Ergebnis: Ein Anspruch aus § 994 Abs. 1 scheidet somit aus.

b) Anspruch auf Verwendungsersatz nach § 996

Voraussetzung hierfür ist, dass es sich um Verwendungen handelte, die den Wert der Sache im Zeitpunkt der Rückgabe an den Eigentümer erhöhen. Dies dürfte der Fall sein, wenn sich E hierdurch im Fall der erneuten Vermietung Kosten ersparen würde, wofür aber keine Anhaltspunkte vorliegen. Vielfach ist es nämlich üblich, eine Wohnung untapeziert zu vermieten, damit der Mieter die Wohnung nach seinen Vorstellungen tapezieren kann.

In diesem Fall erhöht eine vorhandene Tapezierung, die dem Nachmieter nicht gefällt, den Wert der Wohnung nicht. Der Eigentümer kann sie deswegen auch nicht teurer vermieten.

Ergebnis: Der T steht wegen der Tapezierkosten kein Anspruch auf Verwendungsersatz zu. Sie hat die Wohnung daher, ohne die Möglichkeit eines Zurückbehaltungsrechts herauszugeben.

II. Ansprüche auf Nutzungsersatz

1. Anspruch auf Nutzungsersatz aus §§ 987 Abs. 1, 990

Dem E könnte gegen T ein Nutzungsherausgabeanspruch aus §§ 987 Abs. 1, 990 Abs. 1 in Verbindung mit § 991 Abs. 1 zustehen.

Da T die Wohnung benutzt hat, liegen Nutzungen in Form von Gebrauchsvorteilen vor.

Im Zeitpunkt der Nutzungen bestand auch zwischen E und T ein Eigentümer-Besitzer-Verhältnis (Vindikationslage), da der Mietvertrag, den T mit D abgeschlossen hat, die T nicht zum Besitz gegenüber E berechtigte.

Jedoch war T im Zeitpunkt der Nutzungsziehung **gutgläubig**, da sie von ihrem fehlenden Recht zum Besitz weder wusste, noch wissen musste.

Ergebnis: Ein Anspruch gegen T aus §§ 987, 990 scheidet daher aus.

2. Anspruch auf Nutzungsersatz aus § 988

Der Nutzungsersatzanspruch könnte sich aus § 988 ergeben. Dieser Anspruch richtet sich auch gegen einen gutgläubigen Besitzer.

Direkt ist § 988 aber nicht anwendbar, da er einen unentgeltlichen Erwerb des Besitzes durch den Nutzungsziehenden voraussetzt. Dies ist hier nicht der Fall, da zwischen D und T ein Mietvertrag abgeschlossen wurde.

Der *BGH* stellt den rechtsgrundlosen Besitzer einem unentgeltlichen Besitzer gleich, und gelangt daher zur analogen Anwendung des § 988.[342]

Die analoge Anwendung des § 988 setzt dabei aber auch nach Ansicht des *BGH* voraus, dass **der Mietvertrag zwischen T und D** nichtig ist. Dies ist hier nicht der Fall, da der Mietvertrag zwischen T und D ungeachtet der Eigentumslage wirksam ist.

---

342 *BGH* NJW 1995, 2627.

Ergebnis: Ein Anspruch aus § 988 analog besteht daher nicht.

3. Sonstige Ansprüche auf Nutzungsersatz

Sonstige Nutzungsersatzansprüche scheiden nach § 993 Abs. 1 a.E. aus, da insoweit die §§ 987 ff. eine abschließende Sonderregelung darstellen, deren Sperrwirkung eingreift.

Ergebnis: E hat gegen die T keine Nutzungsersatzansprüche

III. Ansprüche auf Schadensersatz des E gegen T

1. Anspruch auf Schadensersatz aus §§ 989, 990

Ein Anspruch aus §§ 989, 990 Abs. 1 scheidet aus, da T im Zeitpunkt der Beschädigung der Wohnung weder auf Herausgabe verklagt noch bösgläubig im Hinblick auf ihr Recht zum Besitz war.

2. Anspruch auf Schadensersatz aus §§ 991 Abs. 2, 989

Der Anspruch könnte sich aber aus §§ 991 Abs. 2, 989 ergeben. War der Besitzer bei dem Erwerb des Besitzes in gutem Glauben, so hat er nach § 991 Abs. 2 gleichwohl von dem Erwerb an den in § 989 bezeichneten Schaden dem Eigentümer gegenüber insoweit zu vertreten, als er dem mittelbaren Besitzer verantwortlich ist. Der Sinn dieser Vorschrift ist folgender: Zwar ist der gutgläubige Besitzer schutzwürdig und soll daher grundsätzlich dem Eigentümer den entstandenen Schaden nicht ersetzen. Dies gilt aber nur eingeschränkt für den Fremdbesitzer, da dieser, auch wenn er gutgläubig ist, zumindest weiß, dass ihm die Sache nicht gehört, und er sie daher auch nicht beschädigen darf. Andererseits soll er aber auch nur dann auf Schadensersatz in Anspruch genommen werden können, wenn er seinem Oberbesitzer gegenüber (hier D) mit der Entstehung eines Schadensersatzanspruchs hätte rechnen müssen. Die Voraussetzungen der Vorschrift sind vorliegend erfüllt.

Zwischen E und T bestand im Zeitpunkt der Beschädigung ein Eigentümer-Besitzer-Verhältnis (s.o.).

T war im Zeitpunkt der Beschädigung der Wohnung gutgläubig.

Sie war jedoch Fremdbesitzerin i.S.v. § 991 Abs. 2 und musste daher für den Fall der Beschädigung der Sache mit einer Haftung rechnen.

Rechtsfolge ist daher, dass sie den Schaden zu ersetzen hat, der infolge ihres Verschuldens an der Mietwohnung entstanden ist.

Ergebnis: Der Anspruch auf Schadensersatz der E gegen T ist somit aus § 991 Abs. 2 begründet.

3. Anspruch auf Schadensersatz aus § 823 Abs. 1

Daneben könnte dem E gegen T ein Anspruch auf Schadensersatz aus § 823 Abs. 1 unmittelbar zustehen.

§ 823 Abs. 1 ist nach heute ganz h.M. bei Vorliegen eines **Fremdbesitzerexzesses** trotz der grundsätzlichen Sperrwirkung der §§ 989 ff. gemäß § 993 Abs. 1 a.E., anwendbar, da nur dadurch vermieden kann, dass der unrechtmäßige Fremdbesitzer besser gestellt ist als ein rechtmäßiger Fremdbesitzer.[343]

Die Voraussetzungen des § 823 Abs. 1 sind vorliegend erfüllt, da T rechtswidrig und fahrlässig (und damit schuldhaft) das Eigentum des E beschädigt hat. Sie ist dem E daher zum Schadensersatz nach § 823 Abs. 1 verpflichtet.

Ergebnis: E steht gegen T somit auch ein Anspruch auf Schadensersatz unmittelbar aus § 823 Abs. 1 zu.

---

343 Vgl. MüKo-*Raff* § 993 Rn. 13 m.w.N.

I. Schutz vor unberechtigter rechtsgeschäftlicher Verfügung

Veräußert oder belastet ein Dritter unbefugt fremdes Eigentum, so schädigt er hierdurch den Eigentümer. Der Eigentümer wird hiergegen durch Schadensersatzansprüche geschützt. Gleichzeitig bereichert er sich der Dritte durch die Inanspruchnahme fremden Eigentums, sofern er die Verfügung entgeltlich vornimmt. Dem Eigentümer können daher Erlösherausgabeansprüche nach Bereicherungsrecht (§§ 812 ff.) zustehen. Die Verfügung über eine fremde Sache stellt die Wahrnehmung eines fremden Geschäfts dar, weswegen auch Ansprüche aus Geschäftsführung ohne Auftrag in Betracht kommen (§§ 677 ff.).

320

>> Ansprüche aus Bereicherungsrecht und GoA werden in „Schuldrecht BT III" ausführlich behandelt. Lesen Sie sich die Themen dort noch einmal gut durch. In Klausuren treffen sie oft mit Ansprüchen aus dem Sachenrecht zusammen und sollten nicht übersehen werden! <<

J. Schadensersatzansprüche

Bei Vorliegen einer Vindikationslage im Zeitpunkt der Verfügung ist wegen § 993 im Hinblick auf Schadensersatzansprüche des Eigentümers der Vorrang der §§ 989 ff. und die dazu dargestellten Ausnahmen zu beachten. Anerkannte Ausnahmen sind, wie bereits erwähnt, die Ansprüche aus §§ 687 Abs. 2, 678, da die unbefugte Verfügung eine (vorsätzliche) angemaßte GoA darstellt, sowie der Anspruch aus § 826.

321

Verfügt ein nichtberechtigter Fremdbesitzer, ist § 823 Abs. 1 wegen Fremdbesitzerexzesses anwendbar, da der Fremdbesitzer damit ebenfalls die Grenzen seines vermeintlichen Besitzrechts überschreitet.

Verfügt ein Nichtbesitzer, kommt als Anspruchsgrundlage § 823 Abs. 1 und beim berechtigten Besitzer zusätzlich §§ 280 Abs. 1, 3, 283 in Betracht.

K. Erlösherausgabeansprüche

> **Hinweis**
>
> Bei den Erlösherausgabeansprüchen ist die entscheidende Fragestellung nicht die nach der Vermögensminderung beim Anspruchsteller, sondern umgekehrt die nach der ungerechtfertigten Vermögensmehrung beim Anspruchsgegner.

322

I. Anspruch aus §§ 687 Abs. 2, 681 S. 2, 667

Erlösherausgabeansprüche kommen ebenfalls aus angemaßter GoA in Betracht. Für den Fall, dass der Anspruchsgegner seine fehlende Berechtigung kannte, ist er nach §§ 681 S. 2, 667 zur Herausgabe des Erlöses verpflichtet.

323

II. Anspruch aus § 816 Abs. 1

324 Verfügt ein Nichtberechtigter über das Eigentum, und ist die Verfügung nach den Vorschriften über den gutgläubigen Erwerb oder infolge Genehmigung des Eigentümers, nach § 185 Abs. 2 S. 1 Alt. 1 dem Eigentümer gegenüber wirksam, so ist er nach § 816 Abs. 1 S. 1 dem Eigentümer zur Erlösherausgabe verpflichtet.

> ### JURIQ-Klausurtipp
>
> Achten Sie bei Verfügungen eines Nichtberechtigten über fremdes Eigentum auf die im Sachverhalt genannten Zahlen! Weicht der Erlös der Höhe nach vom Wert der Sache ab, so ist die Aufgabenstellung darauf zugeschnitten, Schadensersatz- und Erlösherausgabeansprüche nebeneinander zu prüfen.
>
> Achten Sie auch auf folgenden Unterschied bei den Erlösherausgabeansprüchen: Der Anspruch aus §§ 687 Abs. 2, 681 S. 2, 667 setzt positive Kenntnis des Anspruchsgegners von der fehlenden Berechtigung voraus. Dagegen hat der Anspruch aus § 816 Abs. 1 S. 1 keine subjektiven Voraussetzungen beim Verfügenden.
>
> Dafür kann sich der Anspruchsgegner, wenn er nicht nach §§ 818 Abs. 4, 819, 820[344] ausnahmsweise verschärft haftet ggf. nach § 818 Abs. 3 auf Entreicherung berufen. Dies ist beim Anspruch aus §§ 687 Abs. 2, 681 S. 2, 667 nicht möglich.
>
> Außerdem setzt § 816 Abs. 1 voraus, dass die Verfügung dem Eigentümer gegenüber wirksam ist. Dies verlangt der Anspruch aus §§ 687 Abs. 2, 681 S. 2, 667 nicht. Liegen im Fall die Voraussetzungen beider Anspruchsgrundlagen vor, so kommen sie nebeneinander zur Anwendung.

---

344 Verschärfte Haftung nach § 820 scheidet im Fall des § 816 aus, da § 820 eine Leistungskondiktion voraussetzt und es sich bei § 816 um einen Spezialfall der Eingriffskondiktion handelt.

3. Teil
Besitz und Besitzschutz

A. Possessorischer Anspruch bei Besitzentziehung

I. Anspruch auf Herausgabe aus § 861

Wird dem unmittelbaren Besitzer der Besitz durch verbotene Eigenmacht entzogen, so kann **325** er nach § 861 die Herausgabe der Sache von demjenigen verlangen, welcher ihm gegenüber fehlerhaft besitzt. Wird der Besitzer durch verbotene Eigenmacht im Besitz gestört, so kann er nach § 862 von dem Störer die Beseitigung der Beeinträchtigung verlangen. Die genannten Vorschriften schützen den Besitzer vor verbotener Eigenmacht. Geschützt wird nicht nur der rechtmäßige, sondern auch der unrechtmäßige Besitz. Sinn der Regelung ist es nämlich insbesondere auch, eine eigenmächtige Rechtsdurchsetzung zu verhindern. Wer einen Anspruch auf Herausgabe des Besitzes hat, soll diesen mit Hilfe der Gerichte und nicht eigenmächtig durchsetzen. Hat z.B. ein Vermieter seinem Mieter wirksam gekündigt, und räumt der Mieter die Wohnung nicht, darf der Vermieter nicht einfach den Mieter eigenhändig aus der Wohnung werfen, sondern muss die Gerichte bemühen.

Der Begriff „possessorischer" Besitzschutz gibt diese Zielrichtung zutreffend wieder. Er kommt von dem lateinischen Wort „possessio" = der Besitz und verdeutlicht, dass dieses Rechtsinstitut den Besitz als solchen, und nicht das Recht zum Besitz schützt.

Anspruch auf Wiedereinräumung des Besitzes aus § 861

I. Anspruchsentstehung
 1. Der Anspruchsteller war unmittelbarer Besitzer
 2. Der Anspruchsgegner ist (unmittelbarer oder mittelbarer) Besitzer
 3. Besitzentzug beim Anspruchsteller durch verbotene Eigenmacht, § 858 Abs. 1
 4. Fehlerhafter Besitz des Anspruchsgegners, § 858 Abs. 2
 5. Kein Anspruchsausschluss nach § 861 Abs. 2

II. Keine rechtsvernichtenden Einwendungen

III. Durchsetzbarkeit

1. Anspruchsentstehung

a) Früherer umittelbarer Besitz des Anspruchstellers

Der Anspruch aus § 861 setzt, im Unterschied zum Anspruch aus § 868 voraus, dass der **326** Anspruchsteller **unmittelbarer** Besitzer der Sache war. Für den possessorischen Anspruch aus § 861 ist es gleichgültig, ob es sich dabei um eine bewegliche Sache oder um ein Grundstück handelt.

Nach § 854 Abs. 1 wird der unmittelbare Besitz durch die Erlangung der tatsächlichen Gewalt über eine Sache erworben.

Dabei sind folgende Erweiterungen zu beachten: Wird die tatsächliche Gewalt über eine Sache durch einen **Besitzdiener** ausgeübt, so ist gem. § 855 nur der Besitzherr unmittelbarer Besitzer im Rechtssinne.

> **Besitzdiener** ist, wer die tatsächliche Gewalt über eine Sache für einen anderen ausübt und dabei dessen Weisungen Folge zu leisten hat. Die h.M. schließt aus den in § 855 genannten Beispielsfällen, dass es sich um ein soziales Abhängigkeitsverhältnis handeln muss.[1]

Beispiel   Geschäftsinhaber B befindet sich im August auf Safariurlaub in Kenia. Sein Angestellter D nimmt während der Abwesenheit des Chefs die von Lieferanten angelieferte Ware entgegen. Auch wenn B die tatsächliche Gewalt über die Sachen während seiner Abwesenheit nicht ausüben kann, so ist allein B unmittelbarer Besitzer. ∎

Eine zusätzliche Erweiterung bringt § 857. Danach geht der Besitz mit dem Tode des Besitzers auf dessen Erben über, der damit, u.U. ohne von seiner Erbschaft zu wissen, bereits Besitzschutz genießt. War der Erblasser unmittelbarer Besitzer, dann ist es nach seinem Tode nunmehr sein Erbe.

b)   Unmittelbarer oder mittelbarer Besitz des Anspruchsgegners

327   Anspruchsgegner ist derjenige, der die Sache derzeit im Besitz hat. Dabei ist es gleichgültig, ob der Anspruchsgegner unmittelbarer (§ 854) oder mittelbarer (§ 868) Besitzer ist.

c)   Besitzentzug beim Anspruchsteller durch verbotene Eigenmacht, § 858 Abs. 1

328
> Besitzentziehung durch verbotene Eigenmacht liegt nach § 858 Abs. 1 dann vor, wenn dem unmittelbaren Besitzer **ohne dessen Willen** und **ohne gesetzliche Gestattung** der Besitz entzogen wird.

Verschulden des Täters ist dafür nicht erforderlich. Verbotene Eigenmacht liegt daher auch dann vor, wenn der Täter ohne Verschulden davon ausgehen musste, dass er niemandem den Besitz entzieht.

Beispiel   Schuldloses Vertauschen eines Mantels im Lokal ist auch verbotene Eigenmacht.[2] ∎

Im Einzelnen müssen folgende Voraussetzungen erfüllt sein:

aa)   Eigenmacht

329   Die Besitzentziehung ist eigenmächtig, wenn sie **ohne** den Willen des Besitzers erfolgt. Nicht erforderlich ist, dass sie gegen seinen Willen erfolgt. Eigenmächtige Besitzentziehung liegt daher auch dann vor, wenn der Besitzer nicht weiß, dass ihm der Besitz entzogen wird.

---

1   Z.B. *BGH* in BGHZ 16, 259 ff.
2   Davon zu unterscheiden ist die bei § 992 anzusprechende Streitfrage, ob die verbotene Eigenmacht für den Schadensersatzanspruch aus §§ 992, 823 schuldhaft sein muss.

Beispiel　Der Vermieter, der die Möbel des Mieters aus der Wohnung räumen lässt, begeht auch dann Eigenmacht, wenn der Mieter davon nichts weiß. ▪

Gestattet der Besitzer dem anderen die Wegnahme, ist dies kein Rechtfertigungsgrund, sondern es fehlt bereits an der Eigenmächtigkeit der Besitzentziehung.

bb) Fehlende Rechtfertigungsgründe

Die Eigenmacht ist **verboten**, wenn das Gesetz die eigenmächtige Besitzentziehung nicht gestattet. Dies ist der Regelfall. In folgenden Fällen ist die Eigenmacht dagegen ausnahmsweise gerechtfertigt und es liegt keine verbotene Eigenmacht vor:　**330**

(1)　Besitzkehr, § 859 Abs. 2–4

Besitzkehr ist möglich, wenn der Besitz durch verbotene Eigenmacht entzogen wurde. Dabei differenziert das Gesetz zwischen beweglichen Sachen (Abs. 2) und Grundstücken (Abs. 3). In beiden Fällen ist die Besitzkehr nur in engem zeitlichen Rahmen (Abs. 2: „auf frischer Tat betroffen"; Abs. 3: „sofort nach der Entziehung") zulässig. Außerhalb dieses zeitlichen Rahmens ist eigenmächtige Wiederverschaffung des Besitzes nur noch im Rahmen der §§ 229, 230 gestattet.　**331**

Beispiel　D stiehlt das Motorrad des A. Darf A, der D dabei beobachtet hat, dem D das Motorrad gewaltsam wieder abnehmen? Darf er es ihm noch nach 4 Wochen gewaltsam abnehmen?

A darf dem D das Motorrad wieder gewaltsam abnehmen. Nach 4 Wochen ist aber eine Besitzkehr nach § 859 Abs. 2 nicht mehr möglich. A kann sich nur mehr auf § 229 berufen, wenn die dort genannten Voraussetzungen vorliegen. ▪

(2)　Selbsthilfe des Besitzdieners

Nach § 860 darf auch der Besitzdiener für den Besitzherrn die in § 859 genannten Rechte ausüben.　**332**

Beispiel　Der Angestellte A des Ladeninhabers E beobachtet den Ladendieb L, der gerade im Begriff ist, mit der gestohlenen Ware das Weite zu suchen. A kann dem L nach §§ 860, 859 die Ware mit Gewalt wieder wegnehmen. ▪

(3)　Sonstige Rechtfertigungsgründe

Folgende sonstige Rechtfertigungsgründe sind noch zu nennen:　**333**
- Das Beschlagnahmerecht nach § 127 StPO,
- die §§ 758, 808 ff. ZPO (Pfändung durch den Gerichtsvollzieher),
- die §§ 227–229 (Notwehr, Notstand, Selbsthilfe),
- § 562b (Selbsthilferecht des Vermieters zur Sicherung seines Vermieterpfandrechts),
- § 704 (Selbsthilferecht des Beherbergungswirts zur Sicherung seines Pfandrechts).

» Lesen Sie alle diese Vorschriften einmal in Ruhe durch! «

334 Dagegen stellt das Besitz**wehr**recht des Besitzers nach § 859 Abs. 1 keine Rechtfertigung für eigenmächtige Besitzentziehung dar, sondern dient, im Gegenteil dazu, eine drohende verbotene Eigenmacht abzuwehren. Wer durch verbotene Eigenmacht in seinem Besitz beeinträchtigt wird, darf sich dieser Beeinträchtigung mit Gewalt erwehren. Das Recht zur Besitzwehr endet also mit dem Besitzverlust, der Besitz muss mit anderen Worten als Verteidigungsobjekt noch vorhanden sein.[3] Erforderlich ist also ein gegenwärtiger rechtswidriger Angriff.[4] Das zulässige Ausmaß an Gewalt muss dem Verhältnismäßigkeitsgrundsatz entsprechen.[5]

Beispiel Unverhältnismäßig und nicht durch Besitzwehr gedeckt ist beispielsweise das Wegschaffen von Sachen und deren ungeschützte Lagerung unter freiem Himmel ohne jegliche Schutzmaßnahmen.[6] ■

> **Hinweis**
>
> Einwendungen, die auf ein Recht zum Besitz gestützt werden (sog. „petitorische Einwendungen", sind gem. § 863 gegenüber dem Anspruch aus § 861 ausgeschlossen.

Beispiel Der Vermieter, der die Sachen des Mieters M eigenmächtig aus der Wohnung entfernt hat, kann sich gegenüber dem Anspruch des Mieters auf Wiedereinräumung des Besitzes aus § 861 **nicht** darauf berufen, M sei ein Mietnomade, habe seit einem Jahr keine Miete mehr bezahlt, weswegen ihm schon seit ½ Jahr das Mietverhältnis gekündigt worden sei und M hätte die Wohnung von Rechts wegen schon längst räumen müssen (vgl. dazu aber die Fortsetzung dieses *Beispiels* unter Rn. 338). ■

d) Fehlerhafter Besitz des Anspruchsgegners, § 858 Abs. 2

335 Der durch verbotene Eigenmacht erlangte Besitz ist nach § 858 Abs. 2 S. 1 fehlerhaft. Diese Fehlerhaftigkeit wirkt auch gegenüber dem Erben des fehlerhaften Besitzers, ohne Rücksicht auf dessen Kenntnis von der verbotenen Eigenmacht. Gegenüber anderen Besitznachfolgern eines fehlerhaften Besitzers wirkt sie nur dann, wenn ihnen bei Besitzerwerb die Fehlerhaftigkeit des Besitzes des Besitzvorgängers bekannt war.

e) Kein Anspruchsausschluss nach § 861 Abs. 2

336 Keinen Anspruch nach § 861 Abs. 1 hat der Besitzer gem. §§ 861 Abs. 2 unter folgenden – kumulativen Voraussetzungen:
- Er besitzt dem Störer oder dessen Vorgänger gegenüber fehlerhaft i.S.v. § 858 Abs. 2.
- Er hat den Besitz im letzten Jahr vor der Entziehung/ Störung erlangt.

3 *Westermann* Sachenrecht § 23, 3.
4 Staudinger-*Bund* § 859 Rn. 7; MüKo-*Joost* § 854 Rn. 5.
5 *Westermann* Sachenrecht § 23, 2; Staudinger-*Bund* § 859 Rn. 8 f.; MüKo-*Joost* § 859 Rn. 7 ff.
6 *BGH* WM 1968, 1356, 1357.

2.   Keine rechtsvernichtenden Einwendungen

a)   Erlöschen des Anspruchs nach § 864 Abs. 1, Abs. 2

Der Anspruch aus § 861 Abs. 1 erlischt, wenn die Verübung der verbotenen Eigenmacht **337** länger als ein Jahr zurückliegt und nicht vorher Klage erhoben wurde (§ 864 Abs. 1) oder wenn das Besitzrecht des Täters der verbotenen Eigenmacht rechtskräftig festgestellt ist (§ 864 Abs. 2).

b)   § 864 Abs. 2 analog im Falle der petitorischen Widerklage

Analog § 864 Abs. 2 ist die possessorische Klage aus § 861 abzuweisen, wenn der **338** Beklagte auf Feststellung seiner Besitzberechtigung Widerklage (§§ 33; 256 ZPO) erhebt und Klage und Widerklage gleichzeitig im positiven Sinne entscheidungsreif sind. Hierdurch soll vermieden werden, dass auf die Klage hin der Mieter wieder in den Besitz eingewiesen wird, und er anschließend auf Widerklage hin sofort den Besitz wieder herausgeben muss.[7]

Beispiel   Der Vermieter V, der die Sachen des Mieters M eigenmächtig aus der Wohnung entfernt hat, kann sich gegenüber dem Anspruch des Mieters auf Wiedereinräumung des Besitzes aus § 861 zwar **nicht** darauf berufen, M sei ein Mietnomade, habe seit einem Jahr keine Miete mehr bezahlt, weswegen ihm schon seit ½ Jahr das Mietverhältnis gekündigt worden sei und M hätte die Wohnung von Rechts wegen schon längst räumen müssen. Er kann aber gegen M Widerklage auf Feststellung erheben, dass M verpflichtet war, die Wohnung zu räumen. Ist der Sachverhalt, der den Räumungsanspruch des V rechtfertigt, unstreitig oder erwiesen, wird das Gericht die Klage des M analog § 864 Abs. 2 abweisen. ◼

> **Hinweis**
>
> Hierbei handelt es sich letztlich um eine Ausnahme von § 863 aus Gründen der Prozessökonomie.

3.   Durchsetzbarkeit

Da der Anspruch gem. § 864 Abs. 1 bereits nach einem Jahr nach Verübung der verbotenen **339** Eigenmacht erlischt, spielt die – theoretisch denkbare – Einrede der Verjährung für diesen Anspruch keine Rolle.

---

7 Palandt-*Herrler* § 863 Rn. 3.

II. Anspruch des mittelbaren Besitzers auf Herausgabe aus §§ 869, 861

340   **Anspruch des mittelbaren Besitzers auf Herausgabe aus §§ 869, 861**

I. Anspruchsentstehung
1. Der Anspruchsteller war **mittelbarer** Besitzer
2. Der Anspruchsgegner ist (unmittelbarer- oder mittelbarer) Besitzer
3. Besitzentzug **beim Besitzmittler** des Anspruchsteller durch verbotene Eigenmacht, § 858 Abs. 1
4. Fehlerhafter Besitz des Anspruchsgegners, § 858 Abs. 2
5. Kein Anspruchsausschluss nach §§ 869, 861 Abs. 2

II. Keine rechtsvernichtenden Einwendungen

III. Durchsetzbarkeit

Die Voraussetzungen dieses Anspruchs sind bis auf zwei Punkte mit dem Anspruch aus § 861 identisch:

Der Anspruchsteller war im Fall des § 869 **mittelbarer** Besitzer. Mittelbarer Besitz setzt nach § 868 die Beteiligung von mindestens zwei Personen voraus, nämlich den **Besitzmittler** und den **mittelbaren Besitzer**, dem der Besitzmittler den Besitz vermittelt.

> Ein **Besitzmittlungsverhältnis** wird dadurch begründet, dass zwischen dem Besitzmittler und dem mittelbaren Besitzer ein (vertragliches- oder gesetzliches) Rechtsverhältnis vereinbart wird, auf Grund dessen der Besitzmittler dem mittelbaren Besitzer gegenüber auf Zeit zum Besitz berechtigt ist.

Beispiel   V hat dem M eine Wohnung vermietet. In diesem Fall ist M unmittelbarer Besitzer und gleichzeitig Besitzmittler des V. V ist mittelbarer Besitzer. Zwischen V und M besteht ein Rechtsverhältnis, nämlich der Mietvertrag. Dieser berechtigt den M auf Zeit (vgl. § 546 Abs. 1) dem V gegenüber zum Besitz. ◾

Die Rechtswirksamkeit des Besitzmittlungsverhältnisses ist nach Ansicht des *BGH* nicht erforderlich, sofern nur irgendein Herausgabeanspruch des mittelbaren Besitzers gegen den unmittelbaren Besitzer bestehen kann (z.B. aus §§ 812 ff.).[8] Dies folgt aus der in § 868 enthaltenen Formulierung: „Besitzt jemand … **als** … Mieter". Entscheidend ist dabei also nicht die Wirksamkeit des Vertrages, sondern die erkennbare Willensrichtung des Besitzmittlers.

> **Hinweis**
>
> Dabei kann es sich auch um einen bedingten oder zukünftigen Herausgabeanspruch handeln.

---

8 *BGH* NJW 1986, 2438.

Der zweite Unterschied zwischen § 869 und § 861 besteht darin, dass im Falle des § 869 die verbotene Eigenmacht **gegenüber dem Besitzmittler** begangen worden sein muss.

Ein weiterer Unterschied besteht auf der Rechtsfolgenseite. Während der Anspruchsteller nach § 861 die Herausgabe der Sache an sich verlangen kann, kann der Anspruchsteller im Fall des § 869 in erster Linie die Herausgabe nur an den Besitzmittler verlangen. Nur, wenn dieser den Besitz nicht wieder übernehmen kann oder will, kann der Anspruchsteller die Herausgabe an sich selbst verlangen (§ 869 S. 2).

B. Anspruch auf Beseitigung einer Besitzstörung, § 862

Nach § 862 Abs. 1 S. 1 kann der unmittelbare Besitzer einer Sache, wenn er im Besitz durch **341** verbotene Eigenmacht gestört wird, von dem Störer die Beseitigung der Beeinträchtigung verlangen. § 862 Abs. 1 S. 2 lässt darüber hinaus die Unterlassungsklage zu, falls weitere Störungen zu besorgen sind.

Anspruch auf Beseitigung einer Besitzstörung aus § 862

I. Anspruchsentstehung
  1. Der Anspruchsteller ist unmittelbarer Besitzer
  2. Besitzstörung beim Anspruchsteller durch verbotene Eigenmacht, § 858 Abs. 1
  3. Der Anspruchsgegner ist Störer
  4. Kein Ausschluss nach § 862 Abs. 2

II. Keine rechtsvernichtenden Einwendungen

III. Durchsetzbarkeit

PRÜFUNGSSCHEMA

I. Anspruchsentstehung

1. Der Anspruchsteller ist unmittelbarer Besitzer

Der Anspruchsteller muss unmittelbarer Besitzer einer Sache sein. Im Falle des § 869 reicht **342** hierbei wiederum mittelbarer Besitz aus.

Beispiel Im Mietshaus des Vermieters V wohnen zwei Mietparteien, nämlich Ferdinand Friedlich (F) und Ricky Randale (R). R stört ständig durch laute Musik die Nachtruhe. Hier können sowohl F nach § 862 Abs. 2, als auch V nach §§ 869, 862 Abs. 2 von R verlangen, dass dieser die Störungen künftig unterlässt. ■

2. Besitzstörung beim Anspruchsteller durch verbotene Eigenmacht, § 858 Abs. 1

Besitzstörung durch verbotene Eigenmacht begeht nach § 858 Abs. 1 Alt. 2, wer den Besitzer **343** ohne dessen Willen und ohne gesetzliche Gestattung im Besitz stört.

Besitzstörung ist die Beeinträchtigung des unmittelbaren Besitzes durch ausschnittsweisen Entzug der durch ihn gewährten Gebrauchs- oder Nutzungsmöglichkeit.[9]

Die Besitzstörung ist verboten, sofern sie das Gesetz nicht ausnahmsweise gestattet. Insoweit gelten die Ausführungen zu § 861 sinngemäß.

Beispiel   Der Mieter in einem Kurvillenviertel wird durch Lärm einer Bar beeinträchtigt. Er kann nach § 862 klagen. § 906, welcher das Maß einer u.U. hinzunehmenden Beeinträchtigung regelt, ist analog anzuwenden.[10] Lärm aus einer Bar dürfte wohl nicht zu den „ortsüblichen" Beeinträchtigungen i.S.v. § 906 Abs. 2 zu zählen sein, die der Besitzer hinzunehmen hat. Anders ist der Fall zu beurteilen, wenn der Besitzer eine Wohnung im Bahnhofsviertel gemietet hat. ▪

3.   Der Anspruchsgegner ist Störer

344   Schuldner des Anspruchs ist entweder der **Handlungsstörer** oder der **Zustandsstörer**.

Unmittelbarer Handlungsstörer ist derjenige, der durch seine Handlung die Störung unmittelbar verursacht hat.[11]

Beispiel   A kippt dem Mieter des Nachbargrundstücks seinen Müll auf das Grundstück. ▪

Mittelbarer Handlungsstörer ist derjenige, durch dessen Willensbetätigung die Störung durch einen Dritten adäquat verursacht worden ist.[12]

Beispiel   Vermieter V gestattet seinem Mieter M, den Müll auf das Grundstück des Mieters N des Nachbargrundstücks zu kippen. Hier ist M unmittelbarer, V mittelbarer Handlungsstörer. N kann daher sowohl von V, als auch von M die Beseitigung des Mülls nach § 862 Abs. 1 verlangen. ▪

Zustandsstörer ist derjenige, durch dessen Willensbetätigung die Störung durch eine Sache adäquat verursacht worden ist.

Beispiel   Mieter M und Wohnungsnachbar N haben im Hause des E zwei nebeneinander liegende Kellerabteile gemietet, die nur durch eine Bretterwand getrennt sind. M lagert in seinem Kellerabteil Blechfässer mit Säure. Im Laufe der Zeit rosten die Fässer durch und die Säure läuft in das Kellerabteil des N. ▪

4.   Kein Ausschluss nach § 862 Abs. 2

345   Der Anspruch ist nach § 862 Abs. 2 ausgeschlossen, wenn der Besitzer dem Störer oder dessen Rechtsvorgänger gegenüber fehlerhaft besitzt und der Besitz in dem letzten Jahr vor der Störung erlangt wurde.

---

9 Palandt-*Herrler* § 862 Rn. 2.
10 Palandt-*Herrler* § 862 Rn. 3.
11 Palandt-*Herrler* § 862 Rn. 8.
12 Palandt-*Herrler* § 862 Rn. 8.

II. Keine rechtsvernichtenden Einwendungen

1. Erlöschen des Anspruchs nach § 864 Abs. 1, Abs. 2

Der Anspruch aus § 862 Abs. 1 erlischt, wenn die Besitzstörung durch verbotene Eigen- **346**
macht länger als ein Jahr zurückliegt und nicht vorher Klage erhoben wurde (§ 864 Abs. 1)
oder wenn das Recht des Störers zur Vornahme der Störung rechtskräftig festgestellt ist
(§ 864 Abs. 2).

2. § 864 Abs. 2 analog im Falle der petitorischen Widerklage

Analog § 864 Abs. 2 ist die possessorische Klage aus § 862 abzuweisen, wenn der Beklagte **347**
auf Feststellung seines Rechts zur Vornahme der Störung Widerklage (§§ 33, 256 ZPO) erhebt
und Klage und Widerklage gleichzeitig im positiven Sinne entscheidungsreif sind.[13]

III. Durchsetzbarkeit

Hier gelten die gleichen Grundsätze, wie beim Anspruch aus § 861.   **348**

C. Besitzwehr, § 859 Abs. 1

Nach § 859 Abs. 1 darf sich der Besitzer – im Rahmen des gebotenen Maßes – gegen verbo- **349**
tene Eigenmacht wehren. Die Vorschrift greift, anders als § 859 Abs. 2 u. 3 auch bei Besitzstörung ein und setzt voraus, dass die Einwirkung auf den Besitz noch andauert. Anders, als
beim Notwehrrecht (§ 227) ist kein „gegenwärtiger rechtswidriger Angriff" erforderlich,
obwohl ein solcher i.F.d. § 859 Abs. 1 regelmäßig vorliegen dürfte. Anders, als bei der erlaub-
ten Selbsthilfe (§ 229) ist es nicht notwendig, dass „obrigkeitliche Hilfe nicht rechtzeitig zu
erlangen" ist.

Beispiele für **zulässige** Selbsthilfe:[14] Wegjagen eines Kindes unter Androhung von Schlä-
gen; Bedrohung von Wanderern, die einen Privatweg nicht verlassen wollen, mit Hunden
und Schusswaffe; Abschuss von Hunden.

Beispiele für **unzulässige** Selbsthilfe: Wegschaffen von Sachen und deren Lagerung unter
freiem Himmel, ohne jegliche Schutzmaßnahmen; Zerstören einer Sache, wenn deren
Beseitigung genügt.

---

13 Palandt-*Herrler* § 863 Rn. 3.
14 Vgl. hierzu MüKo-*Joost* § 859 Rn. 9.

D. Petitorischer Besitzschutz nach § 1007 Abs. 1

350 Anders, als § 861 schützt § 1007 nicht den Besitz als solchen, sondern nur den „besser" Besitzberechtigten gegenüber dem schlechter Besitzberechtigten.[15] Bei den Ansprüchen aus § 1007 Abs. 1 und Abs. 2 handelt es sich um zwei selbstständige Ansprüche.[16]

Anspruch auf Herausgabe aus § 1007 Abs. 1

I. Anspruchsentstehung

1. Der Anspruchsteller war Besitzer einer beweglichen Sache
2. Der Anspruchsgegner ist Besitzer
3. Der Anspruchsgegner war bei Besitzerwerb im Hinblick auf sein Besitzrecht bösgläubig
   a) Objektiv fehlendes Besitzrecht
   b) Kenntnis oder grob fahrlässige Unkenntnis hiervon
4. Kein Ausschluss nach § 1007 Abs. 3 S. 1

II. Keine rechtsvernichtenden Einwendungen

III. Durchsetzbarkeit

>> Prägen Sie sich ein, dass es sich bei § 1007 Abs. 1 und § 1007 Abs. 2 um zwei selbstständige Ansprüche handelt. Einen Fehler insoweit wird Ihnen der Korrektor schwer verzeihen! «

I. Anspruchsentstehung

1. Anspruchsteller war Besitzer einer beweglichen Sache

351 § 1007 ist, anders als die §§ 861, 862 **nur auf bewegliche Sachen** und nicht auf Grundstücke anwendbar. Daher genießt der Mieter einer Wohnung zwar Besitzschutz nach § 861, nicht aber nach § 1007. Anders verhält es sich mit dem Mieter eines Pkw. Dieser ist sowohl nach § 861, als auch nach § 1007 geschützt. Gläubiger des Anspruchs aus § 1007 ist der frühere Besitzer. Dabei ist die Art des früheren Besitzes gleichgültig. Der Gläubiger kann daher sowohl unmittelbarer, wie mittelbarer Besitzer gewesen sein. Er kann Eigen- oder Fremdbesitzer, rechtmäßiger oder sogar unrechtmäßiger Besitzer gewesen sein.

2. Besitz des Anspruchsgegners

352 Der Anspruchsgegner muss gegenwärtiger Besitzer sein, wobei die Art des Besitzes gleichgültig ist.

---

15 Palandt-*Herrler* § 1007 Rn. 1.
16 Palandt-*Herrler* § 1007 Rn. 2.

3. Der Anspruchsgegner war bei Besitzerwerb im Hinblick auf sein Besitzrecht bösgläubig

a) Objektiv fehlendes Besitzrecht

Der Anspruchsgegner muss bei Besitzerwerb bösgläubig gewesen sein. Die Bösgläubigkeit **353** muss sich auf sein Recht zum Besitz beziehen. Bösgläubig kann daher von vornherein nur derjenige sein, dem kein Recht zum Besitz zusteht.

> **JURIQ-Klausurtipp**
>
> Häufig trifft ein Anspruch aus § 1007 Abs. 1 mit dem Anspruch aus § 985 zusammen, da der Eigentümer im Fall des § 985 auch früherer Besitzer war. Wenn Sie bei der Prüfung des § 985 festgestellt haben, dass der Anspruchsgegner kein Recht zum Besitz hat und somit der Anspruch aus § 985 durchgreift, dann können Sie das Ergebnis ohne nähere Erörterung bei der Prüfung des § 1007 Abs. 1 übernehmen. Dies spart Zeit, die bei der Prüfung von Herausgabeklausuren ohnehin zum Schluss häufig knapp wird.

b) Kenntnis oder grob fahrlässige Unkenntnis hiervon

Nach dem Maßstab des § 932 Abs. 2, der hier sinngemäß gilt, ist der Anspruchsgegner bös- **354** gläubig, wenn er bei Besitzerwerb wusste, dass er kein Recht zum Besitz hatte oder dies grob fahrlässig nicht wusste.[17]

4. Kein Ausschluss nach § 1007 Abs. 3 S. 1

Nach § 1007 Abs. 3 S. 1 ist der Anspruch ausgeschlossen, wenn der Anspruchsteller bei dem **355** Erwerb seines früheren Besitzes ebenfalls bösgläubig war oder wenn er seinen früheren Besitz aufgegeben hat. Dagegen spielt § 1007 Abs. 3 S. 2, der u.a. auf § 986 verweist, im Rahmen des § 1007 Abs. 1 keine zusätzliche Rolle, da das fehlende Besitzrecht des Anspruchsgegners bereits inzident im Rahmen der Bösgläubigkeit zu erörtern ist (s.o.).

II. Keine rechtsvernichtenden Einwendungen

Der Anspruch erlischt gem. § 362, wenn der Anspruchsgegner den Anspruch erfüllt, d.h., die **356** Sache an den Anspruchsteller herausgibt.

Dagegen führt der Besitzverlust beim Anspruchsgegner nicht zum Erlöschen des Anspruchs, sondern zum Wegfall der unter I. zu prüfenden Anspruchsvoraussetzung „Besitz des Anspruchsgegners".

III. Durchsetzbarkeit

1. Verjährung

Der Anspruch verjährt in der Regelverjährungsfrist nach §§ 195, 199. **357**

---

17 Palandt-*Herrler* § 1007 Rn. 5.

2. Zurückbehaltungsrecht

358 Da § 1007 Abs. 3 S. 2 auch auf die §§ 994 ff. verweist, können dem Anspruchsgegner eventuelle Aufwendungsersatzansprüche zustehen, die er im Rahmen eines Zurückbehaltungsrechts nach § 1000 geltend machen kann. Als Aufwendungsersatzanspruch kommt im Falle des Anspruchs aus § 1007 Abs. 1 wegen der **Bösgläubigkeit** des Anspruchsgegners aber nur der Anspruch aus § 994 Abs. 2 auf Ersatz **notwendiger** Verwendungen in Betracht.

E. Petitorischer Besitzschutz nach § 1007 Abs. 2

PRÜFUNGSSCHEMA

359 **Anspruch auf Herausgabe aus § 1007 Abs. 2**

I. Anspruchsentstehung
1. Der Anspruchsteller war Besitzer einer beweglichen Sache
2. Der Anspruchsgegner ist Besitzer
3. Dem Anspruchsteller ist der Besitz gestohlen worden, verloren gegangen oder sonst abhandengekommen
4. Kein Ausschluss nach § 1007 Abs. 2 S. 1 Hs. 2 und 3
5. Kein Ausschluss nach § 1007 Abs. 2 S. 2
6. Kein Ausschluss nach § 1007 Abs. 3 S. 1

II. Keine rechtsvernichtenden Einwendungen

III. Durchsetzbarkeit

I. Anspruchsentstehung

1. Anspruchsteller war Besitzer einer beweglichen Sache

360 Hier gelten sinngemäß die Ausführungen zu § 1007 Abs. 1.

2. Besitz des Anspruchsgegners

361 Hier gelten sinngemäß die Ausführungen zu § 1007 Abs. 1.

3. Dem Anspruchsteller ist der Besitz gestohlen worden, verloren gegangen oder sonst abhandengekommen

362 § 1007 Abs. 2 verlangt, dass die Sache dem Anspruchsteller abhandengekommen ist. Der Begriff des Abhandenkommens ist der Gleiche wie in § 935.

> **Abhandenkommen** liegt vor bei unfreiwilligem Verlust des unmittelbaren Besitzes.[18] War der Anspruchsteller nur mittelbarer Besitzer, kommt es darauf an, ob die Sache seinem Besitzmittler abhanden gekommen ist. (§ 935 Abs. 1 S. 2).

Abhandenkommen liegt auch vor, wenn ein Geschäftsunfähiger den Besitz auf einen anderen überträgt.[19] Bei beschränkt Geschäftsfähigen kommt es dagegen auf die Urteilsfähigkeit im Hinblick auf die Bedeutung der Weggabe an.[20]

Auf guten oder bösen Glauben des Anspruchsgegners kommt es dagegen nicht an.

4. Kein Ausschluss nach § 1007 Abs. 2 S. 1 Hs. 2 und 3

Der Anspruch ist nach § 1007 Abs. 2 Hs. 2 und 3 in zwei Fällen ausgeschlossen: Erstens darf **363** die Sache nicht dem derzeitigen Besitzer vor der Besitzzeit des Anspruchstellers selbst abhandengekommen sein, zweitens darf der Anspruchsgegner nicht Eigentümer sein.

5. Kein Ausschluss nach § 1007 Abs. 2 S. 2

Geld und Inhaberpapiere sind von dem Anwendungsbereich des § 1007 Abs. 2 ausgenom- **364** men. In diesen Fällen kommt allenfalls ein Anspruch aus § 1007 Abs. 1 in Betracht.

6. Kein Ausschluss nach § 1007 Abs. 3 S. 1

Nach § 1007 Abs. 3 S. 1 Alt. 1 ist der Anspruch ausgeschlossen, wenn der Anspruchsteller bei **365** Erwerb seines früheren Besitzes bösgläubig war. Allerdings passt § 1007 Abs. 3 S. 1 Alt. 2 entgegen seiner systematischen Stellung nur zu Abs. 1 und nicht zu Abs. 2, weil bei Abhandenkommen eine freiwillige Besitzaufgabe undenkbar ist.

II. Keine rechtsvernichtenden Einwendungen

Hier gelten die Ausführungen zu § 1007 Abs. 1 sinngemäß. **366**

III. Durchsetzbarkeit

Hier gelten die Ausführungen zu § 1007 Abs. 1 sinngemäß. Ist der Anspruchsgegner aber **367** gutgläubig, kann sich ein Zurückbehaltungsrecht aus §§ 1007 Abs. 3 S. 2, 1000 auch wegen eines Verwendungsersatzanspruchs aus § 996 ergeben.

---

18 Palandt-*Herrler* § 935 Rn. 3.
19 Palandt-*Herrler* § 935 Rn. 5.
20 Palandt-*Herrler* § 935 Rn. 5.

F. Deliktischer Besitzschutz

368   Nach h.M.[21] ist der **berechtigte** Besitz ein sonstiges Recht i.S.v. § 823 Abs. 1, da sich mit dem berechtigten Besitz, ähnlich wie mit dem Eigentum sowohl die Ausschluss- als auch die Nutzungsfunktion verbinden.

Wird dem berechtigten Besitzer die Sache rechtswidrig und schuldhaft entzogen, so kann er nach §§ 823 Abs. 1, 249 Abs. 1 Wiederherstellung des früheren Zustandes, also Herausgabe der Sache verlangen. Daneben kann er auch Ersatz gewisser materieller Schäden verlangen.

G. Besitzschutz im Bereicherungsrecht

369   Der Besitz ist „etwas" i.S.d. §§ 812 ff. Dies gilt jedenfalls uneingeschränkt für die Leistungskondiktion. Dagegen ist die Eingriffskondiktion nach zutreffender Ansicht[22] ausgeschlossen, sofern sie nur auf verbotene Eigenmacht oder sonstigen unfreiwilligen Besitzverlust gestützt wird, da dann die §§ 861, 1007 Abs. 2 als Sonderregeln vorgehen.

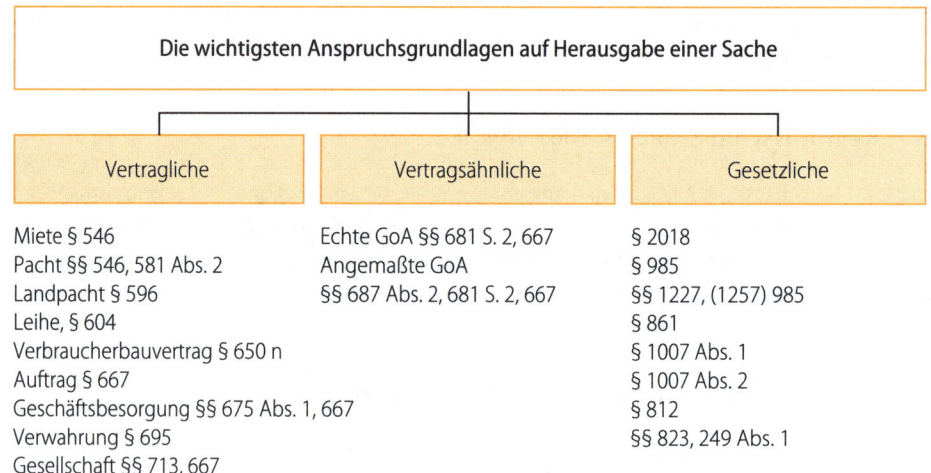

Die wichtigsten Anspruchsgrundlagen auf Herausgabe einer Sache		
Vertragliche	Vertragsähnliche	Gesetzliche
Miete § 546	Echte GoA §§ 681 S. 2, 667	§ 2018
Pacht §§ 546, 581 Abs. 2	Angemaßte GoA	§ 985
Landpacht § 596	§§ 687 Abs. 2, 681 S. 2, 667	§§ 1227, (1257) 985
Leihe, § 604		§ 861
Verbraucherbauvertrag § 650 n		§ 1007 Abs. 1
Auftrag § 667		§ 1007 Abs. 2
Geschäftsbesorgung §§ 675 Abs. 1, 667		§ 812
Verwahrung § 695		§§ 823, 249 Abs. 1
Gesellschaft §§ 713, 667		

Online-Wissens-Check

Wie unterscheiden sich possessorische und petitorische Ansprüche voneinder?

Überprüfen Sie jetzt online Ihr Wissen zu den in diesem Abschnitt erarbeiteten Themen. Unter **www.juracademy.de/skripte/login** steht Ihnen ein Online-Wissens-Check speziell zu diesem Skript zur Verfügung, den Sie mit dem Zugangscode auf der letzten Seite kostenlos nutzen können.

21   Palandt-*Sprau* § 823 Rn. 13 m.w.N.
22   Palandt-*Herrler* § 861 Rn. 2.

H. Übungsfall Nr. 4

„Inkasso Brutal"   370

Peter Proll (P) ist Pächter eines Grundstücks, welches als Parkplatz für Kunden und Mitarbeiter des Supermarktes „Billy Mac Billig" genutzt wird. Auf dem Parkplatz befinden sich Markierungen, innerhalb deren das Parken dem genannten Personenkreis gestattet war.

An der Parkplatzeinfahrt steht ein großes, gut sichtbares Schild mit folgenden Hinweisen:

„Mo.-Sa. 6.00–21.00 Uhr

nur für Kunden und Mitarbeiter des Supermarktes

Parken nur mit Parkuhr

Parkzeit 1,5 h (daneben ist eine Parkscheibe abgebildet)

Parken nur innerhalb der gekennzeichneten Flächen!

Widerrechtlich abgestellte Fahrzeuge werden kostenpflichtig abgeschleppt" (daneben ist ein Abschlepp-Piktogramm abgebildet)

Am 6. März schloss P mit dem Abschleppunternehmer Adam Abräumer (A) eine Vereinbarung, in der es u.a. heißt:

… „Der Grundstückspächter beauftragt das Abschleppunternehmen, unberechtigt parkende oder versperrend abgestellte Fahrzeuge von dem … Grundstück abzuschleppen und zu entfernen. Die Durchführung des Abschleppvorganges setzt voraus, dass sich das Abschleppunternehmen zuvor darüber vergewissert, dass dieses Fahrzeug nicht über eine Parkberechtigung verfügt bzw. sich der Fahrzeugführer nicht in unmittelbarer Nähe zum Fahrzeug aufhält oder dieser der Aufforderung zum Entfernen bzw. ordnungsgemäßen Abparken des Fahrzeugs nicht sofort nachkommt …

Schuldner der Abschleppkosten ist allein der Grundstückspächter. Das Abschleppen erfolgt gegen Vorkasse des Grundstückspächters. Werden die Abschleppkosten vom Falschparker bei Abholung des abgeschleppten Fahrzeugs erstattet, so hat sie der Abschleppunternehmer im Namen des Grundstückspächters für diesen entgegenzunehmen."

Am 20. April stellte Rambo Rolex (R) seinen (von seinem Onkel geerbten) Porsche um 16.00 Uhr ohne Parkscheibe auf dem Parkplatz ab. R war weder Kunde noch Mitarbeiter des Supermarktes, sondern Mitarbeiter bei der städtischen Verkehrsüberwachung. Zwischen 19.00 Uhr und 19.15 Uhr wurde das Fahrzeug von A abgeschleppt und auf das Gelände des A verbracht. Dort löste es R am späten Abend gegen Zahlung von 150 € Abschleppkosten aus.

Frage 1: Konnte P von R die Entfernung des Fahrzeugs verlangen?

Frage 2: Hatte P ein Selbsthilferecht?

Frage 3: Kann R von P die Erstattung der Abschleppkosten verlangen?

Lösung   371

Frage 1: Konnte P von R die Entfernung des Fahrzeugs verlangen?

Anspruch aus § 861

Dem P könnte ein Anspruch auf Entfernung des Fahrzeugs aus § 861 zugestanden haben. Die Voraussetzungen hierfür sind:

I. Ursprünglich unmittelbarer Besitz des P

P war unmittelbarer Besitzer der Teilfläche des Grundstücks, auf der R geparkt hatte. Anhaltspunkte dafür, dass er den Platz an den Betreiber des Supermarktes verpachtet hat, und deswegen nur mittelbarer Besitzer war, liegen nicht vor.

>> Der Abschleppfall ist ein Klassiker. Lassen Sie sich aber bei der Lösung nicht von den komplizierten Inzident Prüfungen verwirren und überprüfen Sie immer wieder selbst, ob Sie noch wissen, an welcher Stelle der Prüfung Sie sind und warum Sie dort sind. <<

Übungsfall Nr. 4

159

II. Der Anspruchsgegner ist (unmittelbarer- oder mittelbarer) Besitzer

Bis zum Abschleppen seines PKW war R unmittelbarer Besitzer der abgeteilten Parkfläche, auf der sein Fahrzeug stand.

III. Besitzentzug beim Anspruchsteller durch verbotene Eigenmacht, § 858 Abs. 1

Besitzentzug durch verbotene Eigenmacht begeht nach § 858 Abs. 1, wer dem unmittelbaren Besitzer ohne dessen Willen und ohne gesetzliche Gestattung den Besitz entzieht.

Stellt man auf die abgeteilte Parkfläche als Gegenstand des ursprünglichen Besitzes des P ab, so hat R dem P den Besitz an der Teilfläche für die Dauer des Parkens entzogen. Stellt man auf den Besitz des A am gesamten Grundstück ab, so kommt auch eine Besitzstörung durch verbotene Eigenmacht in Frage. Ob es sich hierbei um eine Besitzstörung oder um eine teilweise Besitzentziehung handelte, ist aber für die Frage, ob verbotene Eigenmacht vorliegt, ohne Belang.

Der Eingriff in die Besitzposition des P geschah auch ohne den Willen des P. Dieser war nur damit einverstanden, dass dort Kunden und Mitarbeiter des Supermarktes parkten. R gehörte nicht zu diesem Personenkreis.

Eine gesetzliche Gestattung des eigenmächtigen Vorgehens des R greift nicht ein.

R hat damit den Besitz an der Teilfläche durch verbotene Eigenmacht erlangt.[23]

IV. Fehlerhafter Besitz des Anspruchsgegners, § 858 Abs. 2

Nach § 858 Abs. 2 S. 1 ist der durch verbotene Eigenmacht erlangte Besitz fehlerhaft.

Ergebnis: R war somit nach § 861 verpflichtet, die Parkfläche umgehend (vgl. § 271) zu räumen.

Frage 2: Hatte P ein Selbsthilferecht?

I. Selbsthilferecht aus § 859 Abs. 3

Dem P könnte ein Selbsthilferecht nach § 859 Abs. 3 zugestanden haben.

1. Voraussetzungen des § 859 Abs. 3

Danach kann sich der Besitzer "sofort" nach Entziehung des Besitzes durch Entsetzung des Täters wieder bemächtigen.

Es besteht keine Einigkeit darüber, wann genau eine Handlung "sofort" i.S.d. § 859 Abs. 3 vorgenommen wird.

a) Theorie der "warmen Motorhaube"

Nach der engsten Ansicht ist dies nur so lange der Fall, wie die Motorhaube des falsch parkenden Fahrzeugs noch warm ist. Die Maximaldauer wird nach dieser Ansicht auf einen Zeitraum von 30 Minuten begrenzt.[24]

b) Wenige Stunden – Theorie

In der Rechtsprechung werden als zeitliche Grenzen teilweise "wenige Stunden",[25] bzw. "2–3 Stunden"[26] oder "noch am gleichen Tage" vorgeschlagen.[27]

c) Stellungnahme

Berücksichtigt man, dass der im Besitz beeinträchtigte Besitzer in der Lage sein muss, die verbotene Eigenmacht zu entdecken und Maßnahmen zur Abhilfe einzuleiten, so ist das Abschleppen eines am Nachmittag falsch geparkten Fahrzeugs gegen 19 Uhr noch als "sofort" i.S.v. § 859 Abs. 3 anzusehen.[28]

Zwischenergebnis: Die Voraussetzungen des § 859 Abs. 3 waren also zunächst gegeben.

2. Ausschluss oder Begrenzung des Selbsthilferechts nach § 242

Auch das Selbsthilferecht unterliegt dem Gebot von Treu und Glauben.

---

23 Urteil des *BGH* vom 5.6.2009 (AZ: V ZR 144/08) = NJW 2009, 2530 ff.; *OLG Karlsruhe* Die Justiz 1978, 71; *LG Frankfurt a.M.* MDR 2003, 388; *AG Augsburg* DAR 2008, 91; *AG Essen* DAR 2002, 131; Palandt-*Herrler* § 858 Rn. 3; *Schwarz/Ernst* NJW 1997, 2550 ff.

24 *Schünemann* DAR 1997, 267 ff.
25 *LG Frankfurt* NJW 1984, 183.
26 *AG Braunschweig* NJW-RR 1986, 1414.
27 *LG Frankfurt* NJW-RR 2003, 311.
28 Auch der *BGH* hatte im Originalfall, Urteil vom 5.6.2009 (AZ: V ZR 144/08), keine Bedenken gesehen.

a) Grundsatz der Verhältnismäßigkeit

Für die Beurteilung, ob der auf Treu und Glauben beruhende Verhältnismäßigkeitsgrundsatz gewahrt ist, ist grundsätzlich eine **Mittel-Zweck-Relation** entscheidend. Die Ausübung eines Rechts ist unter diesem Gesichtspunkt dann unzulässig, wenn sie der Gegenseite unverhältnismäßig große Nachteile zufügt und **andere, weniger schwer wiegende Maßnahmen möglich** gewesen wären, die den Interessen des Berechtigten ebenso gut Rechnung getragen hätten oder ihm zumindest zumutbar gewesen wären.[29] Es gilt das Gebot der schonendsten Sanktion.

Danach war das Abschleppen des Fahrzeugs nicht unverhältnismäßig. Es ist nicht ersichtlich, dass P in anderer Weise von seinem Selbsthilferecht hätte Gebrauch machen können.

b) Einschränkung wegen Geringfügigkeit der Beeinträchtigung

Das Selbsthilferecht des P könnte nach § 242 dadurch eingeschränkt sein, dass R sein Fahrzeug nicht behindernd geparkt hat und noch andere freie Parkplätze für Kunden des Supermarktes vorhanden gewesen waren. Dies ist aber nach Ansicht des *BGH*[30] für die Entscheidung, ob das Abschleppen des Fahrzeugs rechtmäßig war, unerheblich. Zwar kann die Ausübung des Selbsthilferechts nach § 859, auch wenn es verhältnismäßig ist, unter dem allgemeinen Gesichtspunkt von Treu und Glauben unzulässig sein. Dies ist aber dann nicht der Fall, wenn die Selbsthilfe eine verbotene Eigenmacht beseitigt, die nur einen örtlich abgegrenzten Teil des Grundstücks betrifft und die übrige Grundstücksfläche unberührt lässt, so dass diese ohne Einschränkung genutzt werden kann. Denn wie der Eigentümer andere von jeder Einwirkung ausschließen kann (§ 903 S. 1 Alt. 2), auch wenn ihn dies nur teilweise in dem Gebrauch seiner Sache beeinträchtigt, kann sich der unmittelbare Besitzer verbotener Eigenmacht durch Selbsthilfe unabhängig davon erwehren, welches räumliche Ausmaß sie hat und ob sie die Nutzungsmöglichkeit von ihr nicht betroffener Grundstücksteile unberührt lässt.[31] Deshalb darf z.B. ein unbefugt auf einem fremden Grundstück abgestelltes Fahrzeug auch ohne konkrete Behinderung entfernt werden.[32] Anderenfalls müsste der Besitzer die verbotene Eigenmacht all derer dulden, die – wie es R für sich in Anspruch genommen hat – nur eine kleine, räumlich abgegrenzte Grundstücksfläche unbefugt nutzen, ohne dass dadurch die Nutzungsmöglichkeit der übrigen Fläche eingeschränkt wird. Von seinem Selbsthilferecht dürfte der Besitzer dann nur gegenüber demjenigen Gebrauch machen, der sein Fahrzeug ohne Berechtigung auf dem letzten freien Platz abstellt. Dies widerspräche der rechtlichen Bedeutung, welche das Gesetz dem unmittelbaren Besitz beimisst.[33]

c) Unzulässigkeit der Entscheidungsüberlassung an Dritte

Gegen die Rechtmäßigkeit des Abschleppens könnte sprechen, dass weder P selbst noch ein Vertreter den Abschleppauftrag erteilt hat, sondern P dem Abschleppunternehmen die Entscheidung darüber überlassen habe, wann die Voraussetzungen für ein rechtmäßiges Abschleppen vorlägen.

Dies lässt aber zum einen schon keinen rechtlichen Ansatz erkennen, der zur Rechtswidrigkeit des Abschleppens führen soll; denn dass P einen Dritten mit der Überwachung seines Grundstücks im Hinblick auf unberechtigtes Parken beauftragen durfte, ist anerkannt.[34] Zum anderen sind in der Vereinbarung vom 6. März die Voraussetzungen festgelegt, unter denen Fahrzeuge abgeschleppt werden dürfen; sie sind von dem Bestreben gekennzeichnet, rechtsmissbräuchliche Abschleppvorgänge, die z.B. auf bloßer Gewinnsucht des Abschleppunternehmens beruhen, zu verhindern. Falls sich das Abschleppunternehmen nicht an die Vorgaben hält, macht es sich zudem gegenüber

---

29 MüKo-*Säcker* § 242 Rn. 380.
30 Urteil des *BGH* vom 5.6.2009 (AZ: V ZR 144/08) = NJW 2009, 2530 ff.
31 *Lorenz* NJW 2009, 1025, 1026 ff.
32 Erman-*Lorenz* § 858 Rn. 3.
33 Urteil des *BGH* vom 5.6.2009 (AZ: V ZR 144/08) = NJW 2009, 2530.
34 Vgl. MüKo-*Gaier* § 859 Rn. 1.

P schadensersatzpflichtig mit der Folge, dass er die Abschleppkosten nicht bezahlen muss.

Ergebnis: Dem P stand ein Selbsthilferecht nach § 859 Abs. 3 zu.

II. Selbsthilferecht nach § 859 Abs. 1

Nimmt man nur eine **Besitzstörung** an, so ergibt sich das Selbsthilferecht aus § 859 Abs. 1.[35]

Frage 3: Kann R von P die Erstattung der Abschleppkosten verlangen?

Anspruch aus § 812 Abs. 1 S. 1 Alt. 1

R könnte gegen P einen Anspruch auf Erstattung der Abschleppkosten aus Anspruch aus § 812 Abs. 1 S. 1 Alt. 1 haben.

I. Etwas erlangt

P hat durch Weiterleitung der von R an A gezahlten Abschleppkosten etwas, nämlich 150 € erlangt.

II. Durch Leistung des R

Leistung ist die gewollte und zweckgerichtete Mehrung fremden Vermögens.[36] Der Zweck der Zahlung des R an A bestand darin, eine von P geltend gemachte Forderung in Höhe der Abschleppkosten zu erfüllen, deren Begleichung P aufgrund des Vertrages mit dem Abschleppunternehmen diesem schuldete. Das Abschleppunternehmen war nur Zahlstelle. Ihm gegenüber verfolgte R keinen Zweck. Folglich kann R von P kondizieren, wenn dem P kein Ersatzanspruch gegen R zustand.

III. Ohne Rechtsgrund

Entscheidend ist somit, ob P (!) gegen R einen Erstattungsanspruch hatte.

1. Erstattungsanspruch aus GoA, §§ 677, 683, 670

Dem P könnte gegen R ein Erstattungsanspruch aus §§ 677, 683, 670 zugestanden haben.[37]

a) Voraussetzungen des § 677

Dazu müssten die Voraussetzungen einer Geschäftsführung ohne Auftrag vorgelegen haben.

aa) Geschäftsbesorgung durch P

„Geschäftsbesorgung" ist jedes aktive Tätigwerden, somit auch die Erteilung eines Abschleppauftrags.[38]

bb) Für einen Anderen

Das Tatbestandsmerkmal **„für einen Anderen"** setzt voraus, dass der Geschäftsführer entweder ein objektiv **fremdes** oder ein objektiv **neutrales** Geschäft mit **Fremdgeschäftsführungswillen** führt (vgl. § 687 Abs. 1).[39] Dabei wird nach h.M.[40] bei Vorliegen eines objektiv fremden Geschäfts der Fremdgeschäftsführungswille vermutet. Ein Geschäft ist dann objektiv fremd, wenn es einem fremden Rechts- oder Interessenkreis angehört.

R hatte seinen Wagen verbotswidrig (§ 858 Abs. 1) geparkt. Somit war es seine Sache, diesen wieder umgehend (§ 271 Abs. 1) zu entfernen. Es ist nicht erforderlich, dass der Geschäftsführer das Geschäft genauso wahrnimmt, wie der eigentlich hierfür Verantwortliche es tun müsste, da der Geschäftsführer hierzu häufig auch gar nicht in der Lage ist. Es war zwar nicht Sache des R, sein eigenes Fahrzeug „abschleppen zu lassen", sondern nur, es wegzufahren. Da P aber das Fahrzeug des R nicht einfach wegfahren konnte, hat er mit der Erteilung des Abschleppauftrags das Geschäft des R „Entfernen des Fahrzeugs" für diesen erledigt.

Dass P die **Person des Geschäftsherrn unbekannt** war, ist unbeachtlich. Gem. **§ 686** würde nämlich sogar dann, wenn P sich konkrete Fehlvorstellungen über die Person des Geschäftsherrn gemacht hätte, der wirkliche Geschäftsherr aus der Geschäftsbesorgung berechtigt und verpflichtet.

---

35 Im Urteil des *BGH* vom 5.6.2009 (AZ: V ZR 144/08) offen gelassen.

36 Palandt-*Sprau* § 812 Rn. 3 m.w.N.

37 Im Urteil des *BGH* vom 5.6.2009 (AZ: V ZR 144/08) offenbar übersehen.

38 Palandt-*Sprau* § 677 Rn. 2.

39 Palandt-*Sprau* § 677 Rn. 1.

40 Palandt-*Sprau* § 677 Rn. 4.

cc) Tätigwerden des P ohne Auftrag oder sonstige Berechtigung

(1) Der Geschäftsführer handelt „**ohne Auftrag**", wenn er nicht im Hinblick auf eine bestehende **Pflicht** zum Handeln gegenüber dem Geschäftsherrn tätig wird.[41] P war gegenüber R nicht vertraglich zum Tätigwerden verpflichtet.

(2) Das Tatbestandsmerkmal „**ohne sonstige Berechtigung**" ist dann erfüllt, wenn der Geschäftsführer keine sonstige Legitimation zum Tätigwerden hat. Damit sind die Rechtsverhältnisse gemeint, die den Geschäftsführer kraft Gesetzes zum Tätigwerden berechtigen (und eventuell sogar verpflichten), welche spezielle Regeln für den Ausgleich enthalten, wie z.B. die Tätigkeit als Insolvenzverwalter, Vereinsvorstand, Betreuer, Eltern oder aus öffentlichrechtlichem besonderen Gewaltverhältnis.[42]

Dagegen hat eine Norm, die allein ein Recht oder eine Pflicht zur Geschäftsbesorgung festlegt und damit „legitimiert" keine Ausschlusswirkung für die GoA. So macht z.B. eine durch Notwehr (§ 227) gerechtfertigte Geschäftsbesorgung, die §§ 677 ff. nicht etwa unanwendbar.[43] Der Umstand, dass P nach § 859 zur Selbsthilfe berechtigt war, macht die GoA daher nicht unanwendbar.

P wurde damit im Verhältnis zu R ohne Auftrag oder sonstige Berechtigung tätig. Die Voraussetzungen des § 677 sind erfüllt.

b) Voraussetzungen des § 683

Die **Übernahme** der Geschäftsbesorgung müsste mit dem wirklichen oder mutmaßlichen **Willen** des Geschäftsherrn – R – im Einklang gestanden haben.

aa) Übernahme der Geschäftsbesorgung

Die **Übernahme** der Geschäftsbesorgung liegt darin, dass P der Fa. A den Abschleppauftrag erteilte.

bb) Im Einklang mit dem tatsächlichen Willen des Geschäftsherrn

Einen **tatsächlichen** Willen hat R bei Beginn der Geschäftsbesorgung nicht geäußert, und konnte ihn auch nicht äußern, da er nicht anwesend war. Also ist auf seinen **mutmaßlichen** Willen abzustellen.

cc) Alternativ: Dem mutmaßlichen Willen des Geschäftsherrn entsprechend

Nun könnte man meinen, dass R mutmaßlich **nicht** mit dem Abschleppen seines Fahrzeugs einverstanden gewesen sein durfte.

(1) Nach h.M.[44] wird aber vermutet, dass die Übernahme des Geschäfts dann dem mutmaßlichen Willen des Geschäftsherrn entspricht, wenn sie objektiv in seinem **Interesse** liegt. Die Geschäftsbesorgung entspricht dann dem Interesse des Geschäftsherrn, wenn die Übernahme objektiv nützlich und sachlich vorteilhaft ist.[45]

(2) Die Erfüllung einer einredefrei bestehenden Verpflichtung des Geschäftsherrn gilt nach ständiger Rechtsprechung[46] als ohne weiteres vorteilhaft und damit interessengemäß. Gem. § 861 war R verpflichtet, die von ihm verursachte Besitzentziehung zu beseitigen.

(3) Der mutmaßlich entgegenstehende Wille des R könnte im Übrigen auch nach § 679 unbeachtlich sein.

Dagegen könnte sprechen, dass möglicherweise kein spezifisch **öffentliches** Interesse daran besteht, dass jemand allein seinen zivilrechtlichen Pflichten nachkommt.[47]

Nach vorzugswürdiger Gegenansicht wird das öffentliche Interesse durch jeden Verstoß gegen die objektive Rechtsordnung betroffen und damit auch durch das Falschparken auf Privatgrundstücken.[48]

Damit sind nach alledem die Voraussetzungen des § 683 erfüllt.

---

41 Palandt-*Sprau* § 677 Rn. 11.
42 MüKo-*Schäfer* § 677 Rn. 36.
43 MüKo-*Schäfer* § 677 Rn. 36.

44 MüKo-*Schäfer* § 683 Rn. 4.
45 Allg. Ansicht, vgl. MüKo-*Schäfer* § 683 m.w.N.
46 Vgl. *BGH* WM 1968, 1201 m.w.N.
47 *AG Frankfurt* NJW-RR 1990, 730.
48 *Lorenz* NJW 2009, 1025, 1027.

c) Voraussetzungen des § 670

P konnte somit, wie ein Beauftragter, Erstattung seiner erforderlichen Aufwendungen verlangen. Dazu zählen auch die von ihm per Vorkasse aufgewendeten Abschleppkosten an A.

Zwischenergebnis: Da dem P somit ein Kostenerstattungsanspruch gegen R zustand, erfolgte die Leistung des R an ihn mit Rechtsgrund.

2. Schadensersatzanspruch aus §§ 823 Abs. 2, 858

P könnte weiterhin ein Anspruch auf Schadensersatz nach §§ 823 Abs. 2 wegen Verletzung des Schutzgesetzes § 858 zustehen.

a) Schutzgesetzverletzung

§ 858 Abs. 1 ist Schutzgesetz im Sinne von § 823 Abs. 2.[49] Hiergegen hat R durch das Falschparken rechtswidrig und schuldhaft (vgl. § 823 Abs. 2 S. 2) verstoßen.

b) Daraus entstandener Schaden des P

Die Bezahlung der Abschleppkosten an A stellt einen Schaden des P dar.

c) Haftungsausfüllende Kausalität des Verstoßes gegen § 858 und dem Schaden

Fraglich ist aber, ob auch die erforderliche haftungsausfüllende Kausalität zwischen dem Verstoß gegen § 858 Abs. 1 durch R und dem P entstandenen Schaden gegeben ist.

(1) Adäquater Kausalzusammenhang

P war aufgrund der Vereinbarung vom 6. März verpflichtet, die Kosten an das Abschleppunternehmen zu zahlen. Das steht in **adäquatem Zusammenhang** mit der von R verübten verbotenen Eigenmacht. Denn dass unbefugt auf dem Grundstück des Beklagten abgestellte Fahrzeuge kostenpflichtig abgeschleppt werden, stellt keine überraschende oder fern liegende Reaktion des unmittelbaren Besitzers dar, sondern die Verwirklichung der deutlich sichtbaren Ankündigung auf dem aufgestellten Schild.

(2) Schutzzweck der Norm

Das reicht allerdings noch nicht aus, die Schadensersatzpflicht R zu bejahen. Nach der Rechtsprechung des *BGH* kann nämlich nur für solche Schadensfolgen Ersatz verlangt werden, die innerhalb des **Schutzbereichs der verletzten Norm** liegen; es muss sich um Folgen handeln, die in den Bereich der Gefahren fallen, um derentwillen die Rechtsnorm erlassen wurde, und es muss ein innerer Zusammenhang zwischen der Pflicht- oder Normverletzung und dem Schaden, nicht nur eine mehr oder weniger zufällige äußere Verbindung bestehen.[50] Auch diese Voraussetzung liegt hier vor. Indem das Gesetz dem unmittelbaren Besitzer als spontane Reaktion auf eine verbotene Eigenmacht das Selbsthilferecht (§ 859) zubilligt, dessen Ausübung mit Kosten verbunden sein kann, stellt es selbst den notwendigen Zusammenhang zwischen der Verletzung des Schutzgesetzes (§ 858 Abs. 1) und der Schadensfolge her. Auch entfällt die Schadensersatzpflicht des R nicht deshalb, weil P selbst durch die Beauftragung des Abschleppunternehmens die letzte Ursache für die Herbeiführung des Schadens gesetzt hat. Denn die Schadensfolge beruht nicht auf einem selbstständigen oder freien Entschluss des P, sondern auf seiner vom Gesetz (§ 859) gebilligten Reaktion, die durch das Verhalten des R herausgefordert wurde. Dies lässt die Ersatzpflicht des R unberührt.[51]

Zwischenergebnis: Dem P stand somit gegen R auch ein Schadensersatzanspruch aus §§ 823 Abs. 2, 858 zu.

Zwischenergebnis: Die Leistung des R an P erfolgte mit Rechtsgrund.

Gesamtergebnis:

Dem R steht gegen B somit kein Erstattungsanspruch nach § 812 Abs. 1 S. 1 Alt. 1 zu.

---

49 *BGH* in BGHZ 114, 305, 313 f. m.w.N.

50 *BGH* in BGHZ 164, 50, 60 m.w.N.
51 Vgl. nur *BGHZ* 57, 25, 29 f.; 63, 189, 192; 132, 164, 166.

Sachverzeichnis

Die Zahlen verweisen auf die Randnummern.

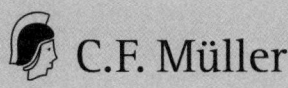

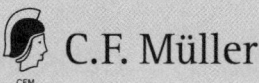